業務改善コンサルタントの現場経験を一冊に凝縮した

Excel
実践の授業

永井雅明

■ 本書の掲載内容

本書は Excel 2013/2016/2019 に対応しています。ただし、記載内容には一部、全バージョンに対応していないものもあります。また、本書では Windows 版の Excel 2019 の画面を用いて解説しています。そのため、ご利用の Excel や OS のバージョン・機種によっては項目の位置などに若干の差異がある場合があります。ご注意ください。

■ 本書に関するお問い合わせ

この度は小社書籍をご購入いただき誠にありがとうございます。小社では本書の内容に関するご質問を受け付けております。本書を読み進めていただきます中でご不明な箇所がございましたらお問い合わせください。なお、ご質問の前に小社 Web サイトで「正誤表」をご確認ください。

最新の正誤情報を下記の Web ページに掲載しております。

本書のサポートページ　https://isbn2.sbcr.jp/02840/

上記ページのサポート情報にある「正誤情報」のリンクをクリックしてください。
なお、正誤情報がない場合、リンクは用意されていません。

●ご質問送付先

ご質問については下記のいずれかの方法をご利用ください。

Web ページより

上記のサポートページ内にある「お問い合わせ」をクリックしていただき、ページ内の「書籍の内容について」をクリックすると、メールフォームが開きます。要綱に従ってご質問をご記入の上、送信してください。

郵送

郵送の場合は下記までお願いいたします。

〒106-0032
東京都港区六本木2-4-5
SB クリエイティブ　読者サポート係

- 本書内に記載されている会社名、商品名、製品名などは一般に各社の登録商標または商標です。本書中では®、™マークは明記しておりません。
- 本書の出版にあたっては正確な記述に努めましたが、本書の内容に基づく運用結果について、著者および SB クリエイティブ株式会社は一切の責任を負いかねますのでご了承ください。

©2020 Zuno Japan Inc.
本書の内容は著作権法上の保護を受けています。著作権者・出版権者の文書による許諾を得ずに、本書の一部または全部を無断で複写・複製・転載することは禁じられております。

✵ はじめに

　本書を手に取っていただき誠にありがとうございます。著者の永井雅明です。

　私は業務改善コンサルタントとして15年以上にわたり、多くの企業における業務改革プロジェクトに参画してきました。同時に、個人向けセミナーや企業研修を開き、自ら講師として参加者の方々にExcelの活用法を教えています。

⊞ 本書執筆の背景

　業務改善コンサルタントとして働く中で私が目にしてきたのは、終わりの見えない作業に追われて深夜まで残業し、私生活をも犠牲にしている実務担当者の姿です。

　人事であれば採用や教育、配置や社内制度の策定などによって組織のパフォーマンスを最大化することが、営業であればお客様との関係を作り、案件を獲得することが本業であるはずなのに、各種データ処理に忙殺されて残業続き……という状況をたくさん見てきました。

　私がExcel講座を始めたきっかけは、こうした方々の状況を良いほうに変えたいと思ったことです。その手段として、ほとんどの現場で使われているExcelに着目しました。

　幸いなことに講座は好評をいただいていますが、対面の講座で教えることのできる人数には限界があり、今もまだExcel作業に苦しむ方々が多くいるのはとても歯がゆいです。1人でも多くの方に、現場や講座で培った私の経験を役立ててもらえればと思い、執筆したのがこの本です。

本書の主な対象読者

本書は、主に初級者〜中級者の方が、Excelを使って日々の仕事を効率化できるようになることを目的としています。とりわけ、以下に当てはまる方には最適な実用書です。

☑ 日々の業務の負担をなんとしても減らしたい
☑ 作業スピードをもっと向上させたい
☑ 作業品質を高め、ミスを減らしたい
☑ Excel初心者を卒業し、中上級レベルにスキルアップしたい
☑ ルーティンワークを自動化したい
☑ プロの業務改善技術を身につけたい
☑ これまでにもExcel書を読んだ経験はあるが、仕事の効率はあまり変わっていない

本書の特長

Excelの学習書にはとにかく易しいもの、発展的な用法を解説するもの、関数やマクロ・VBAに特化したものなど、さまざまな種類があります。その中で本書は、Excelを通じてみなさまが業務の効率化を達成することを目的として、必要な機能やテクニックを網羅的に紹介しています。特長は次の3つです。

1. 題材　実務に役立つ

本書は、業務における課題をメインテーマに据えて、それを解決する方法を紹介する、という書き方に徹しています。そのため、たくさんあるExcelの機能の中から、業務で使う頻度が高いもの、実際に行われていた活用法を選び抜き、実用性にこだわって作成しています。

2. 効果　本格的な自動化ができるようになる

マクロ・VBAを使った自動化に関心のある方も多いのではないでしょうか。しかし、一般的なExcel書はマクロの解説が満足に入っていないか、もしくは1冊すべてマクロに特化した難しいものになりがちです。

本書では、一番の目的である仕事の効率化に欠かせないマクロ・VBAによる自動化についても、しっかり身に付くよう基礎から丁寧に解説しています。登場する課題は、私が業務改善の現場で実際に使ってきた中から、とりわけ使用頻度が高くおすすめの例を厳選しています。

3．著者　<mark>現場経験に加え、講師経験も豊富</mark>

　私は現場で業務改善に取り組みつつ、講師として初級者から上級者まで、たくさんの方にExcelを教えています。そのため、実際の現場で求められるExcelスキルと、それをわかりやすく伝える方法の両方を熟知しています。Excelに苦手意識のある方でもスッキリ理解できるよう、丁寧に解説しています。

　第1章でショートカットキーを中心とした手作業のスピードアップを習得し、第2章では実務担当者が知っておくべき重要な関数を業務の中で使いこなせるようにします。第3章では関数のより高度な使い方やセルの書式設定、印刷設定などを幅広く紹介し、第4章、第5章ではマクロ・VBAを扱っています。第4章で基礎知識や文法を習得し、第5章では実用的な使い方を訓練します。

今日から業務改善！

　最後に、みなさまにお願いしたいのは、1日に15分でも30分でも良いので、業務を整理して手順書を作ったり、本書の題材を参考に業務自動化のツールを作ったりして、効率化の仕組み作りに取り組んでみることです。業務改善のための時間を継続的に捻出することで、あなたの働き方がより良いものになること間違いなしです。

　また、管理職の方は、現場で働く部下や実務担当者の業務改善への取り組みを理解し、積極的に推奨してください。効果的な仕組みは一朝一夕でできるものではありませんが、ひとたび完成すれば生産性が大幅にアップするものです。

　本書を手に取ってくださったみなさまの働き方が、より良いものになることを願っています。

本書の使い方

本書は、Excelを使うすべてのビジネスパーソンを対象に、「実務で役立つ」ことを重視して作成した入門書です。
登場する機能をしっかり理解して使いこなしていただけるよう、たくさんのサポートやヒントを紙面に散りばめています。

紙面の構成

項目タイトル

はじめに目的があり、それを実現するために必要な機能・テクニックを逆引き的に紹介します。
自分の知りたいこと、やりたいことに近い項目をチェックしてみてください。

登場する機能名

各項目で扱う主要な機能名を紹介します。

今回の課題

その項目でやりたい作業に関する
簡単な説明です。

解説・手順説明

目的を実現するために必要な機能や、その使い方を解説していきます。
はじめて使う機能でも迷わないよう、吹き出しや番号の入った画面キャプチャーを豊富に掲載しています。

CHAPTER 01)05 他人が変更できないよう、シートに編集制限をかける

［シートの保護］

Excelで勤務表や請求書などのフォーマットを作成して配布する場合、項目名や数式などの入ったセルは勝手に変更されないよう制限する必要があります。誤って数式を壊してしまうといった事故も防げますので、ぜひ活用してください。

今回の課題 請求書フォーマットの入力欄以外を変更できないよう、シートの保護を行います。編集を許可したセル以外を変更しようとすると、エラーメッセージが表示されます。

編集を許可するセルを決める　　　　　　　　　　　　　　　　　⬇ 01-05.xlsx

［シートの保護］機能は、**初期状態ではすべてのセルがロック（入力制限）された設定になっています。**今回は請求先や商品名など、一部のセルは入力できる状態

● 「集計」シートの「都道府県」と「会員情報」シートの「住所」

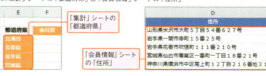

🟩 ワイルドカード

　COUNTIFS関数には、「〜で始まる」「〜で終わる」といった条件を指定でき

サンプルファイル

使用するサンプルファイル名です。使用するサンプルファイルはすべて、下記よりダウンロードできます。

URL https://www.sbcr.jp/support/02840/

Memo

機能や作業手順についてより深く理解するための補足説明です。

さらに上達

ワンランク上の知識や便利な活用法など、プラスαの情報です。本文とあわせて読めば、さらに使いこなせるようになること間違いなしです。

書式

第2章で紹介する関数の概要や構造を、各項目の最後にまとめています。

VBAプログラム

第4章・第5章に登場するVBAのプログラムです。そのまま書くのはもちろん、余力が出てきたら自由にカスタマイズしてみるのもおすすめです。

サンプルファイルのダウンロード

書籍内で登場するサンプルファイルは、すべて無料で本書のサポートサイトからダウンロードできます。なお、本書は Excel 2013/2016/2019 に対応しています。

```
https://www.sbcr.jp/support/02840/
```

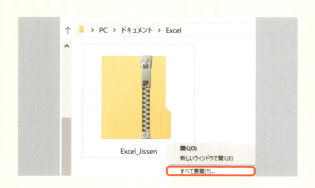

1 ブラウザから上記の URL を入力し、ダウンロードページを表示します。

2 [使用上の注意] をよく読み、ダウンロードデータのリンクをクリックすると、サンプルデータのダウンロードが開始されます。

3 「Excel_Jissen.zip」が任意の場所にダウンロードできたら、右クリックして [すべて展開] を選択し、サンプルファイルを展開してください。

マクロファイルの使い方

本書の第4章・第5章で登場するマクロファイル（.xlsm）は、標準設定ではマクロが無効化された状態で開きます。
次の手順でマクロを有効化してからご利用ください。

マクロの有効化

■1 マクロファイルを開くとセキュリティの警告が表示されるので、[コンテンツの有効化] をクリックしてください。

[Microsoft Excelのセキュリティに関する通知] ダイアログが表示される場合、内容をよく読み、マクロを有効化してください。

■2 [開発] タブからマクロが使えるようになります。（[開発] タブの表示方法はp.250参照）

なお、本書のマクロファイルは、標準モジュールを追加した状態で提供しています。

CONTENTS

はじめに ・・・・・・・1

CHAPTER
01
基本＋便利ワザ

01 最初に知りたい！ おすすめ設定５つ ・・・・・・・・・・・・・・・・・・・・・16
Excelのオプション

02 小さな積み重ねで大幅時短！ 必修ショートカットキー ・・・・・・・・19
ショートカットキー

03 規則性のあるデータを瞬時に入力する ・・・・・・・・・・・・・・・・・・・28
オートフィル

04 数値データの桁をすばやく揃えるテクニック ・・・・・・・・・・・・・・30
桁区切りスタイル／小数点以下の表示桁数を増やす／小数点以下の表示桁数を減らす

05 他人が変更できないよう、シートに編集制限をかける ・・・・・・・32
シートの保護

06 入力する値をリストから選べるようにする ・・・・・・・・・・・・・・・35
データの入力規則

07 リストから目的のデータだけを絞り込み表示する ・・・・・・・・・・・38
フィルター

08 伝わるグラフを瞬時に作成する ・・・・・・・・・・・・・・・・・・・・・・42
グラフ／クイックレイアウト

09 データを俯瞰して全体の傾向をつかむ ・・・・・・・・・・・・・・・・・・44
スパークライン

10 サイズや範囲を指定して思い通りに印刷する ・・・・・・・・・・・・・48
印刷範囲の設定／印刷タイトル

11 グラフや図をピッタリ揃えて資料の美しさを追求する ・・・・・・・・51
拡大／縮小／トリミング

8

12 データの集計軸を増やして多角的に分析する ・・・・・・・・・・・・・・54
　　ピボットテーブル／ピボットグラフ

13 条件を満たすセルがひと目でわかるようにする ・・・・・・・・・・・・・58
　　条件付き書式

14 複雑な表を折りたたんで見たい部分だけ表示する ・・・・・・・・・62
　　グループ化

15 重複のないリストをワンクリックで作成する ・・・・・・・・・・・・・・65
　　重複の削除

16 セルに補足説明を表示する ・・・・・・・・・・・・・・・・・・・・・・・・・・・・67
　　コメント

17 Excelファイルの動作が遅いときに試すこと ・・・・・・・・・・・・・・69
　　計算方法の設定／自動保存

18 複数のExcelファイルを並べて同時に見比べる ・・・・・・・・・・・71
　　並べて比較

業務改善コラム FILE①　タスク管理の方法論 ・・・・・・・・・・・・・・・・・・・・73

CONTENTS

CHAPTER
02

関 数

01 関数の入力方法 ・・・・・・・・・・・・・・・・・・・・・・・・・・・・・・・・・・・・・・・76
　　数式オートコンプリート機能

02 関数が参照する列・行を固定する ・・・・・・・・・・・・・・・・・・・・・78
　　相対参照／絶対参照

03 文字列の一部を取り出す ・・・・・・・・・・・・・・・・・・・・・・・・・・・・・82
　　LEFT関数／MID関数／RIGHT関数

04 姓・名を結合し、ふりがなを自動で表示する ・・・・・・・・・・・・・86
　　＆／PHONETIC関数

9

05 形式がバラバラなデータをきれいに整える ・・・・・・・・・・・・・・・・・ 90
TRIM 関数／ASC 関数／SUBSTITUTE 関数／JIS 関数

06 住所から都道府県を取り出す ・・・・・・・・・・・・・・・・・・・・・・・・・・・・・・ 94
FIND 関数／IFERROR 関数／LEN 関数

07 日付から年、月、日、曜日を取得する ・・・・・・・・・・・・・・・・・・・・・ 100
YEAR 関数／MONTH 関数／DAY 関数／TEXT 関数

08 条件に合うかどうかで表示を変える ・・・・・・・・・・・・・・・・・・・・・・ 104
IF 関数／AND 関数／OR 関数／NOT 関数

09 2つの日付から期間を算出してランク分けする ・・・・・・・・・・・・・ 110
DATEDIF 関数／IFS 関数

10 さまざまな条件でセルをカウントする ・・・・・・・・・・・・・・・・・・・・ 113
COUNTA 関数／COUNTIFS 関数

11 さまざまな条件で合計、平均、最小値、最大値を求める ・・・ 118
SUMIFS 関数／AVERAGEIFS 関数／MINIFS 関数／MAXIFS 関数

12 VLOOKUPで別表からデータを取得する ・・・・・・・・・・・・・・・・・ 124
VLOOKUP 関数

13 HLOOKUPで別表からデータを取得する ・・・・・・・・・・・・・・・・・ 129
HLOOKUP 関数

14 別表から縦横に検索してデータを取得する ・・・・・・・・・・・・・・・・ 132
INDEX 関数／MATCH 関数

15 どの値に一致するかで表示を変える ・・・・・・・・・・・・・・・・・・・・・・ 137
SWITCH 関数

16 金額の端数処理をマスターする ・・・・・・・・・・・・・・・・・・・・・・・・・・ 139
ROUNDUP 関数／ROUND 関数／ROUNDDOWN 関数

17 土日祝日を除いた営業日数を算出する ・・・・・・・・・・・・・・・・・・・・ 142
NETWORKDAYS.INTL関数／WORKDAY.INTL 関数

18 複数のシートにあるデータを1つのシートにまとめる ・・・・・・・ 147
INDIRECT 関数

業務改善コラム FILE ② 議事録で論理的思考を鍛える ・・・・・・・・・・・・・ 151

CHAPTER
03
実践テク＋活用ワザ

01 完了したタスクがひと目でわかる表を作成する ・・・・・・・・・・・・154
　　条件付き書式

02 セル範囲に名前を付けて数式をわかりやすくする ・・・・・・・・・・・158
　　名前ボックス／配列数式

03 直前の操作をボタン１つで繰り返す ・・・・・・・・・・・・・・・・・・・・162
　　F4

04 会議の議題ごとにタイムスケジュールを作る ・・・・・・・・・・・・・・・164
　　IF関数／TIME関数

05 キャッシュフローのグラフを投資対象ごとに分割表示する ・・・169
　　ウォーターフォール図

06 「メモ帳」ですばやく製品名を分割する ・・・・・・・・・・・・・・・・・・・171
　　メモ帳／検索と置換

07 VLOOKUPを使いこなして高度な検索を行う ・・・・・・・・・・・・・175
　　VLOOKUP関数

08 集計期間を自在に調整する ・・・・・・・・・・・・・・・・・・・・・・・・・・・180
　　集計の設定／IF関数／YEAR関数／MONTH関数／DAY関数

09 大量のデータを比較してもれなく差異を見つけ出す ・・・・・・・・185
　　IF関数

10 カレンダーの休日を自動で色分けする ・・・・・・・・・・・・・・・・・・・189
　　条件付き書式／COUNTIFS関数／TEXT関数／IF関数

11 売上グラフの中に目標値を表示する ・・・・・・・・・・・・・・・・・・・・199
　　グラフ／近似曲線

12 ステータス別のグラフで売上予測を管理する ・・・・・・・・・・・・・・206
　　グラフ／近似曲線／SUM関数／IF関数

13 CSVファイルのデータが数値に変わることを防ぐ ・・・・・・・・・212
テキストファイルウィザード／Power Queryエディター

14 ABC分析で優先順位を付ける ・・・・・・・・・・・・・・・・・・・・222
ピボットテーブル／ピボットグラフ／2軸グラフ

15 降水量と傘の販売本数の相関を調べる ・・・・・・・・・・・・・231
データ分析

16 目標値から逆算して必要な数字を調べる ・・・・・・・・・・・・235
ゴールシーク

17 目標を達成するための最適な組み合わせを調べる ・・・・・・・239
ソルバー

業務改善コラム FILE ③ デスクトップの乱れは、心の乱れ ・・・・・・・・・245

CHAPTER
04
マクロ&VBA〈基本編〉

01 マクロ・VBAで個人やチームの生産性を高める ・・・・・・・・・・248

02 マクロ・VBAを使用する準備 ・・・・・・・・・・・・・・・・・・250
VBE／プロジェクトエクスプローラー／コードウィンドウ

03 まずは「マクロの記録」で処理を自動化する ・・・・・・・・・・256
マクロの記録

04 マクロとVBAの関係 ・・・・・・・・・・・・・・・・・・・・・・262
Visual Basic

05 VBAでプログラムを書いてみよう ・・・・・・・・・・・・・・・268
モジュール／プロシージャ／Option Explicit

06 モジュールとは ・・・・・・・・・・・・・・・・・・・・・・・・・274
標準モジュール／シートモジュール／ブックモジュール

07 プロシージャとは ·· 277
Subプロシージャ／Call

08 オブジェクトとは ·· 284

09 プロパティとメソッドの基本 ······························ 286

10 セル範囲を選択する ·· 292
Range／Cells／CurrentRegion／UsedRange

11 最終行・最終列を取得する ································ 297
SpecialCells／End

12 変数とデータ型の基本 ······································ 301

13 繰り返し処理を行う ·· 305
For／For Each

14 分岐処理を行う ·· 310
If／Select Case

15 フィルターをかけてデータを絞り込む ·················· 315
AutoFilter

16 シートを操作する ··· 319
Name／Count／Add／Copy／Delete

17 ブックを操作する ··· 325
Name／Count／Add／Copy／Delete

18 オブジェクトを省略してプログラムを簡潔にする ·········· 331
With

19 コメントを書いてプログラムをわかりやすくする ·········· 334

20 エラーの原因を調べる方法 ································ 336
コンパイルエラー／実行時エラー／ステップ実行／ブレークポイント／
イミディエイトウィンドウ

業務改善コラム FILE ④ 1日の作業効率を最大化する方法 ··········· 343

13

CHAPTER
05
マクロ&VBA〈活用編〉

01 VBAの知識を生かして日常業務を効率化しよう ‥‥‥‥‥‥346

02 シートの一覧を作成する ‥‥‥‥‥‥‥‥‥‥‥‥‥‥‥348
For／HYPERLINK

03 数値以外のデータがないかチェックする ‥‥‥‥‥‥‥‥352
For Each／If／IsNumeric

04 図形内の文字列を取得する ‥‥‥‥‥‥‥‥‥‥‥‥‥‥356
For Each／If／Type／msoTextBox／TextFrame.Characters.Text

05 複数のブックのデータを一括で取り込む ‥‥‥‥‥‥‥‥360
Workbook／Copy

06 一覧表のデータを別シートに出力する ‥‥‥‥‥‥‥‥‥367
End／Add／CurrentRegion／Copy

07 一覧表のデータを別ブックに出力する ‥‥‥‥‥‥‥‥‥373
Workbook／For／If／Select Case

業務改善コラム FILE ⑤ 作業でミスをしない方法 ‥‥‥‥‥‥380

おわりに ‥‥‥382

INDEX ‥‥‥383

CHAPTER
01

基本＋便利ワザ

本章では、Excel の作業効率を
上げるための基本テクニックを
網羅的に習得し、初心者の方が
短時間で効果的にスキルアップ
できるようにします。日常業務
で役立つ便利なワザもできるか
ぎり紹介していきます。

CHAPTER 01

01 最初に知りたい！おすすめ設定5つ

> Excelのオプション

Excelで使用するフォントの種類や文字サイズ、保存時の設定をカスタマイズします。[Excelのオプション]から設定を保存すると、今後新しくExcelブックを起動した際にも変更した設定が反映されるので、使いやすいように調整してみてください。

今回の課題
「フォントサイズが少し小さくて見づらい」といった小さな不便も、解消してみると思っていた以上に快適になるはずです。
Excelの学習を始める前に、ストレスなく操作できるように設定を調整しましょう。本節では、とりわけ使用頻度の高い、フォントと保存に関する設定5つを紹介します。

［Excelのオプション］から初期設定をカスタマイズする

［Excelのオプション］には、たくさんの設定項目があります。今回はその中からおすすめの設定を5つ紹介します。［ファイル］タブ→［オプション］を選択し、［Excelのオプション］を開いてみましょう。

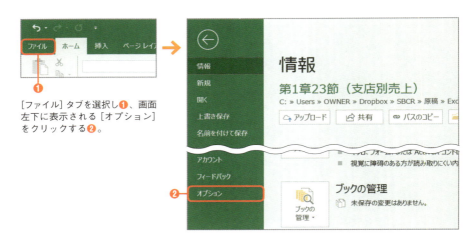

［ファイル］タブを選択し❶、画面左下に表示される［オプション］をクリックする❷。

01-01 最初に知りたい！ おすすめ設定5つ

　左側の一覧から設定項目を選びます。[全般]からは、フォントの種類やサイズなどを設定できます。
　本節で紹介する設定のうち、最初の2つはここで行います。

- [次を既定フォントとして使用]→リストからフォントを選択する
- [フォント サイズ]→リストからフォントサイズを選択する

●Excelのオプション_[全般]

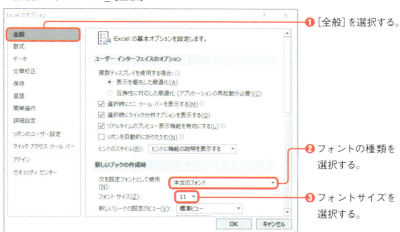

❶ [全般]を選択する。
❷ フォントの種類を選択する。
❸ フォントサイズを選択する。

　次に、左側の一覧から[保存]を選び、次の3つを変更します。

- [次の間隔で自動回復用データを保存する]にチェックを入れ、任意の間隔を設定する
- [キーボード ショートカットを使ってファイルを開いたり保存したりするときにBackstageを表示しない]にチェックを入れる
- [既定のローカル ファイルの保存場所]に任意の場所を指定する

●Backstage

Memo
Backstageとは、[ファイル]タブをクリックして表示される画面です。初期設定ではショートカットキーでファイルを保存したり操作を行う際に毎回表示されて不便なこともあるため、ここで設定を変えておきましょう。

17

自動回復用データをこまめに保存することで、使用中にExcelが突然終了した場合もそれまでの作業を失うことを防げます。ただ、保存頻度を上げるとそのぶんExcelの動作が重くなるため、必要に応じて［次の間隔で自動回復用データを保存する］の間隔を調整しましょう。

　［既定のローカルファイルの保存場所］では、デフォルトの保存場所を指定できます。通常使うフォルダを設定しておくと移動する手間が省けます。

●Excelのオプション＿［保存］

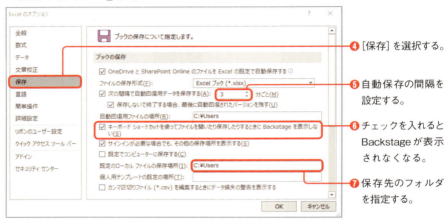

❹［保存］を選択する。

❺自動保存の間隔を設定する。

❻チェックを入れるとBackstageが表示されなくなる。

❼保存先のフォルダを指定する。

CHAPTER 01 02 小さな積み重ねで大幅時短！必修ショートカットキー

ショートカットキー

Excel作業のスピードを上げるには、ショートカットキーを覚えるのが一番です。スポーツでいえば基礎体力作りです。本節で紹介するショートカットキーは基本的なものばかりですが、登場回数も多いため、使いこなせるようになれば時短効果はもちろん、作業の快適さもアップします。

今回の課題 使用頻度の高いショートカットキーを覚えましょう。毎日使ってみて、少しずつ自分のものにしていってください。考えなくても指が動くようになればしめたものです。

よく使うキーと指の配置

　ショートカットキーを使いこなせるようになると、マウスで作業する場合と比べて作業スピードが格段に速くスムーズになります。1回あたりの差は数秒でも、積み重なると作業時間を大きく左右します。

　ショートカットキーは、Ctrl または Alt と、その他のキーの組み合わせであることが多いです。Ctrl を押すときは小指を、Alt は親指を使います。

セルやシート、ブックを操作する　　　⬇01-02.xlsx

　ショートカットキーを覚えるには、実際に試してみることが重要です。何度も繰り返すことで、考えなくても自然と指が動くようになっていきます。

🔲 コピー&ペースト

　コピーとペーストは同時に使う場合が多いので、セットで覚えましょう。セルまたはセル範囲を選択して Ctrl + C で**コピー**、Ctrl + V で**貼り付け**ができます。

●コピー&ペースト

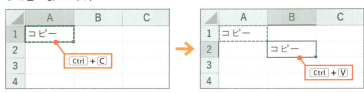

コピーしたいセルを選択して Ctrl + C を押す。

貼り付けたいセルを選択して Ctrl + V を押す。コピーが済んだら Esc を押す。

🔲 元に戻す

　変更を取り消して直前の状態に戻すには、Ctrl + Z を押します。文字を誤って入力してしまった場合や、色を間違って塗ってしまった場合などに、すばやく元に戻すことができます。

●元に戻す

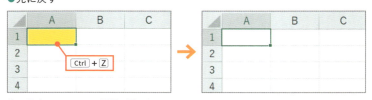

塗り間違えたところで Ctrl + Z を押す。

1つ前の状態に戻る。

🔲 セル移動

　値のあるセルまで一瞬でジャンプできるショートカットキーは、**Ctrl + 方向キー**（↑ ↓ → ←）です。マウスを使う場合と比べて、シート内の移動が格段に速くなります。

　動きを覚えるためには、実際に試すのが一番です。練習用ファイルで動かしてみてください。まずは、右方向に移動する Ctrl + → で、動きを理解しましょう。

01-02 小さな積み重ねで大幅時短！ 必修ショートカットキー

● 横の移動

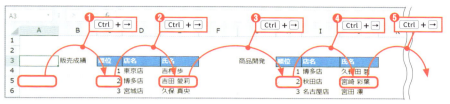

❶ 空白セルを選択して、Ctrl+→ を押すと、値のあるセルにジャンプする。
❷ Ctrl+→ を押すと、値のある最後のセル（空白セルの手前）にジャンプする。
❸ Ctrl+→ を押すと、次に値のあるセルまでジャンプする。
❹ Ctrl+→ を押すと、値のある最後のセル（空白セルの手前）にジャンプする。
❺ Ctrl+→ を押すと、Excelの最終列（XFD列）までジャンプする。

　なんとなく動きはつかめましたか？ 続けて、下方向に移動する Ctrl+↓ も試してみましょう。

● 縦の移動

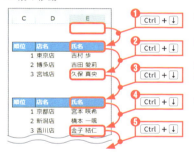

❶ 空白セルを選択して、Ctrl+↓ を押すと、値のあるセルにジャンプする。
❷ Ctrl+↓ を押すと、値のある最後のセル（空白セルの手前）にジャンプする。
❸ Ctrl+↓ を押すと、次に値のあるセルまでジャンプする。
❹ Ctrl+↓ を押すと、値のある最後のセル（空白セルの手前）にジャンプする。
❺ Ctrl+↓ を押すと、Excelの最終行（1048576行）にジャンプする。

範囲選択

　表や行列などの範囲選択も、ショートカットキーを覚えてしまえば一瞬です。使いこなせるようになると、マウスでドラッグするよりもスピードが上がるのに加えて、選択範囲が少し足りなかったりはみ出したりすることもなくなります。**表全体を選択する**には、表内のセルを選択した状態で Ctrl+A を使用します。

● 表全体を選択

表内のセルを選択し、Ctrl+A を押す。　　表全体が選択される。

また、<mark>特定の行や列を選択する</mark>には、始点となるセルから選択したい方向に向かって `Ctrl` + `Shift` + 方向キー を押します。

●特定の行や列を選択

選択したい行の先頭セルを選択して `Ctrl` + `Shift` + → を押す。

対象行全体が選択される。

選択したい列の先頭セルを選択して `Ctrl` + `Shift` + ↓ を押す。

対象列の最下行まで選択される。

Memo
上から下に選択：`Ctrl` + `Shift` + ↓　　下から上に選択：`Ctrl` + `Shift` + ↑
左から右に選択：`Ctrl` + `Shift` + →　　右から左に選択：`Ctrl` + `Shift` + ←

　範囲を選択して値を貼り付けたり色を塗ったりする作業は頻度が高いと思いますので、セル移動（p.20）をマスターして、範囲選択もぜひ覚えてください。なお、行や列の途中に空欄がある場合は、その手前のセルまでが選択されます。

検索と置換

　<mark>シートの中から値を検索する</mark>には `Ctrl` + `F`、<mark>置換する</mark>には `Ctrl` + `H` を使用します。どちらも同じダイアログが開きます（表示されるタブが異なります）。ここでは、「所属組織」列の「渉外部」を「国際渉外部」に一括で変更します。同じ修正を何度も行う場合は、置換機能を使うと早く正確に変更できます。

01-02 小さな積み重ねで大幅時短！ 必修ショートカットキー

●検索と置換

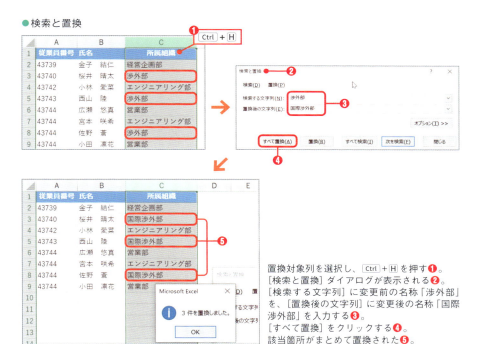

置換対象列を選択し、Ctrl + H を押す❶。
[検索と置換]ダイアログが表示される❷。
[検索する文字列]に変更前の名称「渉外部」
を、[置換後の文字列]に変更後の名称「国際
渉外部」を入力する❸。
[すべて置換]をクリックする❹。
該当箇所がまとめて置換された❺。

　置換する前に該当箇所を確認したい場合は、[検索と置換]ダイアログで[す
べて検索]をクリックしてください。すると、該当箇所の一覧が表示されます。

Memo
表示された検索結果をクリックすると、
該当箇所に移動できます。

検索のオプション

Ctrl + F や Ctrl + H で値を検索するにあたって、「部分一致」と「完全一致」の2つの検索方法の違いにも注意しましょう。この検索方法の変更は、［検索と置換］ダイアログの［オプション］から行えます。

先の例の場合は［セル内容が完全に同一であるものを検索する］にチェックしないと、検索する文字列と部分的に一致するセルも置換の対象となります。例えば「国際渉外部」というセルがあった場合、文字中に含まれる「渉外部」という文字が置換の対象となり、置換後は「国際国際渉外部」のように変更されます。

保存

==作業中のファイルを上書き保存する==には、Ctrl + S を押します。Excelが急に強制終了して作業をやり直した、という経験のある方は多いと思います。ショートカットキーや自動保存設定（p.17）を使ってこまめに保存する癖を付けておきましょう。

● 保存

任意の場所で Ctrl + S または F12 を押して保存する。

Memo
F12 を押すと［名前を付けて保存］ダイアログが開きます。上書きではなく別名で保存したい場合はこちらを使いましょう。

キャンセル

セルに間違えて値を入力してしまったときは、Esc を押すと ==変更をキャンセル== できます。メニューやダイアログを閉じたり、選択範囲を解除したりと、幅広く役立つショートカットキーです。

01-02 小さな積み重ねで大幅時短！ 必修ショートカットキー

● 入力取り消し

入力を間違えたら Esc を押す。　　変更がキャンセルされる。

● ダイアログを閉じる

ダイアログも Esc で終了できる。

● 選択の解除

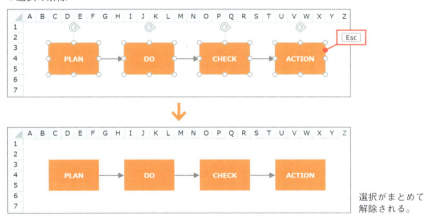

選択がまとめて解除される。

ファイルを開く

　作業中に他の**ファイルを開く**には、Ctrl + O を使用します。初期設定ではBackstageが開きますが、［Excelのオプション］にある設定項目［キーボードショートカットを使ってファイルを開いたり保存したりするときにBackstageを表示しない］にチェックを入れておけば、直接［ファイルを開く］ダイアログを表示できます（p.17）。

25

●ファイルを開く/閉じる

任意の場所で Ctrl + O を押すと❶、Backstage
または［ファイルを開く］ダイアログが表示
される❷。

 複数のExcelファイルをまたいで作業する

ファイルを参照しながらもう1つのファイルで作業するなど、複数のファイルを交互に
行き来する必要があるときには、直前に触っていた画面に切り替える Alt + Tab が便利
です。例えば、新しく開いたファイルから値をコピーして作業中のファイルに貼り付け
る場合は「 Ctrl + C → Alt + Tab → Ctrl + V 」という組み合わせです。
Alt + Tab は直前に触ったものを開くので、Excelファイル間だけでなく、Wordファイ
ルやブラウザなどと交互に表示することもできます。

印刷する

　作業中の画面で Ctrl + P を押すと、印刷プレビュー画面が開きます。マウスで
は［ファイル］タブ→［印刷］の2段階必要ですが、ショートカットキーを使えば一
発で表示できます。

●印刷画面を表示する

画面表示をすばやく変更する

　Excelの画面表示を簡単に変更します。作業中はもちろん、打ち合わせやプレ
ゼンテーションの場面でも役立つこと間違いなしです。

01-02 小さな積み重ねで大幅時短！ 必修ショートカットキー

リボンの表示/非表示を切り替える

　Excelの上部に表示されているボタンの表示部分を**[リボン]**といいます。ボタンからさまざまな機能が使えて便利ですが、画面を広く使いたいときは非表示にできます。リボンの表示/非表示は Ctrl + F1 で簡単に切り替えられるので、作業中は非表示にしておき、使いたいときだけ表示するとよいでしょう。

●リボンの表示切替

画面を拡大する

　打ち合わせやプレゼンテーションにおいて、Excel資料の全体を見せてから細部の重要なところを拡大する、といったことがあると思います。**[ズーム]**機能を使うと、スムーズに画面を拡大/縮小して読みやすい大きさに変えることができます。

　今回はキーボードとマウスを併せて使用します。マウスのスクロールボタン（ホイール）がある場合は、拡大したいシート上で Ctrl を押しながら、**マウスのスクロールボタンを前方に回します。**

●画面を拡大する

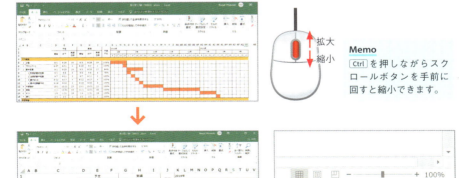

Memo
Ctrl を押しながらスクロールボタンを手前に回すと縮小できます。

マウスがない場合は、画面右下にあるズームスライダーを使う。

27

CHAPTER 01 03 規則性のあるデータを瞬時に入力する

オートフィル

連続する日付（9月1日、9月2日、9月3日…）や曜日（月、火、水…）、番号（1、2、3…）を、1つずつ手入力するのは面倒ですし、時間がかかります。「1ずつ増える」「特定のパターンを繰り返す」処理はExcelが得意とするものなので、自動入力機能を活用して一瞬で終わらせてしまいましょう。

今回の課題：勤務表の行No、日付、曜日を簡単にすばやく埋めます。

フィルハンドルで自動入力する

01-03.xlsx

[オートフィル]は、連続するデータを自動で作成する機能です。今回の例では、先頭2行のみ値が入力されている勤務表を埋めていきます。

セルを選択したときにセルの右下に表示される■を[フィルハンドル]といいます（次図）。フィルハンドルをドラッグして、データを自動生成します。

●フィルハンドル

01-03 規則性のあるデータを瞬時に入力する

●フィルハンドルで勤務表の日付を自動入力する

日付のセルを選択し、右下に表示される■（フィルハンドル）をドラッグする❶。
連続する日付が入力される❷。

　曜日も同様に自動入力します。行Noは数値「1」と「2」を範囲選択してからフィルハンドルをドラッグします。

●曜日　　　　　　　　　　　　　　●行No

Memo
隣の列にデータがある場合は、フィルハンドルをダブルクリックすると連続データを一気に入力できます。周りに何もデータがない場合は、フィルハンドルをドラッグしましょう。

さらに達人 Ctrl とオートフィルオプションで自在に入力

1ずつ増える数値の連続データを入力したいときは、Ctrl を押しながらドラッグする方法が便利です。また、ドラッグした後に表示されるオートフィルオプションで、連続データの規則を後から変更できます。

Ctrl を押しながらドラッグすると、連続する数値を入力できる。

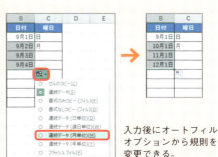

入力後にオートフィルオプションから規則を変更できる。

CHAPTER 01 04 数値データの桁を すばやく揃えるテクニック

桁区切りスタイル 小数点以下の表示桁数を増やす 小数点以下の表示桁数を減らす

ビジネスパーソンにとって資料作りは避けて通れない課題です。記載する中身は同じでも、ちょっとした工夫で資料は格段に見やすくなります。とりわけ数値は、値段や売上といった資料の中でも特に重要な要素であることが多いです。本節では、小数点の位置や金額の表示形式を整え、大きな数値でも読みやすく仕上げる方法を紹介します。

今回の課題　「為替」列の小数点や「金額（日本円）」の表示形式を整えて見やすくします。

数値データを見やすくする

📥 01-04.xlsx

　小数点以下の表示桁数を揃えたり、金額を3桁ごとにカンマで区切って見やすくします。今回の操作は［ホーム］タブの［数値］グループにある [桁区切りスタイル] と [小数点以下の表示桁数を減らす] から行います。

● 桁区切りスタイル

　はじめに、金額を「1,000」「25,000」のような3桁ごとのカンマ区切りで表示します。「金額（日本円）」列のデータ範囲を選択し、［ホーム］タブの［数値］グループから［桁区切りスタイル］をクリックすると、3桁ごとにカンマが入ります。なお、小数点以下は四捨五入された状態で表示されます。

●金額を3桁ごとにカンマで区切る

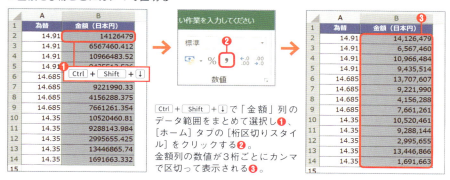

Ctrl + Shift + ↓ で「金額」列の
データ範囲をまとめて選択し❶、
[ホーム]タブの[桁区切りスタイ
ル]をクリックする❷。
金額列の数値が3桁ごとにカンマ
で区切って表示される❸。

次に、為替の表示を小数点以下1桁までに統一します。同様に「為替」列のデータ範囲を選択し、[小数点以下の表示桁数を減らす]をクリックします。

●為替を小数点以下1桁までの表示に統一する

Ctrl + Shift + ↓ で「為替」列のデータ範囲をまとめて選択し❶、
[ホーム]タブの[小数点以下の表示桁数を減らす]をクリックする❷。
「為替」列の表示が小数点以下1桁になる❸。

[小数点以下の表示桁数を減らす]または[小数点以下の表示桁数を増やす]を
何度かクリックすると、クリックした分だけ桁数が増減します。

 セルの中身を見てみよう

[桁区切りスタイル]や[小数点以下の表示桁数を減らす(増やす)]によって変わるのは見た目のみで、セルの値そのものは変化しません。例えば、A6セルを選択してみると、中身は相変わらず「14.685」であることが確認できます。

CHAPTER 01 05 他人が変更できないよう、シートに編集制限をかける

シートの保護

Excelで勤務表や請求書などのフォーマットを作成して配布する場合、項目名や数式などの入ったセルは勝手に変更されないよう制限する必要があります。誤って数式を壊してしまうといった事故も防げますので、ぜひ活用してください。

今回の課題 請求書フォーマットの入力欄以外を変更できないよう、シートの保護を行います。編集を許可したセル以外を変更しようとすると、エラーメッセージが表示されます。

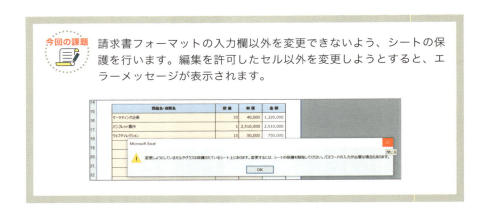

編集を許可するセルを決める

⬇ 01-05.xlsx

[シートの保護]機能は、<mark>初期状態ではすべてのセルがロック（入力制限）された設定になっています。</mark>今回は請求先や商品名など、一部のセルは入力できる状態にするため、はじめに[セルの書式設定]より、編集を許可するセルの設定を行います。ここでは、オレンジ色のセルは編集を許可するものとします。

●セルの書式設定

編集を許可するセルを選択して Ctrl + 1 (テンキー不可)
を押すと❶、[セルの書式設定]ダイアログが表示される❷。

● ロックを外す

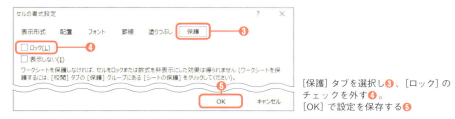

[保護]タブを選択し❸、[ロック]の
チェックを外す❹。
[OK]で設定を保存する❺

　上記の❹で[ロック]のチェックを外すことにより、[シートの保護]をかけ
ても指定したセルは編集可能になります。残りの入力欄(オレンジ色)について
も同様にロックを外してください。

シートの保護を行い、指定したセル以外の変更を禁止する

　オレンジ色のセルのロックをすべて解除したら、[シートの保護]を行います。
シート見出しを右クリックして設定できます。

● シートの保護

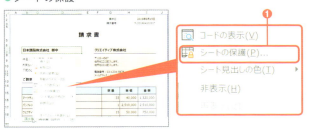
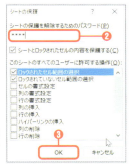

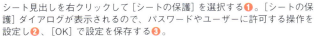

シート見出しを右クリックして[シートの保護]を選択する❶。[シートの保
護]ダイアログが表示されるので、パスワードやユーザーに許可する操作を
設定し❷、[OK]で設定を保存する❸。

　[シートの保護]ダイアログでは、どの程度の変更を許可するかを設定できま
す。例えば、行の挿入や削除は許可してもよい、ということなら、[行の挿入]
と[行の削除]にチェックを入れます。

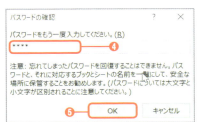

確認のため、❷で設定したパスワードを再入力し❹、[OK]
をクリックする❺。
※パスワードを省略した場合はこの手順は不要です。

Memo
パスワードの入力は省略することも可能です。パス
ワードを入力せずに進むと、シートの保護を解除す
る際にパスワードの入力を求められなくなります。

これでシートの保護は完了です。オレンジ色のセルの値が変更でき、その他のセルを編集しようとすると次のようなエラーメッセージが表示されることを確認してください。

あらかじめロックを解除したセルの値は変更できる❶。
それ以外のセルを変更しようとするとエラーメッセージが表示される❷。

　なお、シートの保護を解除する場合は、シート見出しを右クリックして [シート保護の解除] を選択します。パスワードがあれば入力を求められます。

●シートの保護解除

シート見出しを右クリックして [シート保護の解除] を入力する❶。
パスワードを設定していれば入力し、[OK] をクリックする❷。

CHAPTER
01 06

入力する値を
リストから選べるようにする

データの入力規則

工程表やタスクリストなど、1つのファイルを複数人で共有し、それぞれが進捗状況などを記入するような場面では［データの入力規則］から選択肢リストを作成するのがおすすめです。入力する値がある程度決まっている場合は「高・中・低」「未着手・作業中・完了」のような入力値を選択肢として準備しておけば迷わず入力できますし、人によって表現が微妙に違う、といったことも防げます。

今回の課題 タスク一覧の優先度を、「高・中・低」から選べるようにします。また、カテゴリは別シートの表のデータをもとに選択肢を作成します。

リストの選択肢を作成する

📥 01-06.xlsx

［データの入力規則］は、セルに入力できる値を制限するための機能です。ここでは選択肢を直接記述する方法と、既存のデータから作成する方法の2つを解説します。「優先度」列は選択肢を直接記入し、「カテゴリ」列は別シートの表から取得したデータを選択できるようにします。

選択肢を直接指定する

はじめに、「優先度」列（F列）のデータ範囲を選択し、Alt → D → L の順にキーを押して［データの入力規則］ダイアログを表示します。

［データの入力規則］ダイアログの［設定］タブで［入力値の種類］を［リスト］にし、**選択肢を半角カンマで区切って入力します。**今回は「高,中,低」と入力して［OK］をクリックします。これで、「優先度」列のセルを選択すると、**「高」「中」「低」**をリストから選べるようになります。

●選択肢を直接記述する

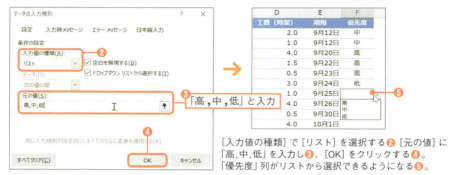

選択肢を既存のデータから作成する

　先ほどの「高,中,低」のように直接指定する方法はわかりやすいですが、項目数が多かったり、1件あたりの文字数が多い場合は、**別途作成した一覧から選ぶ**ほうが便利なこともあります。ここでは「カテゴリ」シートの表のデータをもとに選択肢を作成します。

　ここでも［データの入力規則］ダイアログを表示します。「タスク一覧」シートの「カテゴリ」列のデータ範囲を選択し、Alt → D → L を押してください。

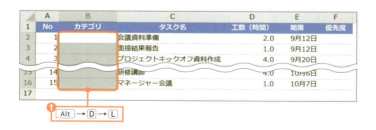

　［データの入力規則］ダイアログの［設定］タブで、［入力値の種類］から［リスト］を選択し、［元の値］の右側の［↑］アイコンをクリックします。

36

01-06 **入力する値をリストから選べるようにする**

●既存のデータ範囲を指定して選択肢とする

次のような小ウィンドウが表示されるので、「カテゴリ」シートに切り替えてデータ範囲を選択します。これが選択肢になります。

「カテゴリ」シートのデータ範囲を選択し❹、小ウィンドウの右端の[↓]アイコンをクリックして❺、[OK]をクリックする。
「タスク一覧」シートに戻り、「カテゴリ」列に選択肢が表示されることを確認する❻。

 Excel上の位置を指定する方法

「カテゴリ」シートの一覧を選択すると自動的に入力される「=カテゴリ!$A$1:$A$7」は、「カテゴリ」シートのA1からA7までを表します。

=カテゴリ!$A$1:$A$7

シート名　　　セル範囲

CHAPTER 01/07 リストから目的のデータだけを絞り込み表示する

フィルター

Excelのフィルター機能を使うと、データが何百件、何千件とあっても、「従業員番号が2200以上かつ法人第5営業部に所属」のような条件に一致するデータのみを瞬時に見つけることができます。

今回の課題　営業担当社員の契約一覧表から、以下の条件に当てはまる社員を探します。
① 「法人」向けの営業部に所属
② 2019年に契約を取った
③ 1,000万円以上の契約を取った

	A	B	C	D	E
1	従業員番号	氏名	所属部門	契約日	契約金額
2	2001	吉村 歩	法人第5営業部	2018/1/1	7,520,000
3	2005	吉田 愛莉	法人第2営業部	2018/1/2	11,280,000
4	2006	久保 真央	コンシューマー第3営業部	2018/1/2	5,240,000
5	2008	久保田 碧	コンシューマー第2営業部	2018/1/2	1,780,000
6	2015	宮崎 彩葉	コンシューマー第2営業部	2018/1/6	4,650,000
7	2020	宮田 凛	法人第2営業部	2018/1/12	1,920,000
8	2028	宮本 咲希	法人第3営業部	2018/1/16	11,610,000

表からデータを簡単に絞り込む

01-07.xlsx

Excelの**フィルター機能**を使って、表内のデータをテキストや日付、数字で絞り込みます。**表内の任意のセルを選択した状態で** Ctrl + Shift + L **を押すだけでフィルターが使えます。**

● 表全体をフィルターモードにする

表内の任意のセルを選択し❶、Ctrl + Shift + L でフィルターモードにする❷。

38

フィルターモードになると、列見出しに矢印[▼]が表示されます。テキスト、日付、数値による絞り込みをそれぞれ試してみましょう。

テキストで絞り込む

はじめに、指定した文字列を含むデータを抽出します。ここでは、「所属部門」列の[▼]をクリックし、検索ボックスに「法人」と入力します。

●法人向けの営業部に所属する社員のみ抽出する

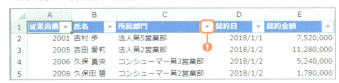

「所属部門」列の[▼]をクリックする❶。

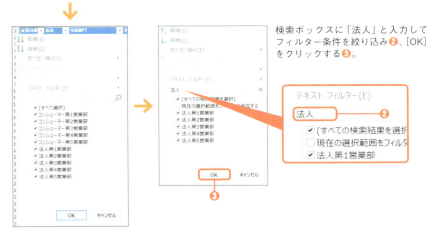

検索ボックスに「法人」と入力してフィルター条件を絞り込み❷、[OK]をクリックする❸。

上記手順を実行すると、所属部門に「法人」が含まれるデータのみが抽出されます。これで、今回の課題の1つ目の条件「法人向けの営業部に所属」する社員のデータが表示されました。

日付で絞り込む

続けて2つ目の条件「2019年に契約を取った」に一致するデータを日付フィルターで絞り込みます。「契約日」列の[▼]をクリックして、「すべて選択」のチェックを外し、「2019年」にチェックを入れて[OK]をクリックしてください。

●契約日が2019年のデータを抽出する

「契約日」列の［▼］をクリックする❶。

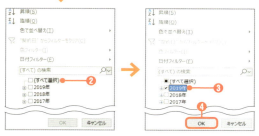

「すべて選択」のチェックを外し❷、「2019年」にチェックを入れて❸、［OK］をクリックする❹。

数値で絞り込む

最後に「契約金額が1,000万円以上」で絞り込みます。「契約金額」列の［▼］をクリックし、［数値フィルター］から［指定の値以上］を選択します。

●契約金額が1,000万円以上のデータを抽出する

「契約金額」列の［▼］をクリックする❶。

［数値フィルター］をクリックし❷、［指定の値以上］を選択する❸。

[オートフィルター オプション]ダイアログが開きます。ここから絞り込み条件を設定できます。

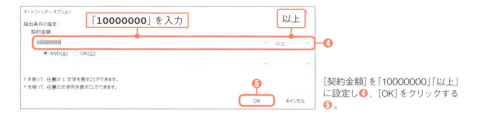

[契約金額]を「10000000」「以上」に設定し④、[OK]をクリックする⑤。

これで、「法人関係の営業部所属で、2019年に1,000万円以上の契約を取った社員」のデータが絞り込み表示されました。

	A	B	C	D	E	F
1	従業員番号	氏名	所属部門	契約日	契約金額	
88	2005	吉田 愛莉	法人第2営業部	2019/2/3	10,770,000	
102	2058	五十嵐 乃愛	法人第4営業部	2019/3/29	11,410,000	
114	2101	今井 樹	法人第3営業部	2019/5/24	13,820,000	
117	2122	佐野 蒼	法人第1営業部	2019/6/6	11,250,000	
119	2127	坂本 寛太	法人第5営業部	2019/6/20	10,550,000	
144	2245	小林 蛍	法人第4営業部	2019/10/1	11,050,000	
145	2254	松井 仁	法人第2営業部	2019/10/8	11,330,000	
151	2287	松田 慧	法人第2営業部	2019/11/2	11,130,000	
271	2050	古川 大和	法人第3営業部	2019/1/30	10,090,000	
287	2122	佐野 蒼	法人第1営業部	2019/3/31	10,860,000	
290	2132	桜井 晴太	法人第5営業部	2019/4/13	11,330,000	
299	2180	山本 ひなた	法人第4営業部	2019/5/24	12,690,000	
307	2209	小西 翔大	法人第4営業部	2019/7/3	10,170,000	
316	2261	松浦 悠斗	法人第1営業部	2019/8/6	10,040,000	
321	2287	松田 慧	法人第2営業部	2019/8/28	12,160,000	
327	2319	森 一華	法人第1営業部	2019/9/25	11,230,000	
428	2005	吉田 愛莉	法人第2営業部	2019/1/13	11,440,000	
485	2254	松井 仁	法人第3営業部	2019/9/20	12,600,000	
512						

 ## AND検索とOR検索

[オートフィルター オプション]ダイアログでは、「契約金額が1,000万円以上かつ1,200万円以下」のように範囲を指定したり、「所属部門が法人第1営業部または法人第3営業部」など2つの条件のどちらかに当てはまるデータを探したりすることもできます。

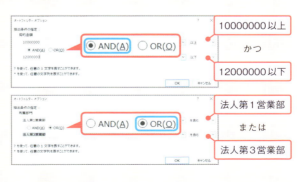

CHAPTER 01 08 伝わるグラフを瞬時に作成する

(グラフ) (クイックレイアウト)

Excelでは、目的に応じてさまざまな形のグラフを作成できます。複雑そうなグラフでも、機能を知っていれば簡単に作れます。本節ではその一部を紹介します。少しの工夫でずっと見映えのするグラフになりますので、ぜひ試してみてください。

 今回の課題　店舗別の売上をグラフにします。グラフの下に明細表が付いている、ちょっと凝ったグラフを簡単に作成します。

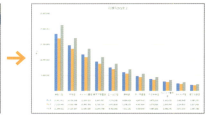

店舗別売上表からグラフを作成する

⬇ 01-08.xlsx

　グラフは、データから意味のある傾向を見つけ出すための道具です。年度間や商品間などで数量を比較したいときは棒グラフ、売上やコストなどの傾向を把握したいときは折れ線グラフ、メーカー別などの占有率を見たいときは円グラフ、品質のバラツキを分析したいときはヒストグラム……というように、分析する内容によって適したグラフはおおむね決まっています。

　ここでは、「店舗別売上1Q」シートの表からグラフを作成します。はじめに[グラフ]機能でシンプルなグラフを作成し、[クイックレイアウト]でスタイリッシュに加工します。

📊 下地となるグラフを作成する

　「店舗別売上1Q」シートの表全体をCtrl+Aで選択し、[挿入]タブ→[縦棒/横棒グラフの挿入]からシンプルなグラフを作成します。

01-08 伝わるグラフを瞬時に作成する

「店舗別売上1Q」シートの表全体を[Ctrl]+[A]で選択し❶、[挿入]タブ→[縦棒/横棒グラフの挿入]❷から[集合縦棒]をクリックする❸。

Memo
グラフのタイトルはクリックして直接編集できます。

店舗別の4～6月の売上グラフが作成される❹。

クイックレイアウトでグラフを加工する

[クイックレイアウト]では、グラフの見た目を変更したり、要素を追加したりすることができます。先ほど作成したグラフを選択して、[デザイン]タブの[クイックレイアウト]をクリックします。

作成したグラフを選択した状態で❶、[デザイン]タブ→[クイックレイアウト]をクリックする❷。

Memo
[デザイン]タブは、グラフを選択している間のみ表示されます。

[レイアウト5]を選択すると❸、グラフの下部に売上の数値が追加される❹。

[クイックレイアウト]のひと手間を加えることで、店舗間や月間で売上を比較する際に、売上の数値も確認できるグラフになりました。グラフやレイアウトの種類は他にもありますので、目的に応じて活用してみてください。

CHAPTER 01 / 09 データを俯瞰して全体の傾向をつかむ

スパークライン

スパークラインを使うと、グラフから大まかなデータの推移を表示できます。社内向けの報告会など、詳細よりも全体の傾向を伝えたいときに活躍します。

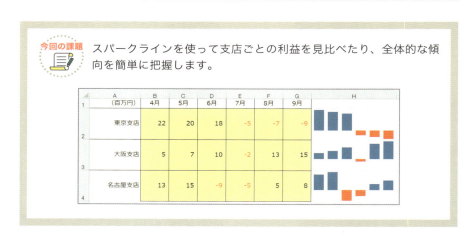

今回の課題　スパークラインを使って支店ごとの利益を見比べたり、全体的な傾向を簡単に把握します。

表から簡易なグラフを作成する

⬇01-09.xlsx

スパークラインを作成する

[スパークライン]は、推移を確認するための簡易なグラフを作成する機能です。大まかな全体像をてっとり早く俯瞰したいときに便利です。さっそく次の手順に沿って作成してみましょう。

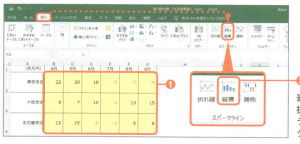

表のデータ範囲（黄色のセル）を選択し❶、［挿入］タブの［スパークライン］グループにある［縦棒］をクリックする❷。

01-09 データを俯瞰して全体の傾向をつかむ

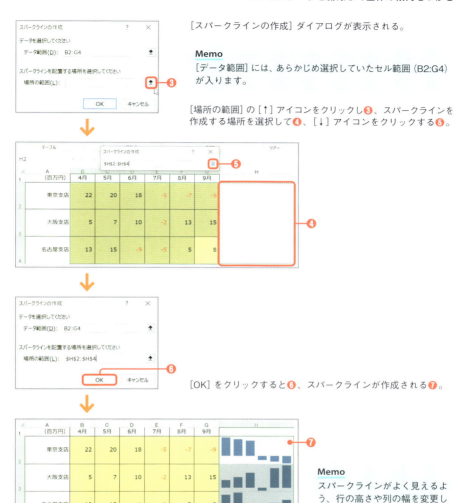

［スパークラインの作成］ダイアログが表示される。

Memo
［データ範囲］には、あらかじめ選択していたセル範囲（B2:G4）が入ります。

［場所の範囲］の［↑］アイコンをクリックし❸、スパークラインを作成する場所を選択して❹、［↓］アイコンをクリックする❺。

［OK］をクリックすると❻、スパークラインが作成される❼。

Memo
スパークラインがよく見えるよう、行の高さや列の幅を変更してみましょう。

デザインを調整する

　スパークラインが作成できました。これだけでもおおよその傾向はわかりますが、黒字と赤字がどちらも同じ色で表示されていたり、支店ごとに目盛りの軸が異なり、5月の東京支店の「20」と、名古屋支店の「15」が同じ長さに見えるなど、もう一歩改善する余地がありそうです。

そこでレイアウトをさらに見やすくするため次のように調整します。

- 負（マイナス）の値があれば、赤く表示する
- 支店ごとに、目盛りの軸を揃える

前節のグラフと同様に、スパークラインを選択して［デザイン］タブから調整できます。

作成したスパークラインを選択し❶、［デザイン］タブの［負のポイント］にチェックを入れる❷。

マイナスの値が赤く着色される❸。

さらに［デザイン］タブ右側の［軸］❹→［すべてのスパークラインで同じ値］をクリックする❺。

01-09 データを俯瞰して全体の傾向をつかむ

　これで、利益の増減や支店ごとの傾向がより直感的に把握できるようになりました。

(百万円)	4月	5月	6月	7月	8月	9月	H
東京支店	22	20	18	-5	-7	-9	
大阪支店	5	7	10	-2	13	15	
名古屋支店	13	15	-9	-5	5	8	

支店ごとの目盛りが揃った❻。

 スパークラインから何がわかる？

スパークラインはあくまで簡易的に傾向を把握するためのものなので、精緻な分析をする場合はグラフを作成する必要があります。業績の速報値をすばやく確認し、分析すべき点や仮説を洗い出す、といった用途に向いています。

今回の例からは、東京支店はここ3カ月業績が悪化していることが見て取れます。7月は全支店とも業績が悪化しているので共通する原因があるのかもしれませんが、東京支店だけ直近2カ月も悪化しているため、支店独自の原因があると考えられます。ではその原因は何かを突き止めるため、さらに詳細なデータを分析していく、という具合に、仮説を立てることができます。

(百万円)	4月	5月	6月	7月	8月	9月	H
東京支店	22	20	18	-5	-7	-9	
大阪支店	5	7	10	-2	13	15	
名古屋支店	13	15	-9	-5	5	8	

CHAPTER 01 | 10 サイズや範囲を指定して思い通りに印刷する

[印刷範囲の設定] [印刷タイトル]

Excelを使ってきた人なら、印刷したときに表の一部が途中で見切れる、たくさんの行が1ページに詰め込まれて見づらくなる、といった経験があるのではないでしょうか。本節でレイアウト調整を学習し、ストレスなく印刷しましょう。

 今回の課題 Excelで作成した請求書を、A4サイズできれいに印刷できるようにします。また、2ページ目以降にも同じタイトル（ヘッダー）が入るように設定します。

立替経費精算書をA4用紙に印刷する

⤓ 01-10.xlsx

[印刷範囲の設定]と[印刷タイトル]では、1枚の紙に印刷する範囲、ヘッダーの表示をそれぞれ設定できます。はじめに、何も設定しないとどのように印刷されてしまうかをプレビューで確認してから、これらの設定方法を学習します。

今回は、「立替経費精算書」シートを例として使用します。Ctrl + P で **印刷プレビューを表示** してみましょう。

●立替経費精算書

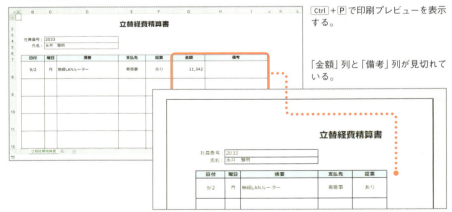

Ctrl + P で印刷プレビューを表示する。

「金額」列と「備考」列が見切れている。

01-10 サイズや範囲を指定して思い通りに印刷する

📇 印刷範囲を設定する

はじめに、立替経費精算書のすべての列が1枚に収まるようにします。画面左下の[拡大縮小なし]を[すべての列を1ページに印刷]に変更します。

●印刷プレビュー

[すべての列を1ページに印刷]に変更する。

今回のシートは[すべての列を1ページに印刷]を選択するときれいに印刷できますが、表の横に注意書きなどがある場合は不要な部分まで入ってしまいます。必要な部分だけ印刷するには、[ページレイアウト]タブの[印刷範囲]から設定しましょう。

シート上の印刷したい範囲を選択する❶。

[ページレイアウト]タブの[印刷範囲]❷→[印刷範囲の設定]をクリックする❸。

Memo
Esc で印刷プレビューを終了できます。

Ctrl + P を押して、[印刷プレビューの表示]をクリックすると、選択した範囲が印刷プレビューに表示される。

49

印刷タイトルを設定する

　印刷プレビューの2ページ目を見てみると、「立替経費精算書」の文字や表の見出し部分がない状態で、いきなり表が始まっていることがわかります。

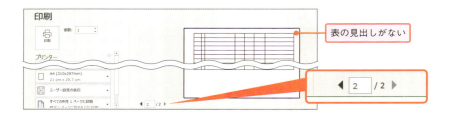

表の見出しがない

　2ページ目以降にもこれらの情報を表示するには、[ページレイアウト]タブの[印刷タイトル]から設定を行います。

● 印刷タイトルの設定

[ページレイアウト]タブの[印刷タイトル]をクリックする❶。

[ページ設定]ダイアログが表示される。
[タイトル行]の[↑]アイコンをクリックし、シートの1行目から7行目を選択して[↓]アイコンをクリックする❷。

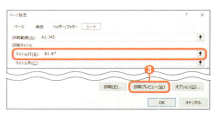

[タイトル行]に「$1:$7」と入力されているのを確認したら、[印刷プレビュー]をクリックする❸。

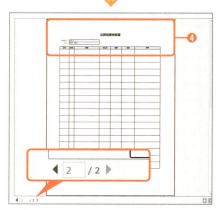

印刷プレビューの2ページ目を見ると、[タイトル行]に設定した内容が表示される❹。

CHAPTER
01) 11

グラフや図をピッタリ揃えて 資料の美しさを追求する

拡大/縮小 | トリミング

社内外で提出する提案書や企画書、分析レポートなどにおいて、グラフや図形をいくつか貼り付けることが多いと思います。これらの位置を少しずつずらして見た目を整えるのは面倒で時間がかかりますが、本節で紹介するテクニックを使えば一瞬です。

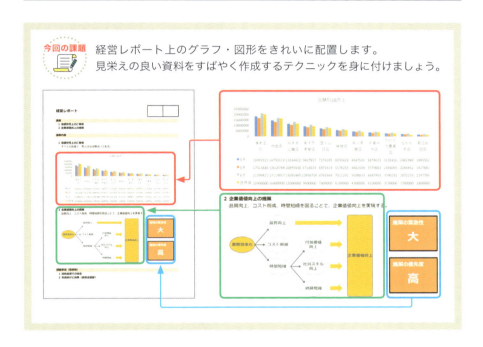

今回の課題 経営レポート上のグラフ・図形をきれいに配置します。
見栄えの良い資料をすばやく作成するテクニックを身に付けましょう。

セルの角に合わせて配置・サイズ調整する

 01-11.xlsx

セルの角に合わせて配置する

　はじめにグラフの配置を試してみましょう。「経営レポート」シートにグラフを貼り付ける際、Ctrl+Xでグラフを切り取り、貼り付け先のセルを選択してCtrl+Vを押すと、グラフの角が選択したセルにぴったり合わさります。また、作成したグラフの位置を変えたいときは、マウスでドラッグするよりもCtrl+X→Ctrl+Vで行うときれいに置くことができます。

●グラフの貼り付け

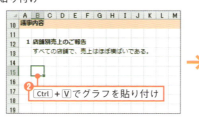 

① Ctrl + X でグラフを切り取り
② Ctrl + V でグラフを貼り付け

 貼り付け先で勝手に色が変わらないようにする

グラフを貼り付けたときに色が変わってしまうのを防ぐには、貼り付け時に貼り付けのオプションで「元の書式を保持」を選択する方法の他、Excelの設定を変える方法があります。[Excelのオプション] (p.16) → [詳細設定] → [グラフ] の [グラフのデータ要素の参照先がすべての新規ブックに設定されているプロパティ] のチェックを外します。すると、常にコピー元と同じ色のまま貼り付けられます。

📊 サイズを調整する

　Alt を押しながら拡大/縮小すると、グラフの角をセルの角に合わせたままサイズを変更できます。

　また、Shift を押しながら拡大/縮小すると、縦横比を保ったままサイズを変更できます。

Memo
グラフを縮小すると数値が見切れてしまうことがあります。大幅に縮小する場合は、グラフを貼り付ける際、Ctrl + V の代わりに右クリック→ [貼り付けのオプション] から [図] を選択しましょう。

図の必要な部分だけ表示する

　報告書などに画像を貼り付ける場合、伝えたい情報に合わせて、==画像の無駄な部分を切り取る==必要があります。その際使うのが==「トリミング」==です。

　画像を小さくするだけなら縮小でもよいのですが、無駄な部分を切り取ったり、画質を落とさずに切り抜きたいときにはトリミングが適しています。

52

01-11 グラフや図をピッタリ揃えて資料の美しさを追求する

● 画像のトリミング

トリミングしたい画像を右クリックして、右クリックメニューの上に表示される［トリミング］をクリックする❶。

Memo
黒い枠線を外側にドラッグすると、非表示にした部分を復元できます。

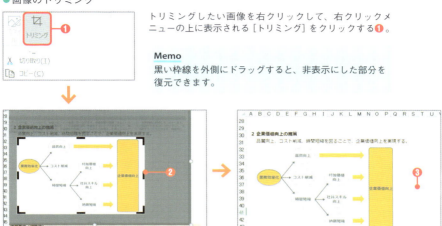

図の上下左右に表示される黒い枠線をドラッグして画像の表示領域を削る❷。
画像以外の場所をクリックして確定する❸。

図形の位置を揃える

貼り付けた複数の図形をきれいに並べたいときには、 Shift を押しながら、位置を揃えたい図形をすべてクリックして、［書式］タブの［配置］を使います。

● 図形の整列

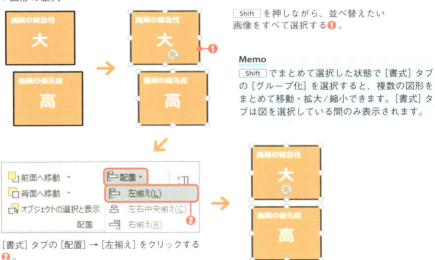

Shift を押しながら、並べ替えたい画像をすべて選択する❶。

Memo
Shift でまとめて選択した状態で［書式］タブの［グループ化］を選択すると、複数の図形をまとめて移動・拡大／縮小できます。［書式］タブは図を選択している間のみ表示されます。

［書式］タブの［配置］→［左揃え］をクリックする❷。

CHAPTER 01 12 データの集計軸を増やして多角的に分析する

ピボットテーブル ピボットグラフ

ピボットテーブル・ピボットグラフは、分析業務に役立つ機能です。例えば、売上データを期間で集計したところに、売れた商品の内訳を追加し、どの時期に何が売れているのかを可視化するなど、集計時の観点を増やすことで、より高度な分析を行うことができます。難しそうな印象があるかもしれませんが、使ってみると意味がわかると思いますので、ぜひサンプルを試してみてください。

今回の課題　家具店の日次の売上データから、売れ筋商品を分析します。時間軸（年度、四半期、月）に、商品分類の観点を加えて、どの商品分類の売上が伸びているのかを可視化します。

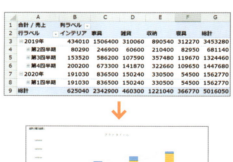

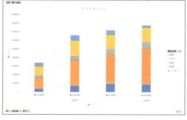

時間・商品分類の2軸で集計する　　　　　　　　⬇ 01-12.xlsx

「販売明細」シートの表をもとにピボットテーブルを作成し、続けてピボットグラフを作成します。実際にやってみるのが一番ですので、さっそくピボットテーブルを作成しましょう。

01-12 データの集計軸を増やして多角的に分析する

ピボットテーブルを作成する

表を選択して［挿入］タブの [ピボットテーブル] から作成できます。手順は次のとおりです。

●ピボットテーブルの作成

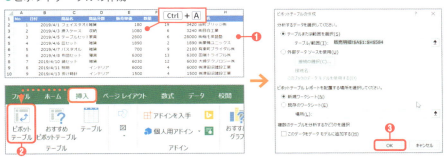

[Ctrl]+[A]で表全体を選択し❶、［挿入］タブの［ピボットテーブル］をクリックする❷。
［ピボットテーブルの作成］ダイアログが表示されるので、［OK］をクリックする❸。

新しいシートが作成され、画面の右端に [ピボットテーブルのフィールド] が表示されます。

ピボットテーブルは「行」「列」「値」の3つから構成されます。「行」に1つ目の軸、「列」に2つ目の軸を設定し、「値」には集計する値を設定します。

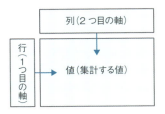

［ピボットテーブルのフィールド］を使ってピボットテーブルを作成します。売上を日付と商品分類の2軸で集計します。

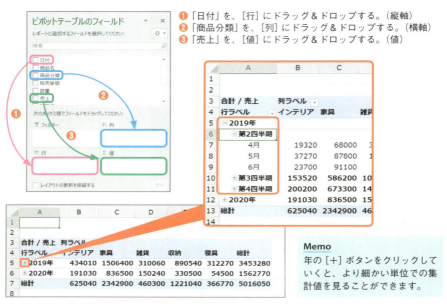

❶「日付」を、［行］にドラッグ＆ドロップする。（縦軸）
❷「商品分類」を、［列］にドラッグ＆ドロップする。（横軸）
❸「売上」を、［値］にドラッグ＆ドロップする。（値）

Memo
年の［＋］ボタンをクリックしていくと、より細かい単位での集計値を見ることができます。

ピボットテーブルが作成された。

ピボットグラフを作成する

　完成したピボットテーブルから、ピボットグラフを作成しましょう。ピボットテーブル内のセルを選択した状態で［挿入］タブの**［ピボットグラフ］**をクリックします。

● ピボットグラフの作成

ピボットグラフ内のセルを選択し❶、［挿入］タブの［ピボットグラフ］をクリックする❷。

Memo
年の［＋］ボタンをクリックして表を展開してあります。

01-12 データの集計軸を増やして多角的に分析する

[グラフの挿入]ダイアログからグラフの種類を選択すると、ピボットグラフが作成されます。

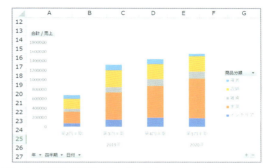

[グラフの挿入]ダイアログで、[縦棒]→[積み上げ縦棒]を選択し❸、[OK]をクリックする❹。

 データ分析はざっくり見てから詳細を調べる！

ピボットテーブルの折りたたみを開閉すると、ピボットグラフも連動して表示されるので分析に便利です。次図は、2020年第1四半期を開いて、年月別に表示したところです。

データ分析の流れは、まず全体の傾向を把握して気づきを得ます。そして、その気付きを分析して原因を特定するために、大枠から詳細へ視点を変えていくのが効果的です。

今回の例では、はじめに大まかな傾向として「第1四半期にインテリアの売上が落ちている」ことを把握して、そこから「第1四半期のどの月の売上が悪かったのか」を調べていく、といった具合です。

CHAPTER 01 13 条件を満たすセルが ひと目でわかるようにする

条件付き書式

[条件付き書式]を使うと、「一定以上の数値が入ったセル」「上位10件」のように、何らかの条件に当てはまるセルに対して背景色や文字色を変えるなどの書式を適用します。このような、大量のデータを扱う処理はExcelの得意分野です。パッと見ただけでは判断しづらい課題や問題点が容易に見つけられるため、必要なアクションを導き出しやすくなります。

 今回の課題　今回は「残業時間が基準値を超えるセル」「営業成績トップ10の社員」「工程表の進捗率」の3つを題材に、条件付き書式を設定します。注目すべき箇所を強調表示したり、進捗状況をデータバーでわかりやすく表示したりします。

●残業時間が45時間を超えるセルを強調

●営業成績トップ10の社員を赤色で表示

●工程表の進捗率をデータバーで可視化

残業時間を管理する

01-13.xlsx

各社員の毎月の残業時間を管理するシートがあります。残業時間の多い社員を把握できるよう、[条件付き書式]を用いて45時間を超えたセルを黄色く着色します。

01-13 条件を満たすセルがひと目でわかるようにする

📊 セルの強調表示ルール

セルの値が指定した条件に一致する場合、文字色や背景色を変えて表示します。

表示を変えたい範囲を選択し、[ホーム]タブ→[条件付き書式]→[セルの強調表示ルール]→[指定の値より大きい]を選択します。

● セルの強調表示ルールを指定する

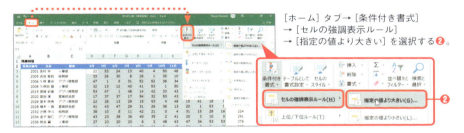

4月から3月までの月別残業時間のセルを選択する❶。この範囲に[セルの強調表示ルール]が適用される。

[ホーム]タブ→[条件付き書式]
→[セルの強調表示ルール]
→[指定の値より大きい]を選択する❷。

すると、[指定の値より大きい]ダイアログが表示されます。ここで条件を設定すると、残業時間が「45」を超えるセルが黄色く着色されます。

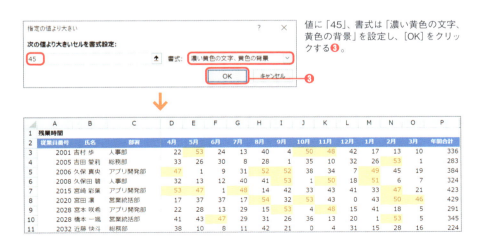

値に「45」、書式は「濃い黄色の文字、黄色の背景」を設定し、[OK]をクリックする❸。

営業成績トップ10を強調する

📥 01-13.xlsx

📊 上位/下位ルール

「営業成績」シートの「契約金額」列のトップ10を赤色で強調します。営業成績上位者を表彰したり、営業の進捗状況を把握したりする際に役立ちます。

●上位/下位ルールを指定する

「契約金額」列を選択する❶。この範囲に［上位/下位ルール］が適用される。

［ホーム］タブ→［条件付き書式］
→［上位/下位ルール］
→［上位10項目］を指定する❷。

［上位10項目］ダイアログが表示されます。設定を適用すると、契約金額が大きい10名のデータが赤色で表示されます。

書式に「濃い赤の文字、明るい赤の背景」を設定し、［OK］をクリックする❸。

01-13 条件を満たすセルがひと目でわかるようにする

工程表の進捗状況を見やすくする

📥 01-13.xlsx

📊 データバー

「工程表」シートには「70%」「50%」など、タスクごとの進捗率が数値で表されています。［データバー］を使って、これらをひと目で把握できるようにします。

● データバーを表示する

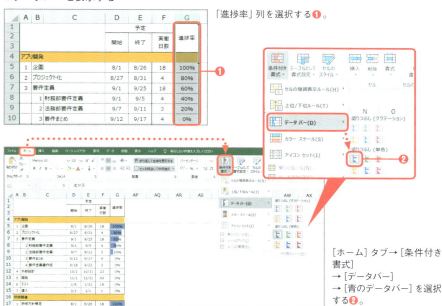

「進捗率」列を選択する❶。

［ホーム］タブ→［条件付き書式］
→［データバー］
→［青のデータバー］を選択する❷。

すると次図のように、セルに直接データバーが表示されます。グラフよりも手軽に数値を可視化でき、簡単な現状把握に適しています。

61

CHAPTER 01 14 複雑な表を折りたたんで見たい部分だけ表示する

グループ化

大規模なプロジェクトのWBSなど、行数や列数の多い複雑な表では、目的の情報を探すだけでも一苦労です。本節では、タスクごとにグループ化して開閉する方法を紹介します。必要な情報をすぐに見つけられるようにすることも、負担を減らして快適に仕事ができる状況を作る、立派な業務改善といえます。

今回の課題 タスクとスケジュールを一覧表にしたWBSを題材に、タスクをグループ化して開閉できるようにします。

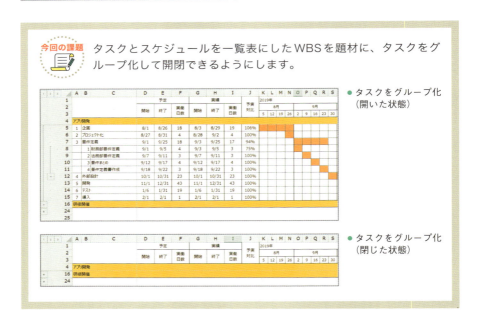

● タスクをグループ化（開いた状態）

● タスクをグループ化（閉じた状態）

関連するタスクをグループにまとめる

01-14.xlsx

グループ化/グループ解除

試しに、「アプリ開発」関連の行をグループ化してみましょう。サンプルファイルの5～15行目を選択して Shift + Alt + → を押すとグループ化できます。

01-14 複雑な表を折りたたんで見たい部分だけ表示する

●関連する項目をグループ化する

「アプリ開発」関連の行を選択する❶。[Shift]+[Alt]+[→]を押すとグループ化される❷。

Memo
グループ化は[データ]タブの[グループ化]からもできますが、メニューを探す時間がもったいないのでショートカットキーを覚えましょう。

　これでグループ化できました。列の左側に表示されているマイナス[-]アイコンをクリックすると、グループ化した行を閉じることができます。プラス[+]アイコンで再び開きます。

❶マイナス[-]アイコンをクリックして閉じる。

❷プラス[+]アイコンをクリックすると開く。

　続けて、17〜23行目の「研修開催」もグループ化してみましょう。
　また、グループの中にグループを作ることもできます。8〜11行目の「要件定義」を選択して、同様に[Shift]+[Alt]+[→]でグループ化します。グループは最大8レベル（階層のことを「レベル」といいます）まで作成できます。

●グループの中にグループを作る

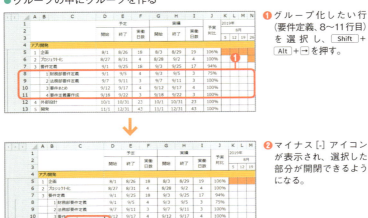

❶ グループ化したい行（要件定義、8〜11行目）を選択し、 Shift + Alt + → を押す。

❷ マイナス[-]アイコンが表示され、選択した部分が開閉できるようになる。

　グループ化すると、左上に［1］［2］……と番号が付いたボタンが表示されます。ここで［1］をクリックすると、オレンジ色の「アプリ開発」「研修開催」行だけが表示されます。これは「レベル1まで表示する」という意味です。

●レベル単位でまとめて開閉する

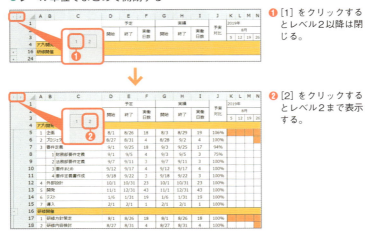

❶ ［1］をクリックするとレベル2以降は閉じる。

❷ ［2］をクリックするとレベル2まで表示する。

　グループ化を解除するには Shift + Alt + ← を押します。グループ化と矢印の向きが反対なので覚えやすいですね。

CHAPTER 01 15 重複のないリストをワンクリックで作成する

重複の削除

人事部では、社員の氏名や住所などの基本的な情報から、研修受講履歴や保有資格、勤怠、人事評価など多様なデータを保有しています。例えば、会社全体の能力把握を目的として社員が保有している資格の一覧表を作るとします。目視でやると大変ですが、[重複の削除] 機能を使えばワンクリックで作成できます。

今回の課題 社員が保有している資格の一覧を集約して、重複のないリストを作成します。

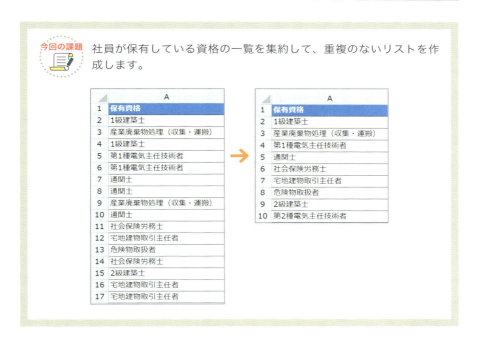

保有資格の一覧を作成する

📥 01-15.xlsx

「保有資格」シートの表をもとに、社員が持っている資格の一覧を作成します。[重複の削除] はその名のとおり、選択した範囲にあるデータの重複を削除します。取引先や商品情報を整理するなど、知っていると幅広く応用できる便利な機能です。削除後は元に戻すことができませんので、重複のない一覧を作成する際には、新しいシートにデータをコピーしてから行いましょう。

● 重複のない保有資格リストを作成する

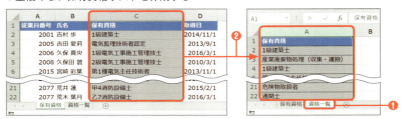

新規シート「資格一覧」を追加し❶、「保有資格」シートから「保有資格」列をコピーする❷。

コピーした保有資格のデータを選択し❸、[データ] タブの [重複の削除] をクリックする❹。

結果がダイアログで表示され、重複のない保有資格リストが完成する。

Memo
01-06節のデータの入力規則で使うリストを用意するようなときにも役立ちます。

[OK] をクリックする❺。

 さらに達上 見えない違いに注意！

[重複の削除] を実行したのに同じ値が残ってしまう場合は、値の後ろにスペースなどが入っていないかどうかを調べてみましょう。例えば、次図の2行目と4行目にある「1級建築士」は別の値として認識されます。対処法として02-05節で紹介するTRIM関数を活用してください。

66

CHAPTER 01 16 セルに補足説明を表示する

(コメント)

経費の申請書やMBOシートなど、不特定多数のメンバーに配布して記入させるようなファイルでは、記入者が間違えないようにコメントを表示する場合があります。コメントの書き方自体はご存知の方も多いかもしれませんが、ここではコメントを常に表示する方法についても説明します。

今回の課題 記入者への注意喚起を目的として、立替経費精算書の一部のセルにコメントを表示します。

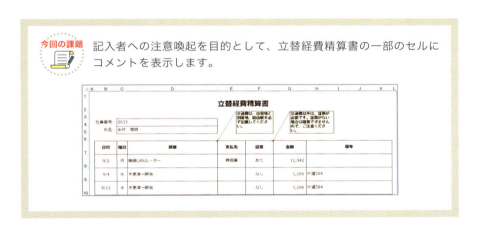

コメントの追加と設定を行う

📥 01-16.xlsx

はじめに、立替経費精算書のセルにコメントを追加します。コメントを挿入するセル(「摘要」と「証票」)を選択し、 Shift + F2 を押します。作成された吹き出しに直接コメントを書き込みます。

● コメントを追加する

Memo
セルを右クリックして [コメントの挿入] をクリックしても追加できます。Office 365の場合は [新しいメモ] をクリックします。

コメントの移動と削除

コメントの枠は、図形と同じように移動・拡大・縮小できます。Alt を押しながら移動・拡大・縮小すれば、セルの角にぴったり合うように位置を調整できます。

　コメントは通常、対象のセルにカーソルを合わせたときのみ表示されますが、常に表示されるようにも設定できます。［校閲］タブから設定を行います。

●コメントを常に表示する

［校閲］タブ→［すべてのコメントの表示］をクリックする。

　コメントを削除する場合は、コメントが記入されたセルを右クリックして[コメントの削除]を選択します。

●コメントを削除する

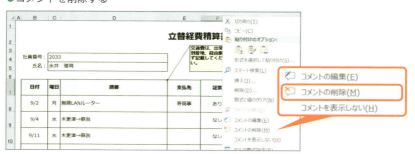

Memo
複数のコメントをまとめて削除したいときは、Ctrl を押しながら該当するセルをすべて選択して右クリック→[コメントの削除]を選択すると、すべてのコメントをまとめて削除することができます。

Memo
Office 365では、「メモ」が今回紹介した機能に当たります。Office 365の「コメント」は変更されており、複数のメンバー間で会話ができる形式になっています。

CHAPTER 01 17 Excelファイルの動作が遅いときに試すこと

[計算方法の設定] [自動保存]

Excelファイルの中身や情報量によっては、表示や変更に時間がかかる場合があります。動作が遅かったり頻繁にフリーズするファイルを使い続けるのは時間がもったいないので、ここで紹介する方法を試してみてください。

今回の課題 Excelの動作が遅いときは、データ量や数式、バックグラウンドの動作を減らすのが効果的です。ここでは、計算と保存の設定を変更します。

数式の自動計算をやめる

[計算方法の設定]が[自動]になっていると、==セルの値を変更するたびに自動で計算し直してくれます。==通常はとても便利な機能なのですが、数式が大量にある場合は、計算し直す作業が重荷となってExcel全体の動作を遅くしてしまう可能性があります。

ここでは、B2セルに税込金額を計算する数式「=A2*1.08」が入力されたファイルを例に進めていきます。通常、A2セルの税別金額を変更すると自動的に再計算されてB2セルの表示が変わります。この程度であればもちろん負荷にはなりませんが、数式がたくさんあるファイルでは、この自動計算をやめるだけでも大いに負荷が少なくなるはずです。

● 数式の自動計算をやめる

[数式]タブ→[計算方法の設定]→[手動]をクリックする❶。

これで、税別金額を変更しても、自動的に計算結果に反映されなくなります。税込金額を更新するには、F9 を押します。

税別金額を「100」から「200」に変更しても、税込金額に反映されなくなる。 F9 を押すと数式が再実行される❷。

> **Memo**
> F9 の代わりに［数式］タブ→［再計算実行］をクリックする方法もあります。

自動保存の間隔を見直す

［**自動保存**］は、<u>一定の時間間隔でファイルを自動で保存してくれる機能</u>です。作業中のデータが消失するリスクは減りますが、頻繁な保存で負荷がかかり、動作が不安定になるようでは逆効果です。Excelの動作が遅いと感じたらこちらも見直してみましょう。

デフォルトでは3分ごとに保存する設定になっていますが、10分間隔に変更します。［**Excelのオプション**］(p.16)から設定しましょう。

●自動保存の間隔を変更する

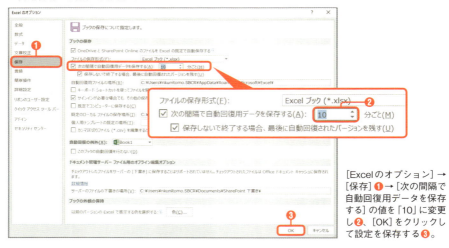

［Excelのオプション］→［保存］❶→［次の間隔で自動回復用データを保存する］の値を「10」に変更し❷、［OK］をクリックして設定を保存する❸。

> **Memo**
> 自動保存の間隔にかかわらず、作業中は Ctrl + S でこまめにファイルを保存する癖を付けましょう。自分で保存する癖が付いていれば、自動保存をオフにしてしまうのもよいでしょう。

CHAPTER 01 18

複数のExcelファイルを並べて同時に見比べる

並べて比較

複数のExcelファイルを見比べてチェックしたいとき、ブックを開いて、それぞれのウィンドウサイズを手で変えていませんか？ Excelには、複数のファイルを見比べるための便利な機能があるので、ぜひ使ってみてください。

今回の課題 2つのExcelファイル（「請求書」と「支払予定データ」）を同時に開き、両者を突き合わせて内容を確認します。

複数のファイルを並べて同時にスクロールする

⬇01-18-1.xlsx
⬇01-18-2.xlsx

それぞれのサンプルファイルを開いたら、どちらかの［表示］タブから［並べて比較］をクリックします。

●ファイルを並べて表示する

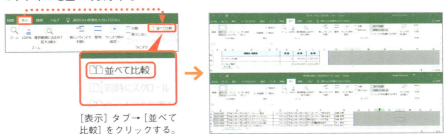

［表示］タブ→［並べて比較］をクリックする。

これで、「請求書」と「支払予定データ」を同時に見ることができます。一方をスクロールするともう一方も連動して動かすことができます。
　上下に並べて表示するか左右に並べて表示するかは、同じく［表示］タブの [整列] から設定できます。ここでは、上下から左右に変更します。

●配置を変更する

［表示］タブ→［整列］をクリックする❶。
［ウィンドウの整列］ダイアログで［左右に並べて表示］を選択し❷、［OK］をクリックする❸。

　なお、［表示］タブの [同時にスクロール] をオフにすると、同時にスクロールする設定を解除できます。1つずつ動かしたい場合はクリックしてください。

拡大／縮小表示の連動

並べて表示すると、スクロールに加えてブックの拡大/縮小も連動して行われます。

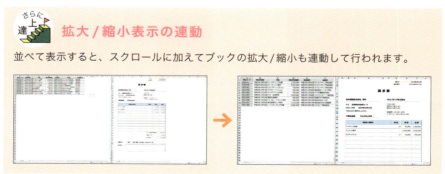

業務改善コラム
FILE ①　**タスク管理の方法論**

毎日タスクに追われて、深夜まで残業が続いていませんか？ 次から次へと湧き出るタスクに対処するには、タスクをコントロールするための方法論が必要です。タスク管理法には、4つのポイントがあります。

1. タスクを見える化する
2. 優先順位をつける
3. 工数を見積もる
4. 突発的な新規タスクに対処する

▷ 1　タスクを見える化する

頭の中にタスクが入っているからと何も書き出さない人がいますが、タスクが見えないと、タスクを定量的に捉えることができません。まずは、タスク管理表をつくるところから初めましょう。管理すべき情報は、タスク名称、期限、工数、タスク指示者、重要度です。

	A	B	C	D	E	F	G
1	優先順位	カテゴリ	タスク名	期限	工数（時間）	タスク指示者	重要度
2	1	会議・打合せ	会議資料準備	9月12日	2.0	鈴木部長	高
3	2	人事	面接結果報告	9月12日	1.0	加藤人事部長	中
4	3	会議・打合せ	プロジェクトキックオフ資料作成	9月20日	4.0	鈴木部長	高
5	4	会議・打合せ	事業課長インターナルMTG	9月22日	1.5	北村事業部長	高
6	5	会議・打合せ	事業本部長連絡	9月23日	0.5	加藤人事部長	高
7	6	定型業務	プロジェクト申請	9月23日	3.0	鈴木部長	低
8	7	会議・打合せ	ピアツーピアミーティング準備	9月30日	1.0	北村事業部長	高

▷ 2　優先順位をつける

優先順位は、期限と重要度によって決まります。期限が近づくと優先度が上がります。期限が同じであれば、重要度が高いほうが優先順位が高くなります。

▷ 3　工数を見積もる

すべてのタスクについて、工数を見積もる習慣をつけましょう。工数とは、作業人数×作業時間（または作業日数）で、単位は人時（または人日）などで表現します。例えば4人日のタスクがあるとしたら、1人でやると4日かかり、2人でやれば2日で終わるボリュームであるということです。工数が見積もれない場合は、タスクの設定を見直しましょう。タスクそのものが曖昧で抽象的な場合は、タスクのアウトプット（成果物の内容やボリューム）を具体化しましょう。タスクの一部をやって時間計測して、それを踏まえてタスク全体の工数を見

73

積もる方法も効果的です。もしタスクのボリュームが大きすぎて工数が見積もれない場合は、タスクを分割しましょう。

▷ 4 突発的な新規タスクに対処する

タスクを洗い出し、優先順位や工数もしっかり把握したところに、突然急ぎの仕事を頼まれた……といったときはどのように対処すべきでしょうか？　新規タスクが、すでに抱えているタスクの中のどの順位に入るかを検討します。わからなければ、新規タスクの指示者に優先順位を確認しましょう。

その際、追加したタスクよりも優先順位の低いタスクが期限内に終わらなくなるという問題が生じたら、どうすればよいでしょうか？　新規タスクを追加したことで遅延が見込まれる場合は、遅延するタスクの指示者に対して遅延の許可を得るよう、新規タスクの指示者に依頼しましょう。タスクの指示者が複数いて利害調整が必要である場合は、タスクの指示者同士で調整して解決します。場合によってはタスクの担当を別の人に振り替えたり、人員を追加して対応することもあります。これも、タスクの指示者が判断すべきことです。

ここまで厳密に管理しなきゃいけないの？　と思われるかもしれませんが、これを曖昧にしていると、遅延したことがタスクを引き受けたあなたの責任になってしまいます。

最後に、タスクのプロになるためのコツを伝授します。

1. タスクの名称は具体的に書く

タスクの名称は軽視されがちですが、とても重要です。名前を付けることでタスクの目的やゴールを確認できるため、タスクを完遂できる確率が上がります。よって、タスク名称は、タスクの目的や成果物を、端的に、具体的に、わかりやすく表現するように書きましょう。自身のモチベーションが湧くように、ちょっとかっこいい名前にするのも効果的です。

2. 工数の予実を比較し、予測精度を上げる

タスク管理表にタスクを追加するときは、必ずそのタスクがどの程度の時間で終わるのかを予測してください。そして、タスクを実施し終わった後、実際にかかった作業時間と比較し、予測と実績に差異がある場合は、その差異の原因を振り返るようにしてください。これを繰り返していくと、工数予測の精度がどんどん上がっていきます。

タスク管理の方法論を継続的に実践していれば、タスク管理がほぼ機械的にできるようになります。そこまで管理能力が高められれば、成果物の品質を上げたり、作業スピードを高めたりすることに注力できるわけです。

CHAPTER

02

関 数

本章では、業務でよく使う関数
を厳選して紹介します。

CHAPTER 02-01 関数の入力方法

数式オートコンプリート機能

関数とは、複雑な計算処理を一瞬で終わらせてくれるExcelの便利機能です。Excelにはあらかじめたくさんの関数が用意されており、簡単に利用することができます。本節では、関数について知り、実際に入力してみましょう。

関数の基本

関数を使ううえで知っておくべき言葉が2つあります。それは、「引数」(ひきすう) と「戻り値」(もどりち) です。

下図の工場を例に説明していきます。工場には材料を投入し、工場内で材料を加工した後、工場から製品が出てきます。関数についても同じことがいえます。例えば合計値を計算する「SUM」(サム) という関数は、合計したいセル範囲を投入し、SUM関数の中でいろいろ計算した後、SUM関数から合計値が出てきます。この、投入するもののことを「引数」(ひきすう) と呼びます。そして、最終的に出てくるもののことを「戻り値」(もどりち) といいます。本章以降、この「引数」と「戻り値」がしばしば登場しますので、覚えておいてください。

●関数、引数、戻り値の関係

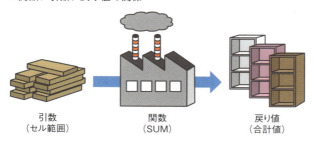

引数がなくても、関数には必ずカッコが付きます。このカッコは、引数を投入するための入り口です。また、引数が複数ある場合は、半角カンマ「,」で引数を区切ります。

● 関数の記述ルール（1）　　● 関数の記述ルール（2）

関数の入力方法

　関数を入力する際は、数式オートコンプリート機能を使いましょう。セルに「=」と入力し、続けて文字を入力すると、その文字から名前が始まる関数の候補が一覧で表示されます。

❶ セルに「=」（イコール）を入力し、続けて関数の名前の文字を入力する。

❷ 関数の候補が表示される。

❸ 矢印キー（↓↑）で使う関数を選択して、Tab を押す。

❹ 関数が自動的に入力され、引数を入力できる状態になる。

Memo
セルに関数を間違えて入力してしまった場合は、Esc を押すと、入力を取り消すことができます。

CHAPTER 02 関数が参照する列・行を固定する

02-02

[相対参照] [絶対参照]

関数や数式を入力した後、たいていの場合その関数や数式をコピーして複製します。コピーすると、関数や数式が対象としているセルが勝手にずれていきます。ずれないようにするには、「相対参照」「絶対参照」という概念を理解する必要があります。関数や数式を扱ううえでとても重要なので、しっかり理解しておきましょう。九九表が例として最もわかりやすいので、九九表を使って学習していきます。

今回の課題　数式を1つだけ作り、それをコピーすることによって、九九表を完成させます。

通常の数式は相対参照

⬇ 02-02-1.xlsx

関数や数式が参照するセルを固定することを、絶対参照といいます。参照するセルを固定しないことを、相対参照といいます。Excelでは、明示的に指定しないかぎり、関数や数式が参照するセルは相対参照となっています。

課題のような九九表を作成するには、通常の数式（相対参照）ではうまくいきません。実際に試して、確認してみましょう。

02-02 関数が参照する列・行を固定する

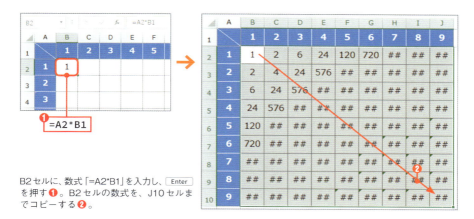

B2セルに、数式「=A2*B1」を入力し、Enterを押す❶。B2セルの数式を、J10セルまでコピーする❷。

　結果は、九九表とはかけ離れた表ができました。なぜこうなったのでしょうか？
　例えばD4セルの数式がどうなっているのかを確認してみると、「=C4*D3」となっています。本来はA列にあるA4セルと、1行目にあるD1セルを掛けてほしいのに、そうなりませんでした。理由は、「A列を固定する」や「1行目を固定する」という指定をしていなかったからです。固定していないので、D4セルから見て相対的な位置にあるセル、つまりD4セルから見て1つ左のセルと1つ上のセルで計算されたということです。

● 相対参照の数式をコピーすると、対象とするセルがずれていく

	A	B	C	D	E	F
1		1	2	3	4	5
2	1	1	2	6	24	120
3	2	2	4	24	576	##
4	3	6	24	576	##	##
5	4	24	576	##	##	##

A4セルとD1セルを掛けたいが、C4セルとD3セルが掛けられている

参照する列や行を固定する

　「A列を固定する（常にA列を参照する）」または「1行目を固定する（常に1行目を参照する）」といったように参照先を固定するには、固定したい行または列の前にドル記号「$」を付けてください。

● ドル記号「$」を付けた列や行は、関数や数式をコピーしてもずれなくなる

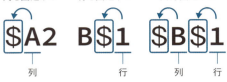

「$A2」は、「A列を固定する」という意味です。これを使った数式をコピーすると、常にA列が参照されます。同様に、「B$1」は、「1行目を固定する」という意味です。これを使った数式をコピーすると、常に1行目が参照されます。

次のようにして正しい九九表を作成しましょう。

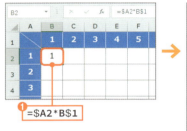

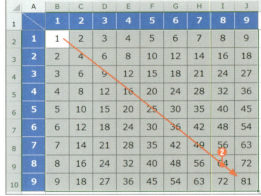

B2セルに、数式「=$A2*B$1」を入力し、Enterを押す❶。B2セルの数式を、J10セルまでコピーする❷。

 便利な F4 を活用しよう

数式を入力中、セル参照を入力した直後に F4 を押すと、「A2」→「$A$2」のように参照方法を切り替えることができます。便利なので覚えておきましょう。続けて F4 を押すと、「A$2」→「$A2」→「A2」と固定する場所が切り替わります。
なお、「$A$2」のように行も列も固定することを絶対参照といいます。行だけ固定する「A$2」や列だけ固定する「$A2」のことを複合参照といいます。複合参照は、相対参照と絶対参照が交じっている状態です。

実践例：割増賃金を計算する

📥 02-02-2.xlsx

従業員ごとに、時給と残業時間が記入されているシートがあります。残業時間の割増率はE3セルに記載されています。これらの情報から、割増賃金（いわゆる残業代）を計算してみましょう。計算式は、時給×残業時間×（1＋割増率）という単純な数式になります。

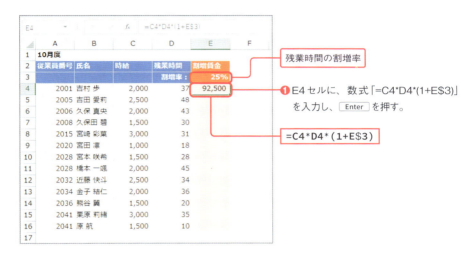

❶ E4セルに、数式「=C4*D4*(1+E$3)」を入力し、Enterを押す。

=C4*D4*(1+E$3)

❷ E4セルの数式を、最終行までコピーする。

CHAPTER 02-03 文字列の一部を取り出す

［LEFT関数］　［MID関数］　［RIGHT関数］

文字列の一部を取り出す関数の使い方を学習します。課題としては、番号を分割する作業を取り上げます。会員番号や製品番号には、「左から2文字は区分」「3～6文字目は製造年」のような意味が含まれている場合があります。このように、番号の一部に意味のある文字列が埋め込まれているとき、それを取り出す作業を想定しています。

今回の課題　会員番号の左側2文字、真ん中4文字、右側4文字を取り出します。

文字列のどこを取り出すかで関数を使い分ける

📥 02-03.xlsx

　左側、真ん中、右側、という順に文字列を取り出していきます。**LEFT（レフト）関数**、**MID（ミッド）関数**、**RIGHT（ライト）関数**という3つの関数を使います。

🔳 LEFT関数

　LEFT関数は**左から文字列を取り出す**関数で、引数は2つあります。次図の例は、「A2セルの文字列を、左から2文字取り出す」という意味です。

82

●左側から文字列を取り出す

次のようにしてLEFT関数を使ってみましょう。

B2セルに、数式「=LEFT(A2,2)」を入力して、[Enter]を押す❶。
フィルハンドル（セルの右下の■）をダブルクリックし❷、最下行までコピーする。

MID関数

　MID関数は**真ん中から文字列を取り出す**関数で、引数は3つあります。次図の例は、「A2セルの文字列を、3文字目から4文字取り出す」という意味です。2つ目の引数「3」は、開始位置（左から数えて何文字目から取り出すか）を意味します。3つ目の引数「4」は、取り出す文字数です。引数の値を間違って設定してしまうことが多いので、関数を入力した後に、期待した文字列が取得できたかを必ずチェックしましょう。

●真ん中の文字列を取り出す

次のようにしてMID関数を使ってみましょう。

RIGHT関数

RIGHT関数は**右から文字列を取り出す**関数で、引数は2つあります。次図の例は、「A2セルの文字列を、右から4文字取り出す」という意味です。

●右側から文字列を取り出す

次のようにしてRIGHT関数を使ってみましょう。

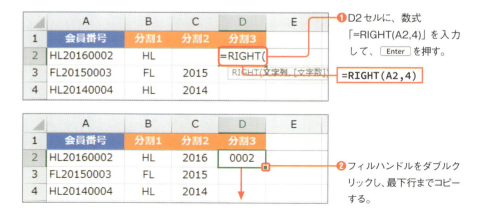

02-03 文字列の一部を取り出す

書式 LEFT関数　左から「〇文字」取り出す

LEFT(文字列, 文字数)

「文字列」の先頭（左端）から「文字数」分の文字列を取り出す。

書式 MID関数　真ん中から「〇文字」取り出す

MID(文字列, 開始位置, 文字数)

「文字列」の「開始位置」から「文字数」分の文字列を取り出す。「開始位置」には文字列の先頭文字の位置を1として、何文字目かを指定する。

書式 RIGHT関数　右から「〇文字」取り出す

RIGHT(文字列, 文字数)

「文字列」の末尾（右端）から「文字数」分の文字列を取り出す。

 フラッシュフィルを使った文字列の取り出し

フラッシュフィルは、入力されたデータから自動的に入力ルールを判別して、他のデータに反映する機能です。本節のサンプルを使って次図のように操作してみてください。すると、左から2文字取り出すというルールを自動的に判別してくれます。

	A	B
1	会員番号	分割1
2	HL20160002	HL
3	FL20150003	
4	HL20140004	
5	HL20150005	

❶
❷

→

	A	B
1	会員番号	分割1
2	HL20160002	HL
3	FL20150003	FL
4	HL20140004	HL
5	HL20150005	HL

❸

B2セルに「HL」を入力して、[Enter]を押す❶。B3セルがアクティブセルの状態で、[Ctrl]＋[E]を押すか、［データ］タブの［データツール］グループにある［フラッシュフィル］をクリックする❷。すると、3行目以降のデータが自動的に作成される❸。

氏名を姓と名に分けたり、住所を結合したりすることもできます。ただし、意図しないルールに解釈されることもあるので、フラッシュフィルを使った後は、できあがったデータを確認するようにしましょう。また、関数とは違って、元のデータが更新されたときにフラッシュフィルを適用したデータが自動的に更新されることはありません。

CHAPTER 02-04 姓・名を結合し、ふりがなを自動で表示する

& PHONETIC関数

顧客名簿、従業員名簿、取引先名簿など、名簿に触れる機会はとても多いと思います。分かれている姓名を結合したり、漢字のふりがなを自動で取得できる便利な関数がありますので活用してみてください。

今回の課題 姓・名を結合して氏名を作成します。また、入力した姓・名から自動でふりがなを表示します。

文字列の結合方法を覚えよう

📥 02-04.xlsx

文字列を結合するとき最も簡単なのは「&（アンド）」でつなげる方法です。次図の例では、3つの文字列（A2セルの文字、半角スペース、B2セルの文字）を結合しています。

●&で文字列を結合

=A2&" "&B2

文字列が入ったセル　半角スペース　文字列が入ったセル

姓＋半角スペース＋名という形に「&」でつなげてみましょう。

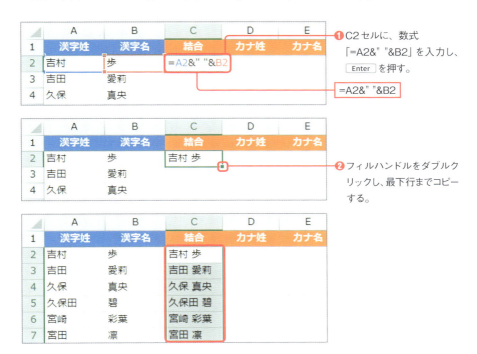

❶ C2セルに、数式「=A2&" "&B2」を入力し、Enter を押す。

❷ フィルハンドルをダブルクリックし、最下行までコピーする。

 データは最小単位で管理する

氏名を姓と名に分けて管理するか、結合して1つの値として管理するか迷うことがあると思います。そんなときは、データを分けて管理するようにしましょう。

データは後でさまざまな形に加工したり分析したりします。例えば住所も、都道府県が分かれていれば、都道府県別の集計が容易にできますが、1つの住所になっているとできません。分かれているデータを結合するのは楽ですが、結合されたデータを分割するのは手間がかかります。よって、データは最小単位に分けておくのが、データ管理の鉄則です。

データは分けておく

PHONETIC関数でふりがなを作成する

02-04.xlsx

PHONETIC（フォネティック）関数は、ふりがなを自動で作成してくれる便利な関数です。引数には、漢字が入力されたセルを指定します。

●漢字の文字列からふりがなを取得

=PHONETIC(A2)

文字列が
入ったセル

　この関数は、<mark>セルに文字を入力して、それを漢字に変換したときの情報に基づいて、ふりがなを表示してくれます。</mark>そのため、Excelで入力せず別のテキストファイルなどからコピーしたデータについては、漢字に変換したときの情報がないため、ふりがなを取得することはできません。また、漢字を正しくない「読み」で入力した場合は、そのまま表示されます。例えば「光一」を「コウイチ」ではなく「ヒカリ　イチ」と入力して、変換すると、「ヒカリ　イチ」と表示されてしまいます。

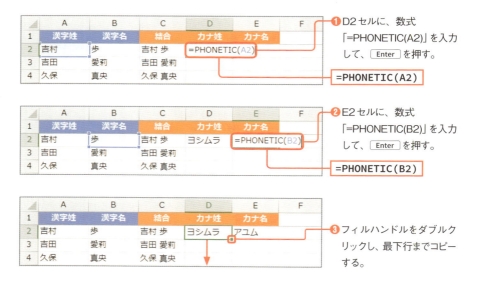

❶ D2セルに、数式「=PHONETIC(A2)」を入力して、Enterを押す。

❷ E2セルに、数式「=PHONETIC(B2)」を入力して、Enterを押す。

❸ フィルハンドルをダブルクリックし、最下行までコピーする。

> **書式** PHONETIC関数　漢字のふりがなを取り出す
>
> PHONETIC(文字列)
>
> 「文字列」のふりがなを取り出す。

02-04 姓・名を結合し、ふりがなを自動で表示する

 別ファイルからコピーしたデータにふりがなをふる方法

別のテキストファイルなどからコピーしたデータについては、ふりがなを取得することはできないと説明しました。では、他に方法はないのでしょうか？ 実は方法があります。次図のとおりに操作してみましょう。

❶ A2セルを選択し、[Shift]+[Alt]+[↑]を押す。
または、[ホーム]タブの[フォント]グループにある[ふりがなの編集]をクリックする。

❷ 自動的にふりがなが表示されるので、[Enter]を押す。

この作業を1件ずつ繰り返していけば、別ファイルからコピーしたデータにふりがなをふることができます。しかし、1件ずつ繰り返すのは大変です。そこで使用するのが、第4章以降で学習するマクロです。ここでは、やり方だけご紹介しておきます。
以下のようなプログラム（マクロ）を実行するだけで、A列とB列に対してまとめて[ふりがなの編集]を実行したことになります。

```
Sub ふりがなをふる()
    Range("A:B").SetPhonetic
End Sub
```

❶ 標準モジュールを作成し、左記のプログラムを書いて、実行する。

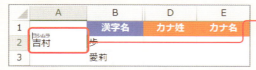

❷ D列、E列にPHONETIC関数の数式を入力すれば、ふりがなが表示される。

ただし、Excelは漢字から推測してふりがなを付けてくれるだけなので、必ずしも正しいふりがなが付くとは限りません。特に名前の場合は正しいふりがなが付かないことが多いです。そのときは[ふりがなの編集]を使って手作業で修正するようにしてください。
なお、マクロを作成したブックをxlsx形式で保存しようとすると、「VBプロジェクトはマクロなしのブックには保存できない」という旨のアラートが出ます。ふりがなをふった後はマクロは必要ないので、[はい]をクリックしてマクロなしのブック（xlsx形式）として保存してください。

CHAPTER 02 05 形式がバラバラなデータをきれいに整える

TRIM関数　ASC関数　SUBSTITUTE関数　JIS関数

氏名や電話番号などをいろいろな場所から集めて1つのシートにまとめると、半角と全角が混在するなど、データの形式が揃っていないことがあります。本節では、形式がバラバラなデータを共通の形式に揃える方法を習得します。

今回の課題 電話番号のデータがありますが、形式がバラバラで、このままでは利用しにくい状態です。そこで、電話番号のデータから余計な空白（スペース）を取り除き、すべて半角に揃えて、区切り文字は半角ハイフン「-」に統一します。

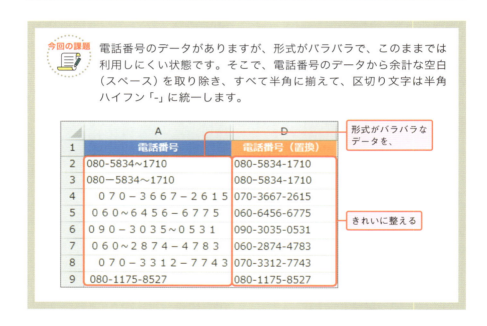

形式がバラバラなデータを、きれいに整える

データを整えるのに必須の関数

📥 02-05.xlsx

空白を取り除く **TRIM（トリム）関数**、全角を半角に変換する **ASC（アスキー）関数**、文字を置換する **SUBSTITUTE（サブスティテュート）関数**を学習します。いずれもデータをきれいに整えるうえで欠かせない関数です。

空白を取り除く（TRIM関数）

TRIM関数は、文字列の前後の空白（スペース）を取り除きます。文字列の中にある空白は、いくつか連続している場合は1つになります（取り除くことはでき

02-05 形式がバラバラなデータをきれいに整える

ません)。引数は1つだけで、空白を取り除く対象の文字列を指定します。次図の例では、A2セルにある文字列の前後の空白を取り除きます。

●文字列の前後の空白を取り除く

次のようにしてTRIM関数を使ってみましょう。

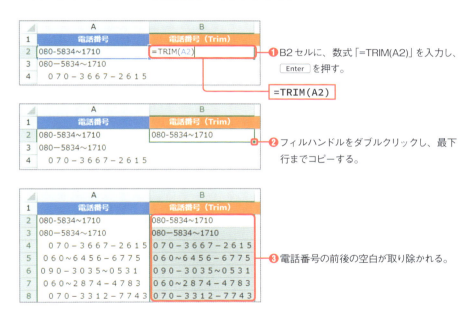

全角を半角に変換する（ASC関数）

ASC関数で文字列を半角に変換します。次図の例では、B2セルの文字列を半角にします。引数は1つだけです。

●半角に変換

次のようにしてASC関数を使ってみましょう。

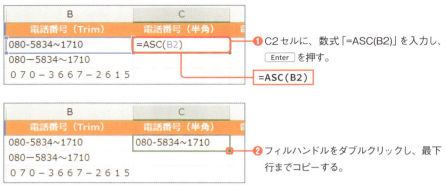

❶ C2セルに、数式「=ASC(B2)」を入力し、Enterを押す。

❷ フィルハンドルをダブルクリックし、最下行までコピーする。

❸ 電話番号がすべて半角文字になる。

Memo
全角にしたい場合は、ASC関数ではなく、JIS関数を使ってください。使い方はASC関数と同じです。

区切り文字を半角ハイフンに置換する（SUBSTITUTE関数）

文字列の中に含まれる文字を、別の文字に置換します。次図の例では、C2セルの文字列に含まれる「〜」という文字を、「-」に置換します。引数は3つあり、対象となる文字列、置換前の文字、置換後の文字を指定します。

なお、SUBSTITUTE関数で置換する文字は、半角と全角が区別されます。そのため、SUBSTITUTE関数を実行する前に、文字列を半角（または全角）に揃えておきましょう。

● 文字を置換する

文字列が入ったセル　置換前の文字　置換後の文字

02-05 形式がバラバラなデータをきれいに整える

次のようにしてSUBSTITUTE関数を使ってみましょう。

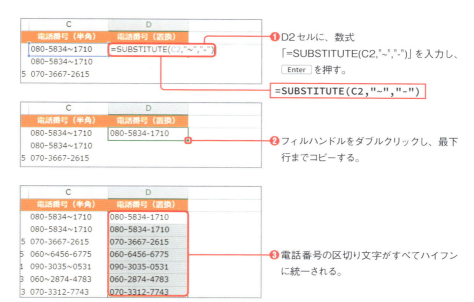

❶D2セルに、数式
「=SUBSTITUTE(C2,"~","-")」を入力し、
Enter を押す。

=SUBSTITUTE(C2,"~","-")

❷フィルハンドルをダブルクリックし、最下行までコピーする。

❸電話番号の区切り文字がすべてハイフンに統一される。

書式 TRIM関数　余分な空白を削除する

TRIM(文字列)

「文字列」の前後の空白を削除する。「文字列」の間に空白が連続している場合は最初の1つを残して削除する。

書式 ASC関数　全角文字を半角文字に変換する

ASC(文字列)

「文字列」が全角文字の場合は半角文字に変換する。

書式 SUBSTITUTE関数　文字列を置換する

SUBSTITUTE(文字列, 検索文字列, 置換文字列)

「文字列」の中に「検索文字列」がある場合は「置換文字列」に置き換える。

93

CHAPTER 02 | 06 住所から都道府県を取り出す

FIND関数　IFERROR関数　LEN関数

住所の中に「県」という文字が含まれていれば、その前には「埼玉」「鹿児島」のように県名がくることがわかります。ただし、県名は2文字と3文字の場合があり、「都」「道」「府」の場合もあります。こうしたやや複雑な条件の下で、欲しい情報を抜き出す方法を習得します。

今回の課題 住所から、都道府県を取り出します。併せて、都道府県より後の住所も取得します。

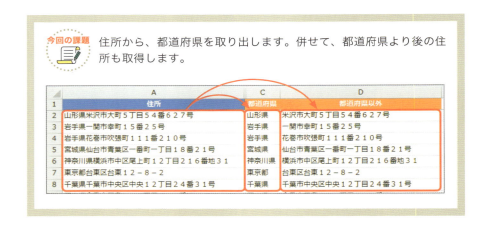

関数を組み合わせて使う

02-06.xlsx

　今回の課題は、複数の関数を組み合わせて実現します。**FIND（ファインド）関数**と**IFERROR（イフエラー）関数**を使って都道府県の文字数を取得し、LEFT関数で都道府県の名前を取得します。都道府県より後の住所については、RIGHT関数と**LEN（レン）関数**を組み合わせて取得します。
　順を追ってしっかり説明していきますので、ぜひ実際に試してみてください。

FIND関数

　FIND関数は、**文字列の中から指定した文字を探し、その位置を取得します。** 次図の例では、A2セルにある文字列において、「県」という文字が何文字目にあるかを探します。引数は、探す文字と、探す対象となる文字列の2つです。

02-06 住所から都道府県を取り出す

● 「県」の文字位置を取得

=FIND("県",A2)

探す文字 / 文字列が入ったセル

それではFIND関数を使ってみましょう。

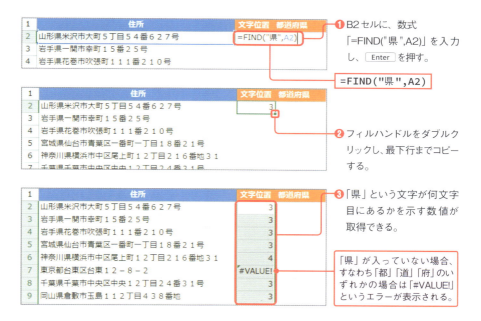

❶ B2セルに、数式「=FIND("県",A2)」を入力し、Enterを押す。

❷ フィルハンドルをダブルクリックし、最下行までコピーする。

❸ 「県」という文字が何文字目にあるかを示す数値が取得できる。

「県」が入っていない場合、すなわち「都」「道」「府」のいずれかの場合は「#VALUE!」というエラーが表示される。

例えば「山形県」の場合は3、「神奈川県」の場合は4が取得されました。しかし、エラーが出てしまっているのでこれを解消します。

IFERROR関数

IFERROR関数は、**数式がエラーとなったとき、エラーを表示する代わりに別の値を表示できます。**次ページの図の例では、FIND関数の戻り値がエラーになったときは、「3」という値を表示します。「3」にしている理由は、「県」を除く「都」「道」「府」はすべて3文字であるためです（東京都、北海道、大阪府、京都府）。エラーが起きなければ、「県」が何文字目にあるかが表示されます。

●「都」「道」「府」「県」の文字位置を取得

関数が実行される順序

関数の中に関数がある場合、通常の数式と同様に、内側から処理されます。次図のように、まずFINDが処理され、FINDの戻り値に基づいてIFERRORが処理されます。

すでに入力してある数式に、IFERROR関数を追加しましょう。

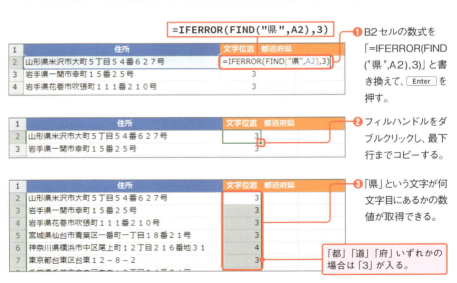

02-06 住所から都道府県を取り出す

続いて、LEFT関数（p.82）を使って、住所の左側から都道府県の文字の位置までを取り出しましょう。次図の例では引数として、A2にある住所、B2にある都道府県の文字位置を指定しています。

● 都道府県を取得

実際にLEFT関数を実行しましょう。

C2セルに、数式「=LEFT(A2,B2)」を入力して❶、Enterを押す。フィルハンドルをダブルクリックし❷、最下行までコピーする。これで、都道府県の名前が取り出せる❸。

これで、都道府県を取り出すことができました。最後に、都道府県より後の住所を取り出しましょう。

📄 LEN関数

　LEN関数は、<mark>文字列の文字数を取得できます。</mark>引数は1つだけで、対象の文字列を指定します。

● 文字数を取得

　LEN関数で住所全体の文字数を取得できます。そこから、都道府県の文字数（すなわちB列の値）を差し引けば、都道府県以外の文字数を取得できます。

● 都道府県以外の文字数

Memo
LEN関数では半角文字も全角文字も1文字として扱われます。

　都道府県以外の文字数を取得できたら、RIGHT関数（p.84）を使って住所を取得するだけです。

● 住所を取得

　仕上げの関数を実行しましょう。

02-06 住所から都道府県を取り出す

D2セルに、数式「=RIGHT(A2,LEN(A2)-B2)」を入力し❶、 Enter を押す。フィルハンドルをダブルクリックし❷、最下行までコピーする。これで、都道府県より後の住所が取り出せる❸。

書式 FIND関数　文字列の位置を見つける

FIND(検索文字列, 文字列)

「文字列」の中に「検索文字列」が最初に現れる位置を調べ、左端から数えて何文字目かを返す。

書式 IFERROR関数　数式がエラーのときは別の値を返す

IFERROR(数式, エラーの場合の値)

「数式」がエラーになった場合は「エラーの場合の値」を返す。それ以外の場合は数式の結果を返す。

書式 LEN関数　文字列の文字数を調べる

LEN(文字列)

「文字列」の文字数を返す。空白（スペース）は文字として数えられる。

CHAPTER 02/07 日付から年、月、日、曜日を取得する

YEAR関数 MONTH関数 DAY関数 TEXT関数

売上やコストの前年度比を算出する、あるいは20日締めなどの締め日に基づいて請求金額を集計するなど、日付から年、月、日を個別に取り出す必要のある作業は多数あります。曜日を取得する方法も便利なので、併せて学習しておきましょう。

今回の課題　日付から年、月、日を取り出します。併せて、日付から曜日を自動的に算出します。

日付を扱う関数

⤓ 02-07.xlsx

　日付から年、月、日を順番に取得していきます。年を取得するにはYEAR（イヤー）関数、月を取得するにはMONTH（マンス）関数、日を取得するにはDAY（デイ）関数を使います。いずれの関数も、引数に日付を指定するだけです。

●日付から年を取得

　次のようにしてYEAR関数、MONTH関数、DAY関数を使ってみましょう。

02-07 日付から年、月、日、曜日を取得する

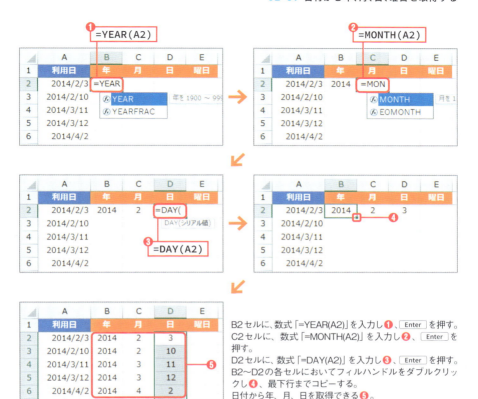

B2セルに、数式「=YEAR(A2)」を入力し❶、Enter を押す。
C2セルに、数式「=MONTH(A2)」を入力し❷、Enter を押す。
D2セルに、数式「=DAY(A2)」を入力し❸、Enter を押す。
B2〜D2の各セルにおいてフィルハンドルをダブルクリックし❹、最下行までコピーする。
日付から年、月、日を取得できる❺。

日付から曜日を取得する

02-07.xlsx

TEXT（テキスト）関数を使うと、日付から曜日を取得できます。そもそもTEXT関数は数値を文字列に変換するための関数で、表示形式を指定して使います。次図の例では、A2セルに入っている日付の曜日を、「月、火、水、……」といった形式で表示します。

●曜日を取得

表示形式には次表のようなものが指定できます。

● TEXT関数の表示形式コード

表示形式コード	戻り値の例
aaa	月、火、水、……
aaaa	月曜日、火曜日、水曜日、……
ddd	Mon、Tue、Wed、……
dddd	Monday、Tuesday、Wednesday、……
ggg	明治、大正、昭和、平成、令和
e	和暦の年数

次のようにしてTEXT関数を使ってみましょう。

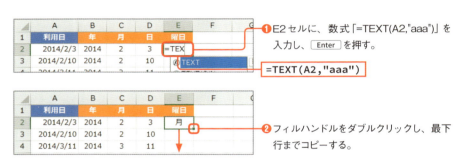

❶ E2セルに、数式「=TEXT(A2,"aaa")」を入力し、Enterを押す。

=TEXT(A2,"aaa")

❷ フィルハンドルをダブルクリックし、最下行までコピーする。

 元号を表示する

上の表で紹介しているように、TEXT関数で表示形式コード「ggg」を指定すると、日付から元号を取得することができます。「令和2年」のように、元号と和暦の年数を表示するには「ggge年」と指定します。覚えておくと便利です。
表示形式は、「ggge年m月d日（aaa）」のような複雑な指定も可能です。次図のように実際に「=TEXT(A2,"ggge年m月d日（aaa）")」という数式を入力すると、2014/2/3の日付が「平成26年2月3日（月）」という表示になります。

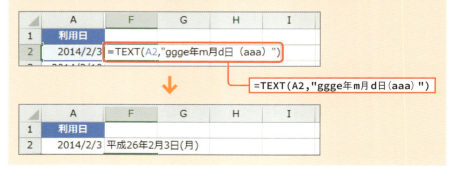

=TEXT(A2,"ggge年m月d日(aaa)")

月末の日付の求め方

月末の日付（末日）の求め方はよく使うので覚えておきましょう。方法は2つあります。

1. 翌月1日の日付から1日引く方法

DATE関数を使って、年と月を引数に入れます。月は1カ月増やして翌月にします。日付は「1」を指定します。これで翌月1日の日付が算出できるので、そこから1を引きます。

=DATE(年, 月+1, 1) - 1
　　　　　　↑　　　　　　↑
　　　　　　翌月　　　　　1日引く

2. EOMONTH（イーオーマンス）関数を使う方法

EOMONTHは「End Of Month」（月末）の略で、末日を直接求められる関数です。引数には、基準となる日付と、そこから何カ月後の末日を算出するかを指定します。翌月の末日なら「1」を指定し、該当月の末日なら「0」を指定します。

=EOMONTH(日付, 0)
　　　　　　　　　　↑
　　　　　　　　日付から0カ月後

書式　YEAR関数　日付から年を取得する

YEAR(日付)

「日付」の年を返す。

書式　MONTH関数　日付から月を取得する

MONTH(日付)

「日付」の月を返す。

書式　DAY関数　日付から日を取得する

DAY(日付)

「日付」の日を返す。

書式　TEXT関数　数値を書式付きの文字列に変換する

TEXT(数値, "表示形式コード")

「数値」を文字列に変換して「表示形式コード」の書式を設定する。指定できる主な表示形式コードは前ページの表を参照。

CHAPTER 02-08 条件に合うかどうかで表示を変える

IF関数　AND関数　OR関数　NOT関数

条件分岐を表すIF関数は、業務で使用する頻度が高い関数の1つです。「契約金額が1,000万円を超える場合」や「社員の役職が部長に該当する場合」といった条件を設け、一定の条件を満たす場合に行う処理を決めていきます。複数の条件をシンプルに表現する方法も紹介するので、条件分岐についてしっかり学習しましょう。

今回の課題：「利用日」が当年（2020年）に該当するか、上期（4月～9月）に該当するか、土日に該当するかをそれぞれ判定し、該当する場合は「○」を表示します。

	A	F	G	H	J
1	利用日	当年	上期	土日	
14	2014/7/13		○	○	
15	2014/7/20		○	○	
16	2014/7/27		○	○	
17	2014/7/29		○		
18	2014/8/15		○		
19	2014/8/16		○	○	
3655	2020/1/6	○			
3656	2020/1/15	○			
3657	2020/1/20	○			
3658	2020/2/3	○			
3659	2020/2/4	○			

条件分岐を使ってみよう

02-08.xlsx

　Excelの関数の中でもとりわけ利用頻度が高いのが**IF（イフ）関数**です。**条件を設定し、条件に該当する場合とそうでない場合に分けて、表示する値を変えることができます。**これを条件分岐といいます。

　本節では、シンプルな条件の場合と、少し複雑な条件の場合を、順番に説明していきます。

IF関数

IF関数には、引数が3つあります。1つ目は条件式、2つ目は条件式を満たす場合の戻り値、3つ目は条件式を満たさない場合の戻り値です。次図の例では、「利用日の年（B2セルの値）が2020年に一致する」という条件式を設定しています。一致する場合は「○」を、一致しない場合は空白を戻り値として表示します。

●2020年かどうか判定

次のようにしてIF関数を使ってみましょう。条件式は「B2=2020」として最下行までコピーし、B列のセルが2020に一致するかを判定します。B列では、あらかじめYEAR関数（p.100）で日付から年を取り出しています。

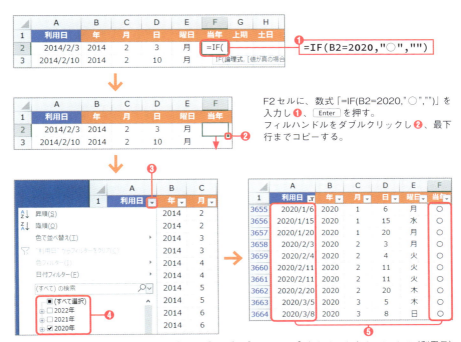

表のいずれかのセルをクリックして、［データ］タブ→［フィルター］をクリックする。A1セル（利用日）の［▼］をクリックし❸、「2020年」にチェックを付けて❹［OK］をクリックする。
利用日が2020年の行に「○」が付いているのを確認する❺。確認したら再度［フィルター］をクリックして元に戻す。

数式を組み合わせる場合

先ほどの例ではYEAR関数を使った数式をB列に用意しましたが、数式を1つにまとめて「=IF(YEAR(A2)=2020,"○","")」のように書くこともできます。その場合は、
- 全体の数式　　　IF(条件式,"○","")
- 条件式　　　　　YEAR(A2)=2020

を別々に書いておき、最後に全体の数式と条件式を組み合わせるようにすると、ミスを減らすことができます。

条件式が2つある場合　　　02-08.xlsx

今度は条件式が2つある場合です。その場合は、IF関数の中にIF関数を書くのではなく、**AND（アンド）関数**や**OR（オア）関数**を積極的に使いましょう。

AND関数、OR関数

AND関数は、**複数の条件式をすべて満たしているかどうかを判定**します。次図の例では、「利用日の月（C2セルの値）が4以上（つまり4月以降）であるという条件式と、9以下（つまり9月以前）であるという条件式の両方を満たしているかどうか」を判定します。両方とも満たしていれば「○」を、そうでなければ空白を表示します。

● 上期（4月～9月）かどうか判定

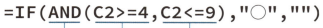

`=IF(AND(C2>=4,C2<=9),"○","")`

条件式1と2を両方とも満たす場合／条件式1（月が4以上）／条件式2（月が9以下）

> **Memo**
> これを AND を使わずに書こうとすると、「=IF(C2>=4,IF(C2<=9,"○",""),"")」となり、数式の意味を把握しにくくなります。

OR関数は、**いずれかの条件式を満たしているかどうかを判定**します。次図の例では、「利用日の曜日（E2セルの値）が「土」であるという条件式と、「日」であるという条件式の、いずれか一方を満たしているかどうか」を判定します。満たしていれば「○」を、そうでなければ空白を表示します。

●土日かどうか判定

=IF(OR(E2="土",E2="日"),"○","")

条件式1と2のいずれか　条件式1　　　　条件式2
を満たす場合　　　　（曜日が土）　　（曜日が日）

Memo
これをORを使わずに書こうとすると、「=IF(E2="土","○",IF(H2="日","○",""))」のように、ややわかりにくい数式になります。

次のようにAND関数とOR関数を使ってみましょう。

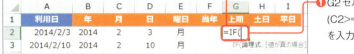

❶ G2セルに、数式「=IF(AND(C2>=4,C2<=9),"○","")」を入力して、Enterを押す。

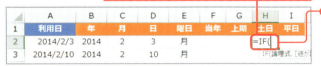

❷ H2セルに、数式「=IF(OR(E2="土",E2="日"),"○","")」を入力して、Enterを押す。

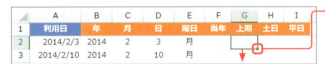

❸ フィルハンドルをダブルクリックし、最下行までコピーする。

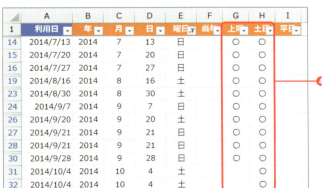

❹ p.38と同様にフィルターを使って、上期（4月〜9月）と土日に「○」が付いているのを確認する。

AND、ORを使うときのコツ

最初に
- 全体の数式　　　=IF(条件式, "○","")
- 条件式　　　　　AND(条件式1, 条件式2)
- 条件式1　　　　C2>=4
- 条件式2　　　　C2<=9

のように分けて書き出してから、条件式1と条件式2を条件式に組み合わせ、条件式を全体の数式に組み合わせるようにします。こうすれば混乱せずに済みますし、ミスも減らせるでしょう。

条件をひっくり返す

📥 02-08.xlsx

今度は、利用日が平日である場合に「○」を表示します。「平日である」を言い換えると、「土日ではない」ということなので、前述の条件式を否定するための **NOT (ノット) 関数** を使います。

●土日ではない (=平日である) かどうか判定

この条件式を、「=IF(条件式, "○","")」の条件式の部分に入れれば、数式が完成します。曜日が土日でない場合は「○」を表示し、土日である場合は空白を表示する、という意味になります。

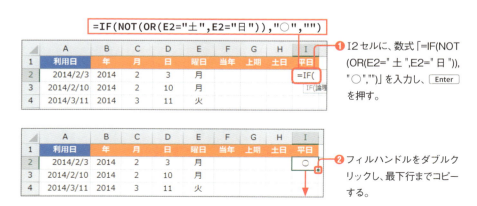

❶ I2セルに、数式「=IF(NOT(OR(E2="土",E2="日")),"○","")」を入力し、Enterを押す。

❷ フィルハンドルをダブルクリックし、最下行までコピーする。

分岐処理はシンプルに

複雑な分岐処理を1つの数式で実現しようとすると、IF関数の中にIF関数を作る(これを「ネスト」や「入れ子構造」といいます)のを繰り返すことになり、後から何をやっているかを理解するのが困難になります。IF関数と一緒にANDやORを併用したり、数式を分けたり、後述するIFS関数(p.111)やSWITCH関数(p.137)を活用したりして、できるかぎりシンプルな数式にとどめるようにしましょう。

書式 IF関数　条件の判定結果で別々の値を返す

IF(条件式, 満たされた場合の値, 満たされない場合の値)

「条件式」が満たされた場合は「満たされた場合の値」を返し、「条件式」が満たされない場合は「満たされない場合の値」を返す。指定できる条件式の例は下表を参照。

● 条件式の例

演算子	意味	指定例
=	等しい	B2=2020
<>	等しくない	B2<>2020
>	より大きい	B2>2020
>=	以上	B2>=2020
<	より小さい	B2<2020
<=	以下	B2<=2020

書式 AND関数　すべての条件を満たしているか調べる

AND(条件式1, 条件式2, ...)

指定した条件式がすべて満たされた場合に、満たされたとする値を返す。

書式 OR関数　いずれかの条件を満たしているか調べる

OR(条件式1, 条件式2, ...)

指定した条件式のいずれかが満たされた場合に、満たされたとする値を返す。

書式 NOT関数　条件を満たさないことを調べる

NOT(条件式)

指定した条件式が満たされなかった場合に、満たされたとする値を返す。

CHAPTER 02 09 2つの日付から期間を算出してランク分けする

DATEDIF関数　IFS関数

2つの日付の差を求める関数を学習します。日付の差は、例えば支払請求日から支払期限までの日数の算出や、建築物の着工までの期間算出など、頻繁に登場します。本節では、会員情報の「加入日」から現在までの経過月数を取得し、その期間に応じて会員ランクを判定する作業を例に学習します。

今回の課題 会員の加入日から現在までの加入月数を算出します。その加入月数から、会員ランクを判定します。加入月数が50カ月以上の場合はAランク、30カ月以上の場合はBランク、30カ月未満の場合はCランクとします。

	A	B	C	D
1	加入者	加入日	加入月数	会員ランク
2	吉村 歩	2016/9/26	38	B
3	吉田 愛莉	2015/2/25	57	A
4	久保 真央	2014/1/7	71	A
5	久保田 碧	2015/5/3	55	A
6	宮崎 彩葉	2015/4/18	56	A
7	宮田 凛	2018/10/14	14	C

加入月数が
50以上→A
30以上→B
30未満→C

日付の差を求める

02-09.xlsx

2つの日付の差を求めるには、**DATEDIF（デイトディフ）関数**を使います。日付の差は、年数、月数、日数のいずれの単位でも表示することができます。

DATEDIF関数には引数が3つあり、それぞれ「開始日」「終了日」「単位」を表します。

●加入期間を月単位に換算

=DATEDIF(B2,TODAY(),"M")

1つ目の日付
（ここではセルを指定）

2つ目の日付
（1つ目の日付より後）

単位
（Mは月数）

日付の差を出すための関数ですから、2つの日付が必要です。注意点として、**2つ目の日付は、1つ目の日付より後の日付になる**ように設定してください。順番を間違えるとエラーになります。

単位は、**「Y」「M」「D」**の3つを覚えておきましょう。**Yearの「Y」、Monthの「M」、Dayの「D」**ですので、覚えやすいと思います。

今日の日付を求める

今回の例では、2つ目の日付に「TODAY()」と書かれています。これはTODAY関数で、今日の日付が自動的に入ります。TODAY関数には引数はありません。ブックを開いた日によって日付が変わりますので、日付を固定したいときは注意してください。

次のようにしてDATEDIF関数を使ってみましょう。

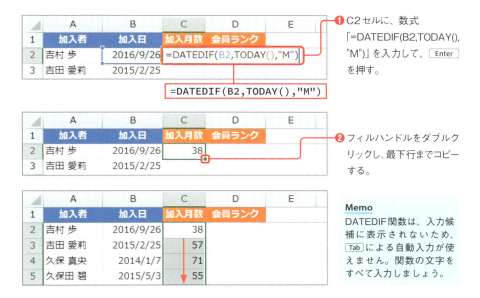

❶ C2セルに、数式「=DATEDIF(B2,TODAY(),"M")」を入力して、Enterを押す。

❷ フィルハンドルをダブルクリックし、最下行までコピーする。

Memo
DATEDIF関数は、入力候補に表示されないため、Tabによる自動入力が使えません。関数の文字をすべて入力しましょう。

数値に応じてランク分けする

📥 02-09.xlsx

続いて、加入月数に応じて会員ランクを算出するために、**IFS（イフズ）関数**を使います。IFS関数は、Excel 2019で追加された関数で、**条件式と戻り値のセットをいくつでも設定して、条件に合致したときの表示を変えられます。**条件式は左から順番に調べられていきます。

111

注意点として、<mark>条件を満たさない場合の戻り値は設定できません。</mark>IF関数（p.105）では、1つの条件式に対して戻り値を2つ設定できましたが、IFS関数では1つの条件式に対して1つの戻り値しか設定できません。

次図の例では、1つ目の条件式「加入月数が50以上」を満たした場合は「A」、2つ目の条件式「加入月数が30以上」を満たした場合は「B」、3つ目の条件式「加入月数が30未満」を満たした場合は「C」を表示します。

●加入月数に応じて会員ランクを判定

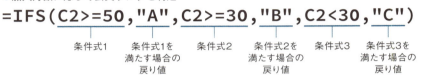

Memo
Excel 2016以前の方は、IF関数を複数組み合わせて数式を作る必要があります。
=IF(C2>=50,"A",IF(C2>=30,"B",IF(C2<30,"C")))

それでは、IFS関数を使ってみましょう。

❶ `=IFS(C2>=50,"A",C2>=30,"B",C2<30,"C")`

	A	B	C	D
1	加入者	加入日	加入月数	会員ランク
2	吉村 歩	2016/9/26	38	=IFS(
3	吉田 愛莉	2015/2/25	57	
4	久保 真央	2014/1/7	71	

	A	B	C	D
1	加入者	加入日	加入月数	会員ランク
2	吉村 歩	2016/9/26	38	B
3	吉田 愛莉	2015/2/25	57	
4	久保 真央	2014/1/7	71	

D2セルに、数式「=IFS(C2>=50,"A",C2>=30,"B",C2<30,"C")」を入力し❶、Enterを押す。
フィルハンドルをダブルクリックし❷、最下行までコピーする。

書式 DATEDIF関数　2つの日付の差を調べる

DATEDIF(開始日, 終了日, 単位)

「開始日」から「終了日」までの日数、月数、または年数を計算する。「単位」を"D"にすると日数、"M"にすると月数、"Y"にすると年数を返す。

書式 IFS関数　複数の条件のいずれを満たすかを判定する

IFS(条件式1, 条件式1が満たされた場合の値, 条件式2, 条件式2が満たされた場合の値,……)

左から順に条件式を判定していき、満たされた場合はその値を返す。

CHAPTER 02 10

さまざまな条件で
セルをカウントする

(COUNTA関数) (COUNTIFS関数)

Excelの実務では、何らかの条件に一致するセルの数を数えたいことがよくあります。数える対象は、商品、契約数、社員や組織、顧客などさまざまです。セルの数を数えるには、セルに入っている値の特徴を理解しておかなければいけません。あなたが欲しい数を取得するために注意すべきことを、しっかり理解しておきましょう。

すべての会員数を数える

⬇02-10.xlsx

　すべての会員数を数えるには、**COUNTA（カウントエー）関数**が利用できます。COUNTA関数の引数には、セル範囲を1つ以上設定します。セル範囲のうち、空白でないセルの個数を取得できます。

例えば、「会員情報」シートのA列（会員番号）にある空白でないセルの個数を
カウントするには次図のようにします。最後に1引いているのは「会員番号」とい
う列見出しセルの数を引くためです。

●空白でないセルの個数をカウント

=COUNTA（会員情報！A：A）-1

セルの範囲　　　　　　　列見出しを除外
（会員番号列）　　　　　　するため1を引く

> **Memo**
> 別のシートにある範囲を指定するときは、シート名と範囲の間にエクスクラメーション
> マーク「!」を入れて、「シート名!範囲」と書きます。

次のようにしてCOUNTA関数を使ってみましょう。なお、カウントする範囲
を設定するときは、「A:A」のようにして列全体を指定してください。「A1:A45」
のように行の範囲を指定してしまうと、もし会員情報が46行目以降に追加され
たとき、その分がカウントされなくなってしまうからです。

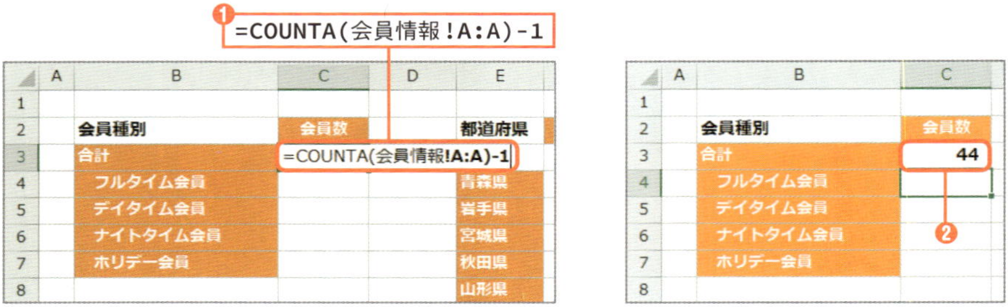

C3セルに、数式「=COUNTA(会員情報!A:A)-1」を入力し❶、Enterを押す。
「会員情報」シートのA列をもとに、空白でないセルの個数-1の数が表示される❷。

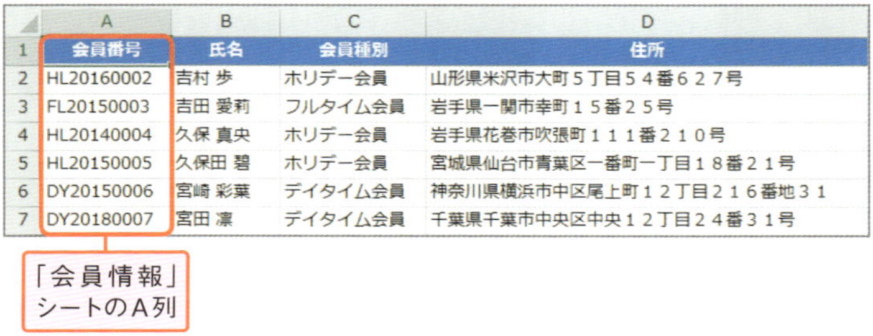

	会員番号	氏名	会員種別	住所
2	HL20160002	吉村 歩	ホリデー会員	山形県米沢市大町5丁目54番627号
3	FL20150003	吉田 愛莉	フルタイム会員	岩手県一関市幸町15番25号
4	HL20140004	久保 真央	ホリデー会員	岩手県花巻市吹張町111番210号
5	HL20150005	久保田 碧	ホリデー会員	宮城県仙台市青葉区一番町一丁目18番21号
6	DY20150006	宮崎 彩葉	デイタイム会員	神奈川県横浜市中区尾上町12丁目216番地31
7	DY20180007	宮田 凜	デイタイム会員	千葉県千葉市中央区中央12丁目24番31号

「会員情報」
シートのA列

数値や日付が入ったセルだけカウントしたい場合

COUNTA関数は、数値であるかどうかにかかわらず、空白以外のセルの数をすべてカウントします。もし、数値や日付を含むセルだけカウントしたいときはCOUNT（カウント）関数を使ってください。

会員種別ごとの会員数を集計する

📥 02-10.xlsx

次に、**COUNTIFS（カウントイフズ）関数**を使って、会員種別ごとの会員数を集計します。COUNTIFS関数は、**条件を満たすセルの数を数える**関数です。

COUNTIF関数

Excelには、「S」が付いてないCOUNTIF（カウントイフ）関数もあります。こちらは条件式を1つしか設定できませんが、COUNTIFS関数は複数の条件式を設定できますので、COUNTIFS関数を覚えておくことをおすすめします。

　COUNTIFS関数の引数には、セルの範囲と検索条件の組み合わせをいくつでも設定でき、設定したすべての条件を満たすセルの数をカウントできます。次図の例では、「会員情報」シートのC列のうち、B4セルの値（「フルタイム会員」）に一致するセルの数をカウントします。

●条件と一致するセルの個数をカウント

=COUNTIFS(会員情報!C:C,B4)

セルの範囲　　　　　条件
（会員種別列）　（B4セルの値と一致する場合）

次のようにしてCOUNTIFS関数を使ってみましょう。

C4セルに、数式「=COUNTIFS(会員情報!C:C,B4)」を入力し❶、Enter を押す。
「会員情報」シートのC列をもとに、B4セルの値(「フルタイム会員」)に一致するセルの個数が表示される❷。
フィルハンドルをダブルクリックし❸、最下行までコピーする。
B5~B7セルの値(「デイタイム会員」「ナイトタイム会員」「ホリデー会員」)に一致するセルの個数が表示される❹。

応用：都道府県ごとの会員数を集計する

📥 02-10.xlsx

会員情報に基づいて、都道府県ごとの会員数を集計します。検索条件には「集計」シートの「都道府県」を使い、「会員情報」シートの「住所」に該当する都道府県が何件含まれているかをカウントします。

●「集計」シートの「都道府県」と「会員情報」シートの「住所」

📋 ワイルドカード

COUNTIFS関数には、「~で始まる」「~で終わる」といった条件を指定でき

116

ます。例えば、「北海道で始まる」を表すには、アスタリスク「*」を使って「"北海道*"」と書きます。==アスタリスク「*」は、何かしら文字列があることを意味する記号==である、と覚えてください。このように、あいまい検索をするために使う記号はいくつかあり、それらを==ワイルドカード==と呼びます。次図では「E3&"*"」とすることで、E3セルの値（北海道）から始まる文字列を条件にしています。

● あいまい検索でヒットするセルの個数をカウント

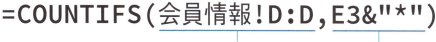

では、COUNTIFS関数であいまい検索を使ってみましょう。

F3セルに、数式「=COUNTIFS(会員情報!D:D,E3&"*")」を入力し❶、Enterを押す。
フィルハンドルをダブルクリックし❷、最下行までコピーする。
E列にある都道府県の名称から始まる住所が、「会員情報」シートのD列に含まれる個数が表示される❸。

書式 COUNTA関数　空白ではないセルの数を調べる

COUNTA(セル範囲)

指定した「セル範囲」に含まれる、空白ではないセルの個数を返す。

書式 COUNTIFS関数　条件を満たすセルの数を調べる

COUNTIFS(セル範囲 , 条件式)

指定した「セル範囲」に含まれる、「条件式」を満たすセルの個数を返す。

CHAPTER 02-11 さまざまな条件で合計、平均、最小値、最大値を求める

SUMIFS関数　AVERAGEIFS関数　MINIFS関数　MAXIFS関数

従業員ごとに残業時間を集計する、支店ごとに売上高を集計する、取引先ごとに仕入数量を集計する、といったように、何らかの条件によって集計する作業は頻繁に行われます。ここでしっかりと基本を覚えておきましょう。

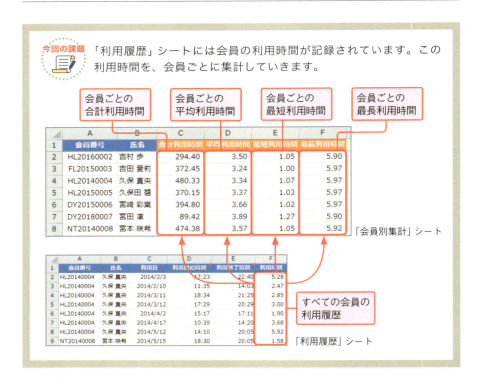

会員ごとの合計利用時間を求める

⬇02-11.xlsx

合計利用時間を求めるには、**SUMIFS（サムイフズ）関数**を使います。SUMIFS関数は、合計値を求めるSUM関数の末尾に「IFS」がくっついたもので、**指定したセル範囲の、条件に一致する行の値を合計する関数です。**

設定が必要な引数は3つあります。

02-11 さまざまな条件で合計、平均、最小値、最大値を求める

　1つ目は、合計する範囲です。次図の例では、利用履歴シートのF列（利用時間）を指定しています。2つ目は、検索する範囲です。次図の例では、利用履歴シートのA列（会員番号）を指定しています。3つ目は、条件式です。次図の例では、会員別集計シートのA2セルにある会員番号を指定しています。

●指定した会員番号の、利用時間の合計値を取得

=SUMIFS(利用履歴!F:F,利用履歴!A:A,A2)

　会員別集計シートに次のように数式を入力すると、会員番号が一致する行の利用時間の合計値が表示されます。

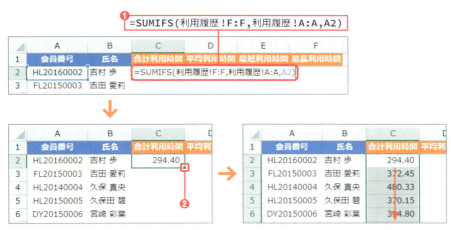

C2セルに、数式「=SUMIFS(利用履歴!F:F,利用履歴!A:A,A2)」を入力し❶、Enter を押す。フィルハンドルをダブルクリックし❷、最下行までコピーする。

119

会員ごとの平均利用時間を求める

02-11.xlsx

平均利用時間を求めるには、**AVERAGEIFS（アベレージイフズ）関数**を使います。

AVERAGEIFS関数は、平均値を求めるAVERAGE関数の末尾に「IFS」がくっついたもので、**指定したセル範囲の、条件に一致する行の値の平均を求める**関数です。

設定が必要な引数は3つあります。

1つ目は、平均する範囲です。次図の例では、利用履歴シートのF列（利用時間）を指定しています。2つ目は、検索する範囲です。次図の例では、利用履歴シートのA列（会員番号）を指定しています。3つ目は、条件式です。次図の例では、会員別集計シートのA2セルにある会員番号を指定しています。

●指定した会員番号の、利用時間の平均値を取得

=AVERAGEIFS(利用履歴!F:F,利用履歴!A:A,A2)

平均する範囲　　　検索する範囲　　　条件式
（利用時間列）　　（会員番号列）　（A2セルの値と一致）

会員別集計シートに次のように数式を入力すると、会員番号が一致する行の利用時間の平均値が表示されます。

D2セルに、数式「=AVERAGEIFS(利用履歴!F:F,利用履歴!A:A,A2)」を入力し❶、Enter を押す。
フィルハンドルをダブルクリックし❷、最下行までコピーする。

02-11 さまざまな条件で合計、平均、最小値、最大値を求める

会員ごとの最短利用時間を求める

📥 02-11.xlsx

　最短利用時間を求めるには、==MINIFS（ミニマムイフズ）関数==を使います。MINIFS関数は、最小値を求めるMIN関数の末尾に「IFS」がくっついたもので、==指定したセル範囲の、条件に一致する行の値の中から最小値を取得する==関数です。

　設定が必要な引数は3つあります。

　1つ目は、最小値を取り出す範囲です。次図の例では、利用履歴シートのF列（利用時間）を指定しています。2つ目は、検索する範囲です。次図の例では、利用履歴シートのA列（会員番号）を指定しています。3つ目は、条件式です。次図の例では、会員別集計シートのA2セルにある会員番号を指定しています。

●指定した会員番号の、利用時間の最小値を取得

=MINIFS(利用履歴!F:F,利用履歴!A:A,A2)

　　　　　最小値を取り出す範囲　　検索する範囲　　条件式
　　　　　（利用時間列）　　　　（会員番号列）（A2セルの値と一致）

Memo
MINIFS関数は、Excel 2019で追加された関数です。Excel 2016以前の方は、MIN関数の引数にIF関数を組み込み、Ctrl + Shift + Enter を押して配列数式（p.123参照）にして値を取得してください。
{=MIN(IF(利用履歴!A:A=A2,利用履歴!F:F))}

　会員別集計シートに次のように数式を入力すると、会員番号が一致する行の利用時間のうち最小の値が表示されます。

E2セルに、数式「=MINIFS(利用履歴!F:F,利用履歴!A:A,A2)」を入力し❶、 Enter を押す。
フィルハンドルをダブルクリックし❷、最下行までコピーする。

会員ごとの最長利用時間を求める

📥 02-11.xlsx

　最長利用時間を求めるには、**MAXIFS（マックスイフズ）関数**を使います。MAXIFS関数は、最大値を求めるMAX関数の末尾に「IFS」がくっついたもので、**指定したセル範囲の、条件に一致する行の値の中から最大値を取得する**関数です。

　設定が必要な引数は3つあります。

　1つ目は、最大値を取り出す範囲です。次図の例では、利用履歴シートのF列（利用時間）を指定しています。2つ目は、検索する範囲です。次図の例では、利用履歴シートのA列（会員番号）を指定しています。3つ目は、条件式です。次図の例では、会員別集計シートのA2セルにある会員番号を指定しています。

●指定した会員番号の、利用時間の最大値を取得

=MAXIFS(利用履歴!F:F,利用履歴!A:A,A2)

　　　　最大値を取り出す範囲　　　検索する範囲　　条件式
　　　　　（利用時間列）　　　　　（会員番号列）（A2セルの値と一致）

> **Memo**
> MAXIFS関数は、Excel 2019で追加された関数です。Excel 2016以前の方は、MAX関数の引数にIF関数を組み込み、Ctrl + Shift + Enter を押して配列数式（p.123参照）にして値を取得してください。
> {=MAX(IF(利用履歴!A:A=A2,利用履歴!F:F))}

　会員別集計シートに次のように数式を入力すると、会員番号が一致する行の利用時間のうち最大の値が表示されます。

F2セルに、数式「=MAXIFS(利用履歴!F:F,利用履歴!A:A,A2)」を入力し❶、Enter を押す。
フィルハンドルをダブルクリックし❷、最下行までコピーする。

配列数式

配列数式とは、複数の計算を同時に実行できる数式です。
例えば次図のような商品単価と販売個数のデータがある場合、100円×1個、200円×2個、300円×3個という3つの計算を一度にまとめて行って、その結果の合計を得る、といったことが可能です。

数式を入力して Ctrl + Shift + Enter を押す

=SUM(A2:A4 * B2:B4)

{=SUM(A2:A4 * B2:B4)}

数式を選択して Ctrl + Shift + Enter を押すと、数式全体が { } で括られ、配列数式となります。

書式 SUMIFS関数　条件を満たすセルの値を合計する

```
SUMIFS(合計する範囲, 条件を判定する範囲, 条件式)
```

「条件を判定する範囲」で「条件式」を満たす行を探し、「合計する範囲」の中でその行にある値を合計する。

書式 AVERAGEIFS関数　条件を満たすセルの値の平均を求める

```
AVERAGEIFS(平均を求める範囲, 条件を判定する範囲, 条件式)
```

「条件を判定する範囲」で「条件式」を満たす行を探し、「平均を求める範囲」の中でその行にある値の平均を求める。

書式 MINIFS関数　条件を満たすセルの中で最小値を求める

```
MINIFS(最小値を求める範囲, 条件を判定する範囲, 条件式)
```

「条件を判定する範囲」で「条件式」を満たす行を探し、「最小値を求める範囲」の中でその行にある値の最小値を求める。

書式 MAXIFS関数　条件を満たすセルの中で最大値を求める

```
MAXIFS(最大値を求める範囲, 条件を判定する範囲, 条件式)
```

「条件を判定する範囲」で「条件式」を満たす行を探し、「最大値を求める範囲」の中でその行にある値の最大値を求める。

CHAPTER 02-12 VLOOKUPで別表からデータを取得する

VLOOKUP関数

商品マスタ※から商品単価を取得して売上金額を計算したり、役職・等級マスタから時給を取得して給与を計算したりするなど、2つの表の間でデータを参照することは頻繁に発生します。慣れるまでが少し大変ですが、ここでやり方を覚えておけば、実務で非常に役立ちます。※マスタとは、基礎情報をまとめた表のことです。

今回の課題

販売データと商品マスタの2つの表があります。販売データでは、日々の商品の売上を記録していきます。商品マスタは、商品名と商品単価の一覧表です。販売データで売上を計算するためには商品単価の情報が必要ですが、これを毎回手入力するのは大変ですし、価格が変わったときに、販売データのほうの商品単価を修正する作業も面倒です。
ここでは、商品マスタから商品単価を自動的に取得して表示させます。

	A	B	C	D	E	F	G	H	I
1	▼販売データ						▼商品マスタ		
2	販売日	商品名	商品単価	数量	売上		商品名	商品単価	
3	10月1日	ガット	2,000	1	2,000		ラケット	30,000	
4	10月2日	グリップ	300	2	600		ガット	2,000	
5	10月4日	ラケット	30,000	1	30,000		グリップ	300	
6	10月5日	ラケット	30,000	1	30,000		冷却スプレー	1,500	
7	10月6日	ガット	2,000	2	4,000		シューズ	7,000	
8	10月6日	冷却スプレー	1,500	1	1,500				
9	10月7日	シューズ	7,000	1	7,000				
10	10月8日	ラケット	30,000	2	60,000				
11	10月9日	ガット	2,000	3	6,000				

商品マスタから商品単価を取得する

02-12.xlsx

　販売データにある商品名をもとに、商品マスタを参照し、商品名の右に書かれている商品単価を取得します。今回の課題は、**VLOOKUP（ブイルックアップ）関数**を使って実現できます。

VLOOKUP関数は、別表から条件に一致するデータを取得するための関数です。今回は、商品マスタを別表として、商品名が一致する行の商品単価を取得します。次図のように、3行目の商品名「ガット」の商品単価をC3セルに取得することを考えてみましょう。

● 商品マスタから商品単価を取得

VLOOKUP関数の引数は4つですが、そのうち重要なのは3つです。

1つ目の引数は、探す値です。上図ではB3セルにある「ガット」を探したいので、「B3」を設定します。2つ目の引数は、探しに行く範囲です。上図では商品マスタを探しにいきます。商品マスタの表はG2:H7の範囲にありますが、列ごと範囲にするために「G:H」を設定します。これは、今後商品マスタの行が増える可能性があるので、後から範囲を変えなくて済むようにするためです。3つ目の引数は、2つ目の引数で指定した範囲のうち、取得したい列の番号です。ここでは2番目の列にある商品単価が欲しいので、「2」を設定します。4つ目の引数は、何も考えずに「FALSE」を設定してください。

それでは、次のようにしてVLOOKUP関数を使ってみましょう。

C3 セルに、数式「=VLOOKUP(B3,G:H,2,FALSE)」を入力し❶、Enter を押す。フィルハンドルをダブルクリックし❷、最下行までコピーする。商品マスタの表からデータが取得される❸。

VLOOKUPの3つ目の引数に注意

VLOOKUP関数の3つ目の引数に指定する数字は、2つ目の引数で指定した範囲の中で、何番目の列か、という意味です。A列だから「1」、B列だから「2」、というわけではないので注意してください。例えば次図の例では、「C:G」を範囲として指定しています。このとき、取得したい列がG列の場合、3つ目の引数に指定する数字は「5」となります。

応用：商品カテゴリも取得できるようにする　　⬇02-12.xlsx

　先ほどの課題のシートに「商品カテゴリ」を追加しました。商品マスタの表の範囲は「G:H」から「H:J」に変更されています。
　それに合わせて、C3セルの数式を「=VLOOKUP(B3,H:J,2,FALSE)」とします。

02-12 VLOOKUPで別表からデータを取得する

●「販売データ2」シート

商品単価に続いて、商品カテゴリも商品マスタから取得してみましょう。

最初にC3セルの数式をコピーしてD3セルに貼り付けてみると、商品カテゴリからデータが取得できているように見えます。

●C3セルの数式をD3セルに貼り付け

しかし、D3セルをダブルクリックして確認してみると❶、探しにいく場所が商品マスタからずれてしまいました❷。これは本来意図する状態ではないので、数式を正しく修正しましょう。

●VLOOKUPが探しに行く範囲が商品マスタからずれている

今回のようにC3セルの数式をコピーしても探しに行く場所がずれないようにするためには、商品名のあるB列と、商品マスタのあるH列～J列は、固定しなければいけません。固定するために使うのが、絶対参照（p.78）です。
　次のようにして修正しましょう。

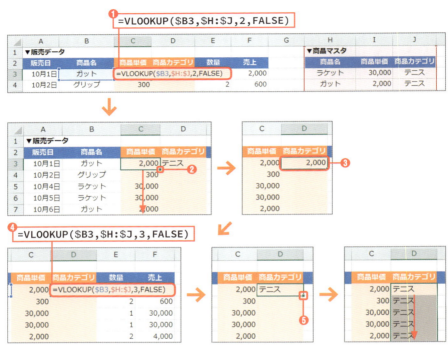

C3セルの数式を、「=VLOOKUP($B3,$H:$J,2,FALSE)」に修正する❶。
フィルハンドルをダブルクリック❷し、最下行までコピーする。
C3セルの数式をコピーして、D3セルに貼り付ける❸。
D3セルの数式の3つ目の引数を「3」に変更する❹。
フィルハンドルをダブルクリックし❺、最下行までコピーする。

書式 VLOOKUP関数　別表からデータを持ってくる（縦に検索）

VLOOKUP(検索値 , 別表の範囲 , 列番号 , 検索の型)

「検索値」のデータを「別表の範囲」の中で縦方向に探し、見つかったら「列番号」の値を取得する。検索の型にはTRUEまたはFALSEを指定する。TRUEを指定した場合は近い値を検索（近似一致）、FALSEを指定した場合は正確な値を検索する（完全一致）。

CHAPTER 02 | 13

HLOOKUPで別表からデータを取得する

(HLOOKUP関数)

前節に引き続き、2つの表の間でデータを参照する方法を学習します。商品マスタや社員マスタなどは通常、縦方向（行方向）にデータが増えていくものですが、年月や曜日などの時間軸は、横方向（列方向）に展開されることが多いです。そのため、縦方向に探す方法だけでなく、横方向に探す方法も理解しておく必要があります。

今回の課題
営業カレンダーと営業時間の2つの表があります。営業時間の表にあるように、営業時間は曜日ごとに変わります。毎月の営業カレンダーを作成するとき、開始時刻と終了時刻を転記するのは大変面倒です。
そこで、営業時間の表から、営業カレンダーの開始時刻と終了時刻を自動的に取得して表示させます。

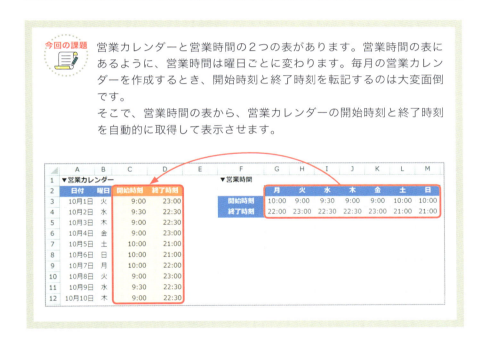

営業時間の表から開始時刻を取得する

📥 02-13.xlsx

　営業時間の表から、曜日の下に書かれている開始時刻、終了時刻を取得します。今回の課題は、**HLOOKUP（エイチルックアップ）関数**を使って実現できます。
　HLOOKUP関数の機能は前節のVLOOKUP関数と同じですが、検索方向が違います。VLOOKUP関数のVはVertical（垂直）を表し、垂直方向に探します。

129

一方でHLOOKUP関数のHはHorizontal（水平）を表し、水平方向に探します。では、開始時刻を取得する数式を作っていきましょう。

●HLOOKUP関数

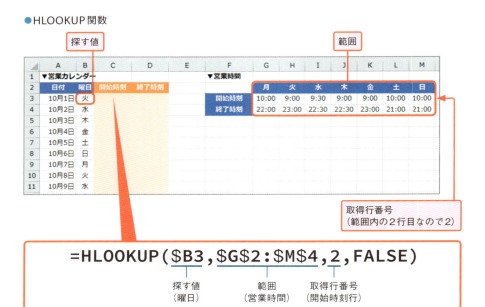

引数は、VLOOKUP関数と同じで4つあります。

1つ目の引数は、探す値です。上図ではB3セルにある曜日を探したいので、「B3」を設定します。また、後で終了時刻の数式を作るとき、開始時刻を取得する数式をコピーして作るので、B列がズレないよう複合参照（p.80）にして固定しておきます。2つ目の引数は、探しに行く範囲です。今回は営業時間の表を探しにいきます。範囲はG2:M4ですが、この数式をコピーするときに範囲がズレないよう、範囲は絶対参照（p.78）にして固定します。3つ目の引数は、取得したい行の番号です。開始時刻は2つ目の引数で指定した範囲のうち2行目にあるので、「2」を設定します。4つ目の引数は、何も考えずに「FALSE」を設定してください。

それでは、次のようにしてHLOOKUP関数を使ってみましょう。

02-13 HLOOKUPで別表からデータを取得する

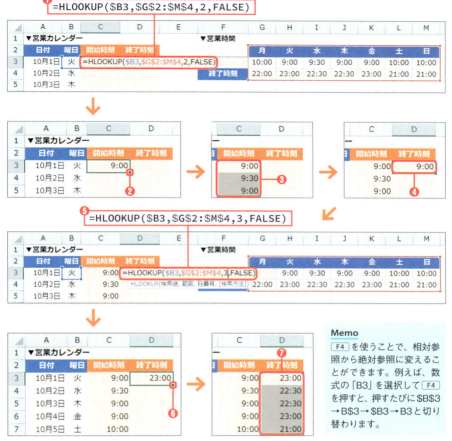

C3セルに、数式「=HLOOKUP($B3,$G$2:$M$4,2,FALSE)」を入力し❶、Enterを押す。フィルハンドルをダブルクリックし❷、最下行までコピーする。営業時間の表から開始時刻が取得できる❸。
C3セルをコピーして、D3セルに貼り付ける❹。
D3セルの数式の3つ目の引数を「2」から「3」に変更して❺、Enterを押す。フィルハンドルをダブルクリックし❻、最下行までコピーする。営業時間の表から終了時刻が取得できる❼。

> **書式** HLOOKUP関数　別表からデータを持ってくる（横に検索）
>
> HLOOKUP(検索値, 別表の範囲, 行番号, 検索の型)

「検索値」のデータを「別表の範囲」の中で横方向に探し、見つかったら「行番号」の値を取得する。検索の型にはTRUEまたはFALSEを指定する。TRUEを指定した場合は近い値を検索（近似一致）、FALSEを指定した場合は正確な値を検索する（完全一致）。

CHAPTER 02 14 別表から縦横に検索してデータを取得する

[INDEX関数] [MATCH関数]

前節に引き続き、2つの表の間でデータを参照する方法を学習します。本節では、縦方向（行方向）と横方向（列方向）に、同時にデータを探しにいくケースを扱います。やや難しいですが、ここまで理解できると、表の中から自在にデータを取り出せるようになります。

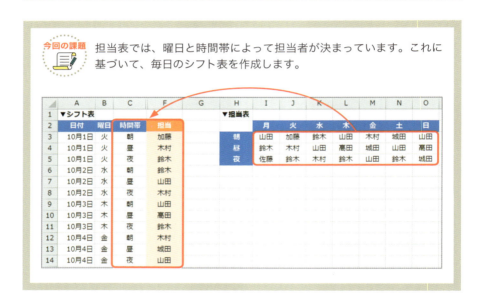

関数の組み合わせがポイント

📥 02-14.xlsx

本節の課題は、INDEX（インデックス）関数とMATCH（マッチ）関数の2つの関数を使って実現します。まず、INDEX関数の使い方を習得するため、担当表内にあるセルの位置を手入力で指定して、シフト表の「担当」を取得します。その後、セルの位置を手入力で指定する部分を、MATCH関数を使って自動化し、シフト表の「担当」を取得します。

文章で読むとややこしそうですが、1つずつ解説していきますので安心してください。さっそく始めましょう。

02-14 別表から縦横に検索してデータを取得する

INDEX関数

INDEX関数は、範囲内のセルを行と列で指定して、そのセルの値を取得します。

引数は3つあります。範囲と行番号と列番号です。次図の例では、範囲「I3:O5」の中の2行目（昼）の4列目（木）、すなわち木曜日の昼の担当者を取得します。

●指定した曜日・時間帯の担当を取得

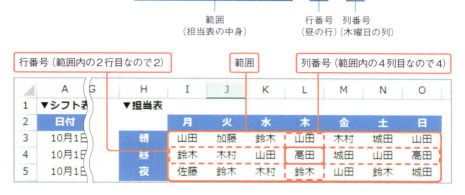

それでは、シフト表でINDEX関数を使って、「火曜日の朝の担当」を入力してみましょう。

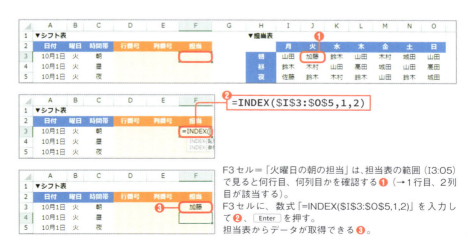

F3セル＝「火曜日の朝の担当」は、担当表の範囲（I3:O5）で見ると何行目、何列目かを確認する❶（→1行目、2列目が該当する）。
F3セルに、数式「=INDEX($I$3:$O$5,1,2)」を入力して❷、Enterを押す。
担当表からデータが取得できる❸。

INDEX関数を使って別表のデータを参照できました。しかし、この後、この数式を下方向にコピーしてから、「火曜日の昼の担当は2行目、2列目」「火曜日の夜の担当は3行目、2列目」……とINDEX関数の行番号と列番号を書き換えていくのは大変です。シフト表のB列にある曜日の値と、C列にある時間帯の値を使って、自動的に行番号と列番号を取得できないでしょうか？　それを実現するのがMATCH関数です。

MATCH関数

　MATCH関数は、<mark>指定した範囲の中で、指定した値がある位置を取得します。</mark>
　引数は3つありますが、大事なのは2つだけです。1つ目の引数に、探す値を指定します。2つ目の引数に、探す範囲を指定します。3つ目の引数は「0」を指定してください。次図の例では、担当表の「時間帯」が書かれた範囲から、「朝」を探しています。範囲の1番目の行にあるので、戻り値は「1」です。

●指定した時間帯の（行）番号を取得

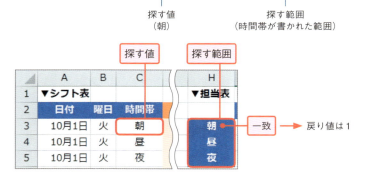

　もう1つ例を見ておきましょう。次図の例では、担当表の「曜日」が書かれた範囲から、「火」を探しています。範囲の2番目の列にあるので、戻り値は「2」です。

●指定した曜日の（列）番号を取得

02-14 別表から縦横に検索してデータを取得する

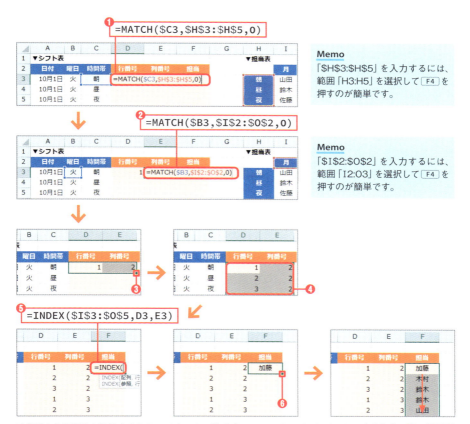

このようにMATCH関数で行番号と列番号を求めて、それをINDEX関数で使用すればよさそうです。次のようにして実行してみましょう。

Memo
「$H$3:$H$5」を入力するには、範囲「H3:H5」を選択して F4 を押すのが簡単です。

Memo
「$I$2:$O$2」を入力するには、範囲「I2:O3」を選択して F4 を押すのが簡単です。

時間帯から行番号を取得するため、D3セルに、数式「=MATCH($C3,$H$3:$H$5,0)」を入力し❶、Enter を押す。曜日から列番号を取得するため、E3セルに、数式「=MATCH($B3,$I$2:$O$2,0)」を入力し❷、Enter を押す。D3セルとE3セルを選択してフィルハンドルをダブルクリックし❸、最終行までコピーする。これで、行番号と列番号を取得できた❹。
取得した行番号と列番号をINDEX関数に当てはめて、担当者を取得する。F3セルの数式を「=INDEX($I$3:$O$5,D3,E3)」に書き換えて❺、Enter を押す。フィルハンドルをダブルクリックし❻、最下行までコピーする。

1つの数式にまとめると…

今回のMATCH関数とINDEX関数を1つの数式にまとめると、「=INDEX($I$3:$O$5, MATCH($C3,$H$3:$H$5,0),MATCH($B3,$I$2:$O$2,0))」となります。一見複雑な数式に見えますが、中身としては「=INDEX(範囲, MATCHで行番号を取得, MATCHで列番号を取得)」というシンプルな構造です。

書式 MATCH関数　項目の位置を調べる

MATCH(検索値, 調べる範囲, 照合の型)

「検索値」のデータを「調べる範囲」の中で探し、見つかったらその範囲内の相対的な位置を取得する。照合の型には、1、0、-1のいずれかを指定する。0を指定した場合は正確な値を検索する。

書式 INDEX関数　行、列で指定されたセルの値を返す

INDEX(セル範囲, 行番号, 列番号)

「セル範囲」内の、「行番号」と「列番号」で交差するセルの値を取得する。

CHAPTER 02 15 どの値に一致するかで表示を変える

SWITCH関数

ここまでに、関数を活用して別表から一致するデータを取得する方法を学習してきました。本節では、別表は使わず、役職コードに対応する役職名を表示する方法を紹介します。コードの種類が少ないときは、マスタ表を作らずに関数のみで分岐処理を作成すると簡単です。

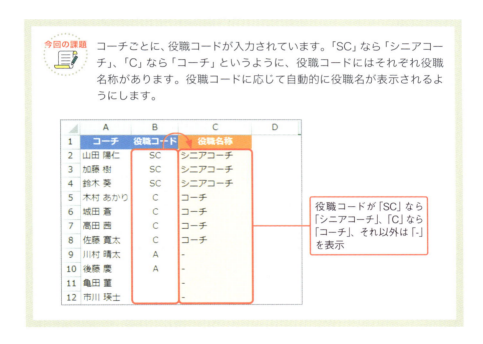

今回の課題　コーチごとに、役職コードが入力されています。「SC」なら「シニアコーチ」、「C」なら「コーチ」というように、役職コードにはそれぞれ役職名称があります。役職コードに応じて自動的に役職名が表示されるようにします。

役職コードが「SC」なら「シニアコーチ」、「C」なら「コーチ」、それ以外は「-」を表示

SWITCH関数

📥 02-15.xlsx

SWITCH（スウィッチ）関数を使って、役職コードから役職名称を取得します。SWITCH関数は、Excel 2019で追加された関数で、条件式の値と戻り値をいくつでも設定できる便利な関数です（Office 365版のExcel 2016でも使用できます）。

次図の最初の3つの引数に注目してください。これらは、「B2」セルの値が「SC」に一致する場合は、「シニアコーチ」と表示する、という意味を表します。

続けて4つ目と5つ目の引数で、「C」に一致する場合は、「コーチ」と表示する、という意味を表します。このように、値と戻り値のセットをいくつでも続けて設定できます。最後に、どの値にも一致しない場合の戻り値を1つ追加します。次図では、どの値にも一致しない場合はハイフン「-」を表示する、としています。

●役職コードに応じた役職名称を取得

Memo
Excel 2016以前の方は、IF関数の中にIF関数を入れて数式を作る必要があります。
=IF(B2="SC","シニアコーチ",IF(B2="C","コーチ","-"))

次のようにしてSWITCH関数を使ってみましょう。

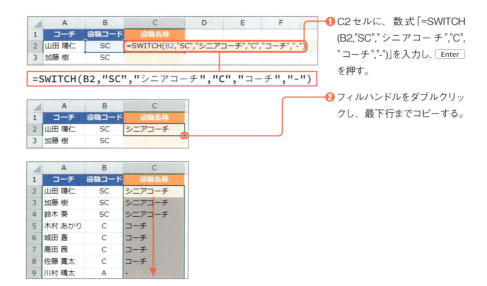

❶ C2セルに、数式「=SWITCH(B2,"SC","シニアコーチ","C","コーチ","-")」を入力し、Enter を押す。

❷ フィルハンドルをダブルクリックし、最下行までコピーする。

> **書式 SWITCH関数　どの値に一致するかで別々の結果を返す**
>
> SWITCH(式, 値1, 結果1, 値2, 結果2, ... 既定値)

複数の「値」のうち、最初に一致した値に対応する「結果」を返す。いずれにも一致しない場合は「既定値」を返す。

CHAPTER 02 16

金額の端数処理をマスターする

(ROUNDUP関数) (ROUND関数) (ROUNDDOWN関数)

Excel上で金利や税率の計算を行う際の端数処理を学習します。
本節では、切り上げ / 四捨五入 / 切り捨ての3つを行うための関数を紹介します。

消費税を計算すると、小数点以下の端数が生じることがありますので、関数を使って消費税の端数処理をします。

切り上げ、四捨五入、切り捨て

📥 02-16.xlsx

　端数処理には切り上げ、四捨五入、切り捨ての方法があり、それぞれに関数が用意されています。それが、**ROUNDUP（ラウンドアップ）関数**、**ROUND（ラウンド）関数**、**ROUNDDOWN（ラウンドダウン）関数**です。次表は、小数点以下1桁目（小数点の右隣りの数字）で端数処理した結果を示しています。

●端数処理

元の数字	切り上げ ROUNDUP	四捨五入 ROUND	切り捨て ROUNDDOWN
100.4	101	100	100
100.5	101	101	100

ROUNDUP関数、ROUND関数、ROUNDDOWN関数のいずれも、引数は同じです。1つ目の引数に数値、2つ目の引数に桁数を入れます。

● 数値の切り捨て

Memo
ROUNDUP関数、ROUND関数の使い方も同様です。
=ROUNDUP(F3,0)
=ROUND(F3,0)

気をつけないといけないのは、2つ目の引数です。これは、==端数処理をした結果、小数点以下何桁にするか==を表します。

● 桁数の考え方

「123.4」のように小数点以下1桁にしたい場合は、「1」を指定します。「123」のように小数点以下をなくして整数にするのであれば、「0」を指定します。「-1」を指定すると、1円の位が端数処理されて、10円単位になります。「-2」を指定すると、10円の位が端数処理されて、100円単位になります。

それでは、次のようにして端数処理を行ってみましょう。

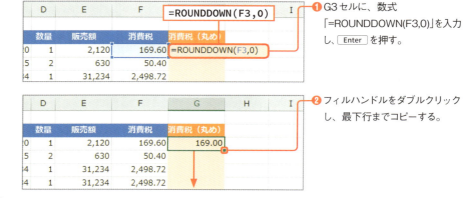

❶ G3セルに、数式「=ROUNDDOWN(F3,0)」を入力し、Enterを押す。

❷ フィルハンドルをダブルクリックし、最下行までコピーする。

INT関数

端数処理に使える関数として、INT関数もあります。INT関数は、数値を整数にする関数です。引数は1つだけで、数値を指定します。

`=INT(F3)` 　数値

INT関数の動作として次のことを知っておいてください。
- 正の数については、小数点以下の値は切り捨てられます。
- 負の数については、小数点以下の値は切り上げられます。ここがROUNDDOWN関数と異なる点です。

VBAでは、四捨五入にならない

第4章で学習するVBAにも、Excelと同じROUND関数があります。しかし、Excelとは異なる結果になります。右表の例はいずれも、ROUND関数で小数点1桁に丸めています。

元の値	Excel	VBA
123.44	123.4	123.4
123.45	123.5	123.4
123.46	123.5	123.5

VBAのROUND関数では、「JIS丸め」という方法が採られています。丸める対象の値が「5」の場合、その1つ上の桁の値が偶数なら切り捨て、奇数なら切り上げ、というルールです。ROUND関数を使っていて、計算が合わないなと思ったら、このことを思い出してください。

書式　ROUNDUP関数　数値を切り上げる

ROUNDUP (数値 ,　桁数)

「数値」を指定した「桁数」に切り上げる。

書式　ROUND関数　数値を四捨五入する

ROUND (数値 ,　桁数)

「数値」を指定した「桁数」に四捨五入する。

書式　ROUNDDOWN関数　数値を切り捨てる

ROUNDDOWN (数値 ,　桁数)

「数値」を指定した「桁数」に切り捨てる。

CHAPTER 02 17 土日祝日を除いた営業日数を算出する

NETWORKDAYS.INTL関数　WORKDAY.INTL関数

本節では、Excelで作業予定をスケジューリングするときに便利な関数を紹介します。ある期間における営業日数を計算したり、作業の開始日から起算して土日祝日を除いた作業の終了日を求めたりできるようになりましょう。

今回の課題 施工の簡単な工程表があります。工程ごとに開始日が設定されています。はじめに、工程間の営業日数を算出します。続いて、工程の開始日と営業日数に基づいて、次の工程の開始日を計算します。

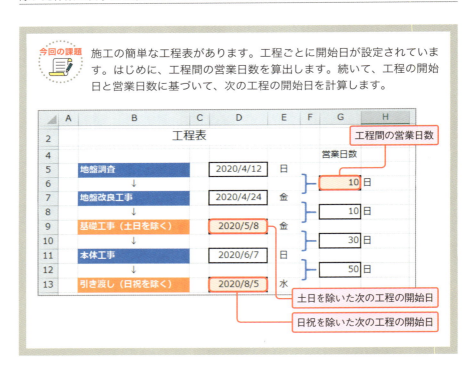

ある期間の営業日数を計算する

⤓ 02-17.xlsx

　ある期間の営業日数を計算するには、NETWORKDAYS.INTL（ネットワークデイズ・アイエヌティーエル）関数が利用できます。
　NETWORKDAYS.INTL関数では、開始日と終了日の間の営業日数を計算できます。引数は3つあり、それぞれ開始日、終了日、営業しない曜日のパターンを表すコードを指定します。

02-17 土日祝日を除いた営業日数を算出する

●営業日数を計算
=NETWORKDAYS.INTL(D5,D7,1)

開始日　終了日　営業しない
　　　　　　　曜日のパターン

　2つ目の引数を入力してカンマ「,」を入力すると、次図のようにパターンの候補が表示されます。土日が休みの会社であれば、候補の一番上にある「1 - 土曜日、日曜日」を選択します。

●営業しない曜日のパターン

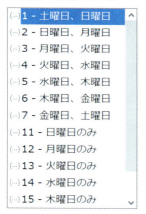

　次のようにして、NETWORKDAYS.INTL関数を使ってみましょう。

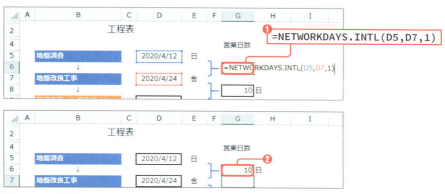

G6セルに、数式「=NETWORKDAYS.INTL(D5,D7,1)」を入力し❶、Enterを押す。
開始日と終了日の間の営業日数が表示される❷。

指定した営業日数が経過した後の日付を計算する

📥 02-17.xlsx

指定した営業日数が経過した後の日付を計算するには、<mark>WORKDAY.INTL(ワークデイ・アイエヌティーエル)関数</mark>が利用できます。

WORKDAY.INTL関数では、<mark>開始日に営業日数を足した日付を計算できます。</mark>引数は3つあり、開始日、日数、営業しない曜日のパターンを表すコードを指定します。

● 指定した営業日数が経過した後の日付を計算

次のようにして、WORKDAY.INTL関数を使ってみましょう。

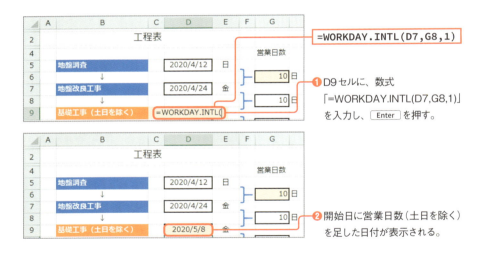

❶ D9セルに、数式「=WORKDAY.INTL(D7,G8,1)」を入力し、 Enter を押す。

❷ 開始日に営業日数(土日を除く)を足した日付が表示される。

祝日も除外する

📥 02-17.xlsx

営業日数や営業日を計算するとき、土日だけでなく、祝日も除外してほしいですよね。実は、NETWORKDAYS.INTL関数もWORKDAY.INTL関数も、祝日を指定できます。4つ目の引数に、祝日のデータ(日付)を指定します。

02-17 土日祝日を除いた営業日数を算出する

●営業日数を加算した日付を計算（祝日も除外）
=WORKDAY.INTL(D11,G12,11,祝日一覧!A:A)

- D11：開始日
- G12：日数
- 11：営業しない曜日のパターン
- 祝日一覧!A:A：祝日の一覧

祝日は、「祝日一覧」というシートのA列に、次図のようなデータを用意しています。

●「祝日一覧」シート

	A	B
1	2019/1/1	元日
2	2019/1/14	成人の日
3	2019/2/11	建国記念の日
4	2019/3/21	春分の日
5	2019/4/29	昭和の日
6	2019/5/1	新天皇即位
7	2019/5/3	憲法記念日
8	2019/5/4	みどりの日
9	2019/5/5	こどもの日
10	2019/7/15	海の日
11	2019/8/11	山の日
12	2019/9/16	敬老の日

Memo
祝日として指定する4つ目の引数には、日付のデータしか指定できません。そのため、表の見出しとして「日付」などのテキストが入っている場合は、見出しを除いて範囲を指定してください。

WORKDAY.INTL関数で日曜日と祝日を除いた日付を計算してみましょう。3つ目の引数には「11－日曜日」を指定し、4つ目の引数に祝日のデータを指定します。

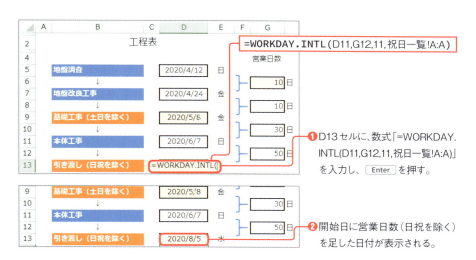

❶ D13セルに、数式「=WORKDAY.INTL(D11,G12,11,祝日一覧!A:A)」を入力し、Enter を押す。

❷ 開始日に営業日数（日祝を除く）を足した日付が表示される。

145

書式 NETWORKDAYS.INTL関数　2つの日付の間の稼働日数を調べる

NETWORKDAYS.INTL(開始日, 終了日, 週末, [休日])

「週末」と「休日」を除いた、「開始日」と「終了日」の間の日数を返す。「休日」は
指定しなくてもよい。

書式 WORKDAY.INTL関数　開始日から数えて稼働日数後の日付を調べる

WORKDAY.INTL(開始日, 日数, 週末, [休日])

「週末」と「休日」を除いた、「開始日」から「日数」だけ経過した日付の値を返す。「休
日」は指定しなくてもよい。

CHAPTER 02 18

複数のシートにあるデータを1つのシートにまとめる

INDIRECT 関数

残業時間や売上などのデータが、社員別・支店別・事業別などの単位でシートが分かれており、まったく同じフォーマットでデータが登録されていることがあります。今回は、社員ごとに別のシートで管理している月間の残業時間を関数を利用してそれぞれ取得し、1つのシートに集約してみましょう。

今回の課題 複数シートに分けて管理されている社員別の4月の残業時間を、1つのシートに集約します。

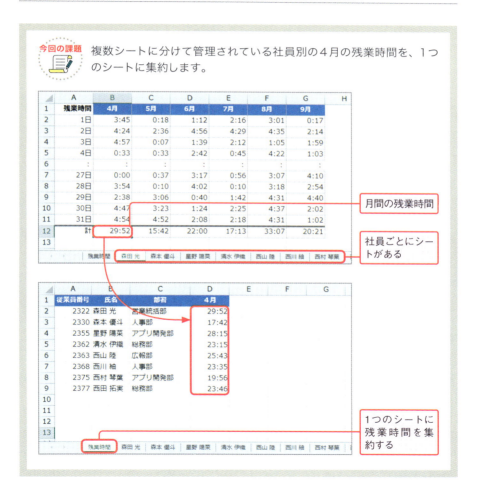

別のシートにあるデータを取得する

⤓02-18.xlsx

社員ごとにシートを分けて管理している残業時間を、<mark>INDIRECT（インダイレクト）関数</mark>を使って、1つのシートにまとめます。INDIRECT関数は、<mark>別のシートにあるデータを取得する</mark>ための関数です。引数は1つで、参照先を文字列で指定します。

●参照先の値を取得

シングルクォーテーション

$$=INDIRECT("'"\&\$B2\&"'!B12")$$

参照先のシート名・セルを表す文字列

参照先の文字列は、次表のように設定します。

●参照先の文字列の書き方

	書き方	例
同一ブック内にある別のシートを参照する場合	"'シート名'!セル"	"'森田光'!B12"
別のブックにあるシートを参照する場合	"'[ブック名]シート名'!セル"	"'[Book1]森田光'!B12"

> **Memo**
> ブック名は大括弧（[ ]）で括ります。さらに、ブック名とシート名は、シングルクォーテーション「'」で括ります。シート名とセルの間には、エクスクラメーションマーク「!」を入れます。
> なお、シート名に空白が入っていない場合は、シングルクォーテーション「'」で括らなくてもよいのですが、ブック名とシート名は「'」で括るものだと覚えておけば安心です。

上図の数式の引数「参照先のシート名・セルを表す文字列」は少々複雑ですので、作り方を確認しておきましょう。

まず、「森田 光」という名前のシートのB12セルから値を取ってくるには、参照先を表す「'森田 光'!B12」という文字列をダブルクォーテーションで括って、INDIRECT関数の引数とし、「=INDIRECT("'森田 光'!B12")」と書きます。

次に、「森田 光」の部分を直接書くのではなく、残業時間シートの「氏名」列のセル（ここではB2セル）を参照するように変更します。このとき、単純に「森田 光」を「B2」に置き換えて「=INDIRECT("'B2'!B12")」とすると、「B2」がセルではなく文字列として扱われてしまうため、「B2」という名前のシートを探しにいってエラーになります。

そのため、「B2」がクォーテーションで括られないように、他の文字列とは切り離して、「=INDIRECT(文字列 & B2 & 文字列)」という形にする必要があります。&は文字列を結合する演算子です (p.86)。

「B2」の前の文字列は、シングルクォーテーション「'」をダブルクォーテーションで括った「"'"」となります。「B2」の後の文字列は、「'!B12」をダブルクォーテーションで括った「"'!B12"」となります。後はB列を固定するために「$B2」とすれば、「"'"&$B2&"'!B12"」という文字列が完成します。

それでは、次のようにしてINDIRECT関数を使ってみましょう。

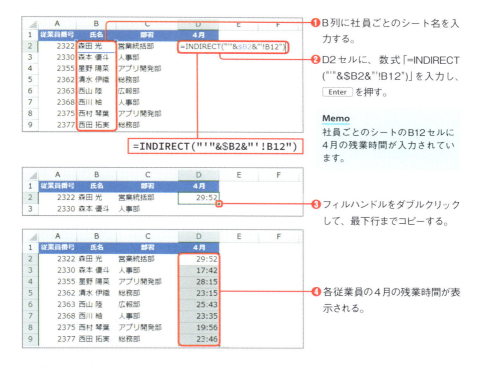

❶ B列に社員ごとのシート名を入力する。

❷ D2セルに、数式「=INDIRECT("'"&$B2&"'!B12")」を入力し、Enterを押す。

Memo
社員ごとのシートのB12セルに4月の残業時間が入力されています。

❸ フィルハンドルをダブルクリックして、最下行までコピーする。

❹ 各従業員の4月の残業時間が表示される。

応用：参照先セルも一覧から取得する

📥 02-18.xlsx

各月の残業時間をINDIRECT関数で取得しようとすると、4月はB12セル、5月はC12セル、というように、月ごとに参照先のセルが変わります。INDIRECT関数の参照先にB12、C12、……とセルを書いてもよいのですが、そうすると月ごとに数式を変えなくてはいけませんし、参照先のセルが変わったときに、すべての数式を修正しなくてはならず、メンテナンスが面倒になります。

そこで、月ごとの参照先セルをまとめた行を設け、数式は1つだけ作成して、

それをコピーすることで残業時間を取得できるようにしてみましょう。

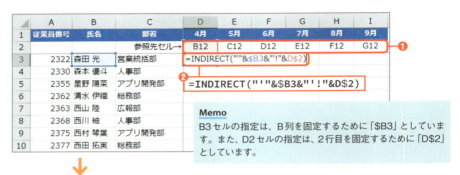

参照先セルを2行目に書き出す❶。D3セルに、数式「=INDIRECT("'"&$B3&"'!"&D$2)」を入力し❷、Enterを押す。フィルハンドルをダブルクリックして❸、最下行までコピーする。
フィルハンドルをドラッグして❹、最右列までコピーする。

Memo
残業時間を入力するセルはすべて、セルの書式設定にある表示形式を、「ユーザー定義」→「[h]:mm」と設定しています。hは時を表し、mmは分を表します。ここで、「h:mm」と設定してしまうと、24時間以上の時間を入力した場合に、0時始まりの時間表示に戻ってしまいます。これは時計と同じです。一方で、「[h]:mm」と設定すれば、24時間以上の数値をそのまま表示することができます。残業時間を時刻形式で表示する場合は、時間の合計値が24時間以上になることがあり得るので、上記のように設定しておかなければいけません。

書式 INDIRECT関数　参照先のセルの内容を表示する

INDIRECT(参照文字列)

「参照文字列」で指定されたセルの内容を表示する。

業務改善コラム
FILE ②

議事録で論理的思考を鍛える

議事録の作成は、論理的思考（ロジカルシンキング）などのトレーニングにもってこいの作業です。議事録は、以下の3つの作業を瞬時に行っていく高度な作業で、どれが欠けても正しい議事録になりません。

1. 発言者の言うことを**正しく理解**する（読解力）
2. 発言内容を**要約**し、**構造化**する（要約力・論理的思考力）
3. 読者に誤解のないように**表現**する（表現力）

では、詳しく説明していきます。

▷ 1 発言者の言うことを正しく理解する

発言者の意図を汲み取って、発言スピードに遅れないよう、すばやくタイピングしていきます。発言内容が不明な場合や、自分の知らない用語が登場したときは、一旦聞こえたとおりにメモしておいて、その場で発言者に確認したり、会議が終わった後で関係者に聞いたりするようにしましょう。

また、**発言者が意思決定をしたとき**や、**参加者が合意したとき**は、それを決定事項として特に慎重に記録する必要があります。意思決定または合意した内容に曖昧な部分がある場合（イエスなのかノーなのか、いつまでに、誰がやるのか、など）は、必ずその場で、議事録を取っているあなたが確認するようにしましょう。議事録は黙って記録していればよい係ではありません。**議事録を書きながら会議の全体を俯瞰して、発言内容の抜け漏れや正確性をチェックする立場**にいるのですから、不明点に気づいたらそれを明らかにしていく義務があります。

▷ 2 発言内容を要約し、構造化する

発言したとおりに記録すると、何が決まって何が決まっていないのかがわかりにくく、内容が冗長でダラダラと文章が続いて読みづらいです。後から議事録を読んでキャッチアップする読者の時間を短縮し、正確に事実を伝えるためにも、**発言内容を要約する**必要があります。

議事録の例

【議題 3】新商品の企画内容討議

> お客様の声の分析
> - カラーバリエーションを増やす
>   ・単に増やすのではなく、取捨選択も同時に進める
>   ・売れ筋のカラーを細分化し、顧客ニーズに応える
>   ・トップモデルが使用しているカラーを四半期ごとにリリースする
> - 肌ノリを改善する
>   ・コンパクト商品の肌ノリの評判が良くないので、すみやかに改善する
>   ・改善を何段階かに分けて、KPIを明確化する

構造化する（階層構造で書く）ときは、例えば1階層目→議題（テーマ）、2階層目→副題（サブテーマ）、3階層目→決定事項・懸念事項、4階層目→決定事項・懸念事項についてのさらに詳細な内容や理由、といった書き方をすると、書きやすいです。

▷ 3 読者に誤解のないように表現する

読む人によって解釈の齟齬が生じないように、文章の一言一句に神経をつかって、表現をブラッシュアップしていきましょう。

- 合意したのか
- 完了したのか
- いつまでに終わるのか
- 誰が責任をもってやるのか
- どの方法でやるのか
- なぜその方法が採用されたのか

といった事柄が明確になっているかどうかチェックしてみましょう。伝える相手（読者）をイメージし、その読者の利用用途を想定して、読者にとってわかりやすい表現になっているかをチェックしましょう。

まとめると、議事録とは、発言者が意図している（と自分が解釈した）ことを、読者に伝わる（と自分が思った）ように書く、ということです。議事録には、発言者と読者の間に自分が介在するので、自分の解釈が間違えていればそのまま間違って伝わるし、解釈が正しいとしてもそのとおり文章に表現できなければ、結局間違って伝わってしまいます。事実を歪めてしまうという意味では、議事録取りは責任の重い仕事であるとも言えます。事実をそのままに伝えるのはとても難しい作業ですが、議事録を正しく取れるようになると、幅広いビジネススキルの向上につながるので、継続的に取り組んでみてほしいです。

CHAPTER

03

実践テク＋活用ワザ

本章では、実務ですぐに活用できる高度な Excel テクニックを紹介し、業務改善に役立つ実践的なワザと、課題解決のスキルを習得します。

CHAPTER 03 01 完了したタスクが ひと目でわかる表を作成する

条件付き書式

Excelで進捗管理を行う現場は珍しくありません。本節では、タスクの進捗状況を「完了」にすると、行全体の色が変わるタスク管理表を作成します。タスクの種類が多くても、必要な行に注目しやすく、進捗状況の把握に役立ちます。

今回の課題 「タスク管理表」シートのG列のセルの値をチェックし、「完了」である場合のみ行全体をグレーアウトするよう、「条件付き書式」の設定を行います。

完了したタスクをグレーアウトする

03-01.xlsx

「条件付き書式」は、任意のセル範囲に何らかの条件を設定し、条件に当てはまるセルの文字色や背景色を変えるなどの処理を行う機能です。ここで登場するタスク管理表の「進捗」列では、進捗状況を「未着手」「作業中」「完了」の中から選択できます。進捗が「完了」になった場合、行全体をグレーアウトします。

●「タスク管理表」シート

03-01 完了したタスクがひと目でわかる表を作成する

条件付き書式の設定手順は次のとおりです。

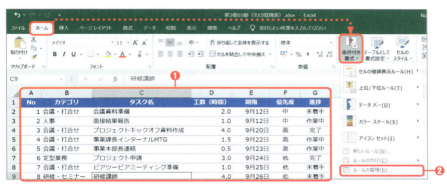

A列からG列を選択した状態で❶、[ホーム]タブの[条件付き書式]→[ルールの管理]をクリックする❷。

❸[条件付き書式ルールの管理]ダイアログが表示されるので、[新規ルール]をクリックする。

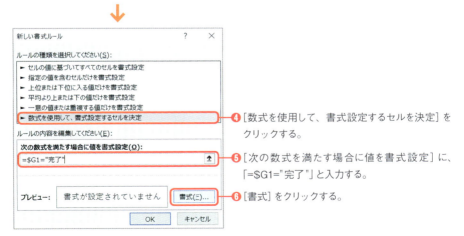

❹[数式を使用して、書式設定するセルを決定]をクリックする。

❺[次の数式を満たす場合に値を書式設定]に、「=$G1="完了"」と入力する。

❻[書式]をクリックする。

［セルの書式設定］ダイアログが表示されます。今回はセルの背景色をグレーにしたいので、［塗りつぶし］タブから背景色を選択し、［OK］をクリックします。

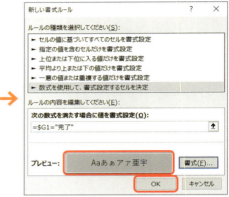

❼ ［塗りつぶし］タブから背景色を選択し、［OK］をクリックする。

❽ 背景色が設定されていることを確認し、［OK］をクリックする。

　再び［条件付き書式ルールの管理］ダイアログが表示されます。適用先がA列からG列（=$A:$G）になっていることを確認し、［OK］をクリックします。

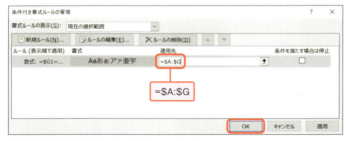

❾ ［適用先］が正しければ、［OK］をクリックする。

> **Memo**
> 続けて別の条件付き書式を作成する場合は、［適用］で現在の書式を保存してから新規作成します。（［適用］をクリックせずに［新規ルール］をクリックすると、作業中の書式が上書きされてしまいます。）

156

03-01 完了したタスクがひと目でわかる表を作成する

これで、進捗が「完了」になっている行がグレーアウトします。また、「進捗」列を変更すると、そのたびに行の背景色が変わります。

	A	B	C	D	E	F	G
1	No	カテゴリ	タスク名	工数（時間）	期限	優先度	進捗
2	1	会議・打合せ	会議資料準備	2.0	9月12日	中	未着手
3	2	人事	面接結果報告	1.0	9月12日	中	完了
4	3	会議・打合せ	プロジェクトキックオフ資料作成	4.0	9月20日	高	作業中
5	4	会議・打合せ	事業課長インターナルMTG	1.5	9月22日	高	完了
6	5	会議・打合せ	事業本部長連絡	0.5	9月23日	高	作業中
7	6	定型業務	プロジェクト申請	3.0	9月24日	低	完了
8	7	会議・打合せ	ピアツーピアミーティング準備	1.0	9月25日	低	未着手
9	8	研修・セミナー	研修講師	4.0	9月26日	低	未着手

Memo
今回は書式の適用範囲を「$A:$G」と列全体に設定しています。現存の表の範囲（$A1:$G16）に限定せず列全体を対象にすることで、今後行が追加された場合も適用先を変更せずに済みます。

適用先を指定するタイミング

適用先は、書式ルール作成後に表示される［条件付き書式ルールの管理］ダイアログから設定することもできるのですが、今回はあらかじめ範囲を指定した状態で書式ルールを作成しました。書式ルールの後に適用先を変更すると、［適用］または［OK］で書式ルールを保存したタイミングで、数式の参照がずれてしまう不具合があるためです。

書式ルールの作成後に適用先を変更すると数式が壊れる場合がある。
なお、再度ダイアログを開いて数式のみ修正して保存すると正常に動作する。

CHAPTER 03 02 セル範囲に名前を付けて数式をわかりやすくする

`名前ボックス` `配列数式`

数式や関数を入力する際にセルやセル範囲を指定することが多いと思いますが、「=A2*B2」のような数式を見ても、それだけでは何を計算しているのか読み取れません。そこで、セルやセル範囲に「=単価*数量」など目的に応じた名前を付けて、数式をわかりやすくする方法を学習します。また、範囲をまとめて計算することで、数式を短縮する方法も紹介します。

今回の課題 販売明細表の「単価」列と「数量」列の範囲に名前を付け、その名前を使って合計金額を計算します。

	A	B	C	D	E
1	販売日	商品名	単価	数量	合計
2	10月1日	ガット	2,000	1	140,500
3	10月2日	グリップ	300	2	
4	10月4日	ラケット	30,000	1	
5	10月5日	ラケット	30,000	1	
6	10月6日	ガット	2,000	2	
7	10月6日	冷却スプレー	1,500	1	
8	10月7日	シューズ	7,000	1	
9	10月8日	キャリーバッグ	1,500	2	
10	10月9日	ボール	5,000	3	
11	10月10日	三角コーン	800	3	
12	10月11日	グローブ	3,000	3	
13	10月12日	ゴール	12,000	3	

E2セル: `{=SUM(単価*数量)}`

セル範囲に名前を付ける

📥 03-02.xlsx

　セルまたはセル範囲を選択し、画面左上の**「名前ボックス」**から名前を付けることができます。今回は「C2:C13」→「単価」、「D2:D13」→「数量」とそれぞれ命名します。

03-02 セル範囲に名前を付けて数式をわかりやすくする

●セル範囲に名前を付ける

❶ セル範囲C2:C13を選択する。

❷ 名前ボックスに「単価」と入力して Enter を押す。

Memo
セル範囲「D2:D13」も同様の手順で「数量」と名前を付けます。

名前の管理

［数式］タブから**［名前の管理］**をクリックすると、［名前の管理］ダイアログが表示されます。現在使用されている名前の一覧を確認したり、新規作成や編集、削除もできます。

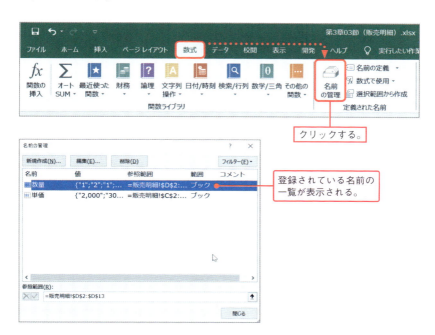

クリックする。

登録されている名前の一覧が表示される。

作成した「数量」「単位」が確認できたら、［閉じる］でダイアログを終了します。

セル範囲をまとめて計算する

　セル範囲に付けた名前を利用して数式を作成します。販売明細表のE2セルに「=SUM(単価*数量)」と入力し、Ctrl + Shift + Enterを押すと、合計金額が表示されます。

● セル範囲に付けた名前を使って数式を記述する

	A	B	C	D	E	F
	販売日	商品名	単価	数量	合計	
1						
2	10月1日	ガット	2,000	1	=sum(単価*数量)	
3	10月2日	グリップ	300	2		
4	10月4日	ラケット	30,000	1		
5	10月5日	ラケット	30,000	1		
6	10月6日	ガット	2,000	2		
7	10月6日	冷却スプレー	1,500	1		
8	10月7日	シューズ	7,000	1		
9	10月8日	キャリーバッグ	1,500	2		
10	10月9日	ボール	5,000	3		
11	10月10日	三角コーン	800	3		
12	10月11日	グローブ	3,000	3		

「=SUM(単価*数量)」を入力し、Ctrl + Shift + Enterを押す。

	A	B	C	D	E
	販売日	商品名	単価	数量	合計
1					
2	10月1日	ガット	2,000	1	140,500
3	10月2日	グリップ	300	2	
4	10月4日	ラケット	30,000	1	

合計金額が表示される。

　ここでE2セルの数式をよく見ると、**「{=SUM(単価*数量)}」**のように表示されています。両端が波カッコ{}で括られているのが特徴です。

E2 | {=SUM(単価*数量)}

{=SUM(単価*数量)}

	A	B	C	D	E
	販売日	商品名	単価	数量	合計
1					
2	10月1日	ガット	2,000	1	140,500
3	10月2日	グリップ	300	2	
4	10月4日	ラケット	30,000	1	

　波カッコ{}付きの数式を**「配列数式」**と呼びます。配列とは、箱が連なったものだとイメージしてください。「{=SUM(単価*数量)}」は、「単価」の1番目×「数量」の1番目、「単価」の2番目×「数量」の2番目……と掛け合わせた結果を合計しています。

03-02 セル範囲に名前を付けて数式をわかりやすくする

●配列数式

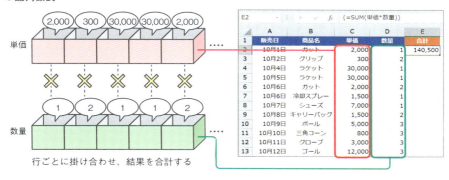

行ごとに掛け合わせ、結果を合計する

 名前の参照エラー

「{=SUM(単価*数量)}」は、設定した名前に紐づいたセル範囲を参照して計算を行うため、これらの名前を変更または削除した場合、数式には「名前が参照できなくなった」という意味の「#NAME?」というエラーが表示されます。

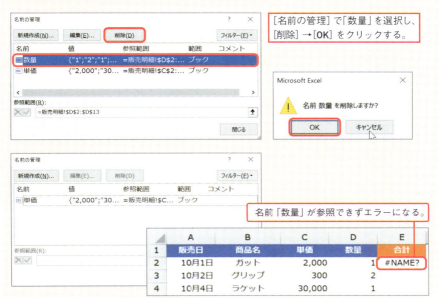

161

CHAPTER 03-03 直前の操作をボタン1つで繰り返す

F4

「セルを結合する」「シフト表の休日に色を付ける」など、同じ作業を繰り返すときには F4 が便利です。セルの書式設定のように、別ウィンドウを開いて細かな設定を行う場合にも利用できるため、ショートカットキーと併せて覚えておくと作業のスピードアップに役立ちます。

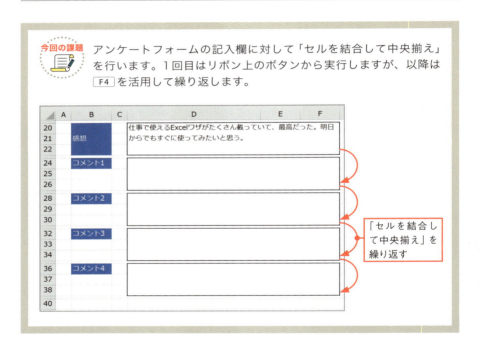

今回の課題：アンケートフォームの記入欄に対して「セルを結合して中央揃え」を行います。1回目はリボン上のボタンから実行しますが、以降は F4 を活用して繰り返します。

直前に行った操作を繰り返す

03-03.xlsx

「アンケートフォーム」シートの記入欄を選択し、[ホーム]タブ→[セルを結合して中央揃え]をクリックします。単純な操作ではありますが、結合したい範囲を選択し、そこからリボンまで移動してボタンをクリックする……という作業を何度も繰り返すのは面倒です。

はじめに「感想」欄のみ［セルを結合して中央揃え］を使って結合したら、残りの「コメント」欄1～4は**範囲選択→ F4** で済ませてしまいましょう。

● セルを結合して中央揃え

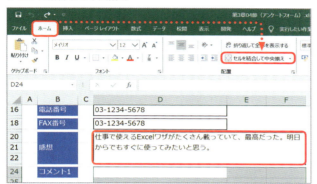

❶「感想」欄（D20:F22）を選択し、［ホーム］タブの［セルを結合して中央揃え］をクリックする。

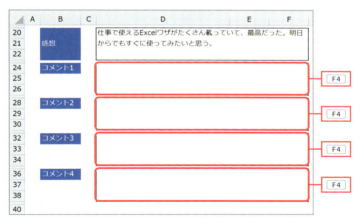

❷「コメント1」欄を選択し、 F4 を押す。コメント2-4についても同様。

Memo
F4 はセルの結合以外にも、例えば以下のような操作も繰り返すことができます。繰り返し作業を行うときに、その作業が F4 でできるかどうか試してみるとよいでしょう。

- セルに色を塗る
- 文字を太字にする
- 文字に色を塗る
- 文字を左（中央・右）揃えにする
- 折り返して全体を表示する
- 行（列）を追加する
- コピーした図形を貼り付ける
- 小数点以下の表示桁数を増やす
- フォントを変更する
- セルに罫線を設定する
- 形式を選択して貼り付ける

CHAPTER 03-04 会議の議題ごとにタイムスケジュールを作る

IF関数　TIME関数

効率良く動くためには、事前に計画を立てておくことが重要です。本節では、会議をスムーズに進めるためのタイムスケジュールを自動計算する仕組みを作成します。数式がやや複雑ですが、いちど作ってしまえば、これから何十回と行われる会議のたびに、タイムスケジュールの時刻を計算する手間やミスから解放されます。

今回の課題　会議のタイムスケジュールを作成します。議題ごとの所要時間を入力するだけで時間帯が計算されるようにします。ここでは、TIME関数を利用して時刻の計算を行います。

所要時間を入力すると、右側に時間帯が表示される

議題ごとの所要時間からスケジュールを計算する

📥 03-04.xlsx

「会議進行表」シートには、会議の日時に加えて、議題ごとの所要時間を記入する欄があります。IF関数で開始時刻や終了時刻が入力されているかを確認後、TIME（タイム）関数を使ってタイムテーブルを作成します。

03-04 会議の議題ごとにタイムスケジュールを作る

●「会議進行表」シート

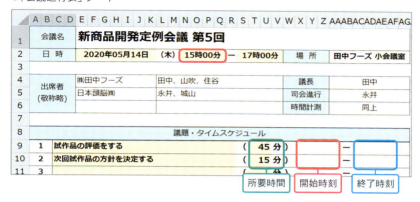

「議題・タイムスケジュール」欄の「開始時刻」には前の議題の終了時刻を表示し、「終了時刻」には開始時刻に所要時間を足したものが表示されます。1番目の議題の開始時刻には、「日時」欄にある会議の開始時刻を表示します。

時刻の計算は、所要時間をTIME関数で小数に変換して行います。なお、ここでは所要時間を分単位で入力するものとします。

時間の計算（TIME関数）

TIME関数は、「時刻」を小数で返す関数です。引数は3つあり、時、分、秒をそれぞれ設定します。ただし、ここでは「午前1時45分30秒」のような「時刻」ではなく、「1時間45分30秒」のような「時間」の小数値を取得するためにTIME関数を使います。

●引数で指定した時刻の小数値を取得（ここでは時間の小数値を取得）

=TIME(1,45,30)

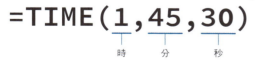

議題の開始時刻と終了時刻を、TIME関数やIF関数（p.104参照）を使用して求めます。開始時刻を計算する前に、数式がわかりやすい終了時刻の計算方法から紹介します。

165

終了時刻は、開始時刻＋所要時間で求められます。1番目の議題の場合は、次のような数式をセルAC9に入力します。

●議題の終了時刻を取得

はじめに、IF関数を用いてセルT9に所要時間が入力されているかどうかを判定します。入力されている場合は「開始時刻＋所要時間」で終了時刻を表示し、所要時間が入力されていない場合は空白を表示します。

●IF関数の条件式に応じて、終了時刻（セルAC9）の表示内容を分ける

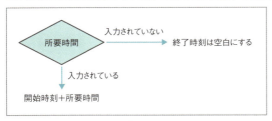

「T9<>""」の中にある「<>」は、「〜ではない」という意味です。また、ダブルクォーテーションが2つ連なった「""」は、空白である（文字が1つも入っていない）ことを表します。したがって、「T9<>""」は、「T9セルの値が空白ではない」、すなわち「T9セルに何らかの値が入っている」という意味になります。

●T9セルが空白でない（値が入っている）場合

T9<>""

T9セルの値を時間に変換するTIME関数の引数は、それぞれ時・分・秒を表します (p.165)。今回は所要時間を分単位で入力するため、1番目と3番目の引数にはあらかじめ0を設定しておき、2番目の引数のみT9セルから取得します。

● 分のみ取得する

```
TIME(0,T9,0)
```

Memo
もしTIME関数を使わず、開始時刻X9に所要時間T9をそのまま足してしまったら場合、T9の「45」という数値は「日数」として扱われてしまいます。時刻に45日を足しても、時刻は変わりませんよね。「45」という数値が「分」を表すということをExcelに伝えてあげるには、TIME関数を使わないといけないのです。

　続けて、開始時刻を求める数式を作成します。はじめに、所要時間が入力されているかどうかをIF関数で判定し、未入力の場合は開始時刻を空白にします。
　所要時間が入力されている場合、開始時刻は前の議題の終了時刻と一致するはずですので、1つ上の行のAC列のセルから取得します。なお、1番目の議題の場合は前の議題の終了時刻が存在しない (AC8="") ため、会議の開始時刻 (N2) を取得します。

次の数式をセルX9に入力します。

● 議題の開始時刻を取得

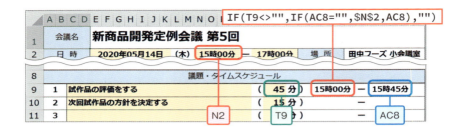

　先ほどの終了時刻では、所要時間の有無のみをチェックしていましたが、ここでは更に、前の議題の終了時刻の有無も調べる必要があります。IF関数の中にもう1つIF関数が入っています。

●IF関数の条件式に応じて、開始時刻（セルX9）の表示内容を分ける

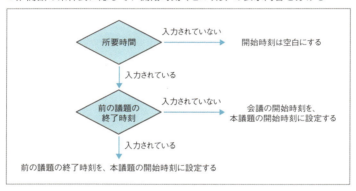

Memo
関数や条件分岐が組み合わさった数式は長く複雑に見えますが、順番に解きほぐせば何をしているか見えてくるはずです。また、見ているだけではピンとこない数式でも、実際に記述することで自然と理解できることも多いので、「難しそう」と感じた時ほど手を動かしてみることをおすすめします。

　開始時刻、終了時刻を取得する数式が完成しました。最後に、X9セル、AC9セルの数式をそれぞれ、「議題・タイムスケジュール」表の最下行までコピーして完了です。

それぞれの数式を最下行までコピーする。

CHAPTER 03-05 キャッシュフローのグラフを投資対象ごとに分割表示する

ウォーターフォール図

売上分析、経営指標のレポーティングなど、数値の推移や構造を把握する際にはさまざまなグラフや図が使用されます。今回紹介するウォーターフォール図を使うと、売上げやコスト、キャッシュフローなどの構造や内訳を視覚的にわかりやすく表現できます。

今回の課題 営業キャッシュフロー（営業CF）を元手にしてさまざまな投資を行っていることを表現するため、投資キャッシュフロー（投資CF）の構成を表現します。

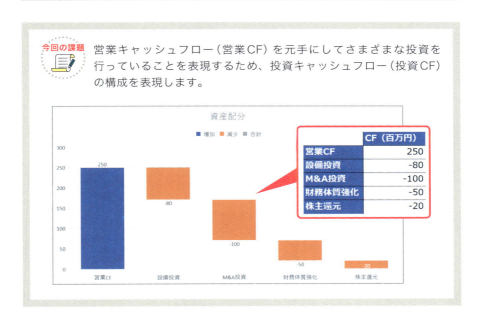

投資CFの内訳をウォーターフォール図で表現する　　03-05.xlsx

　ウォーターフォールは「滝」という意味です。滝の水が上から下へと流れ落ちるように、グラフの前の要素の終点が、次の要素の始点となり、グラフの要素と要素が連続してつながっていく様子を表現することができます。具体的には、1つ目の要素の値が＋100なら、2つ目の要素の始点は100となります。2つ目の要素の値が-50なら、3つ目の要素の始点は50（100-50）となります。

本節では、「資産配分」シートにある営業CFと投資CFを、**ウォーターフォール図**を使って表現します。投資CFは、設備投資、M&A投資、財務体質強化、株主還元という4つの項目で表現されています。

●「資産配分」シート

Memo
キャッシュフローとは、主に企業活動によって得られた収入から、投資や借入などの支出を差し引いて手元に残る資金の流れを指す言葉です。
企業の資金状態を把握するための重要な指標となります。

　「資産配分」シートの表からウォーターフォール図を作成します。次の手順で簡単に作成できます。

●ウォーターフォール図の作成

❶表全体を Ctrl + A で選択する。

❷［挿入］タブ→
［ウォーターフォール図…の挿入］→
［ウォーターフォール図］をクリックする。

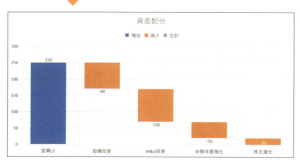

❸ウォーターフォール図が追加された。

Memo
必要に応じて、グラフタイトル（資産配分）やデータラベル（営業CF）、フォントサイズなどを調整できます。

CHAPTER 03 06 「メモ帳」ですばやく製品名を分割する

メモ帳　検索と置換

郵便番号や電話番号、基礎年金番号などに含まれているハイフン「-」や、製品名に含まれる半角スペースで区切って、番号や名称を分割します。ハイフンや半角スペースなどの区切り文字がある位置をFIND関数で見つけ出し、MID関数を使って文字を取り出すこともできますが、メモ帳を使うとさらに簡単に分割できます。

今回の課題 テレビの製品名は、「ブランド」「型番」「サイズ」で構成されており、これらの情報は半角スペースで区切られています。ここでは、関数の代わりにメモ帳を使って文字列を分割します。

関数を使わずに文字列を分割する

03-06.xlsx

　製品名をメモ帳にコピーし、半角スペースをタブ文字に置換してからExcelに戻します。慣れてくると一連の作業が15秒ほどで終わるようになりますので、ショートカットキーの練習も兼ねてやってみてください。

●「製品名」シート

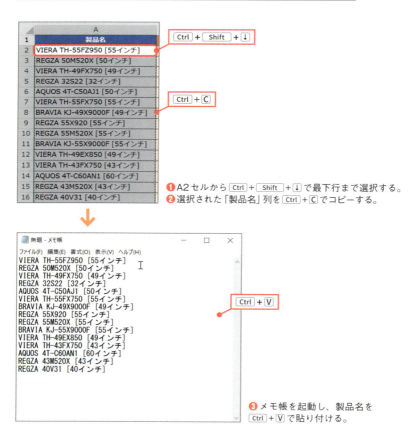

❶ A2セルから Ctrl + Shift + ↓ で最下行まで選択する。
❷ 選択された「製品名」列を Ctrl + C でコピーする。

❸ メモ帳を起動し、製品名を Ctrl + V で貼り付ける。

03-06 「メモ帳」ですばやく製品名を分割する

[Ctrl]+[H]でメモ帳の［置換］ダイアコグを表示します。［検索する文字列］と
［置換後の文字列］をそれぞれ指定して［すべて置換］を押すと、文字列をまと
めて変更することができます。

❹［検索する文字列］に半角スペース
を入力する。

［検索する文字列］に半角スペースを入力したら、メモ帳上の任意の場所で
[Tab]を押してタブ文字を入力し、入力したタブ文字を切り取って［置換後の文
字列］に貼り付けます。

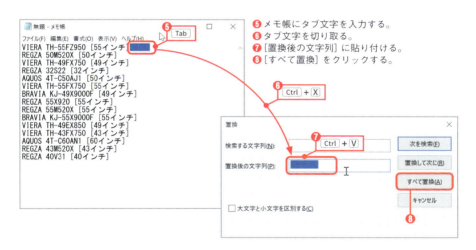

❺メモ帳にタブ文字を入力する。
❻タブ文字を切り取る。
❼［置換後の文字列］に貼り付ける。
❽［すべて置換］をクリックする。

Memo
［置換後の文字列］欄で[Tab]を押すと、「次の項目に移動する」ショートカットキーとみなされ、［大文字
と小文字を区別する］のチェック欄にフォーカスが移動してしまうため、メモ帳でタブ文字を入力して、
それをコピー&ペーストしています。

製品名に含まれている半角スペースがすべてタブ文字に変わりました。これを全選択して「製品名」シートのB2セルに貼り付けると、「ブランド名」「型番」「サイズ」がそれぞれ所定の欄に入ります。

❾タブ文字で区切った製品名を Ctrl + A で全選択する。
❿ Ctrl + X で切り取る。

Memo
使用後のメモ帳は Alt + F4 で終了できます。

⓫B2セルを選択し、Ctrl + V で貼り付ける。

⓬タブ文字で区切った単位で別々のセルに格納される。

CHAPTER 03 07 VLOOKUPを使いこなして高度な検索を行う

(VLOOKUP関数)

02-12節で、VLOOKUP関数を学習しました。p.124では1つの項目を検索しましたが、実際の業務では、「商品名だけでなく型番も一致するデータ」のように、より複雑な条件で項目を探すケースが多々あります。本節では、商品単価表から「商品」「種類」「仕様年月」の3項目が一致する場合に、その商品の単価を取得する例から学習していきましょう。

今回の課題　「商品単価表」シートから、「購入履歴」シートの「商品」「種類」「仕様年月」を条件にして検索します。一致する商品が見つかった場合、「商品単価表」シートから単価を取得し、「購入履歴」シートに転記します。

	A	B	C	D	E	F	G
1	購入日	商品	種類	仕様年月	単価	本数	料金
2	2019/12/1	タイヤ	ウルトラソフト	2019/11	1,080,000	5	5,400,000
3	2019/12/1	タイヤ	ソフト	2019/11	1,110,000	5	5,550,000
4	2020/1/20	タイヤ	ミディアム	2019/11	480,000	5	2,400,000
5	2020/2/10	タイヤ	ハード	2019/11	670,000	5	3,350,000
6	2020/2/15	タイヤ	ハード	2020/02	745,000	5	3,725,000
7	2020/3/2	タイヤ	ハイパーソフト	2020/02	1,228,000	5	6,140,000
8	2020/3/2	タイヤ	スーパーソフト	2020/02	715,000	5	3,575,000
9	2020/6/5	タイヤ	ソフト	2020/05	1,266,000	5	6,330,000
10	2020/6/5	タイヤ	ミディアム	2020/05	498,000	5	2,490,000
11	2020/6/5	タイヤ	ハード	2020/05	774,000	5	3,870,000

	A	B	C	D
1	商品	種類	仕様年月	単価
2	タイヤ	ハイパーソフト	2019/11	1,140,000
3	タイヤ	ウルトラソフト	2019/11	1,080,000
4	タイヤ	スーパーソフト	2019/11	620,000
5	タイヤ	ソフト	2019/11	1,110,000
6	タイヤ	ミディアム	2019/11	480,000
7	タイヤ	ハード	2019/11	670,000
8	タイヤ	スーパーハード	2019/11	330,000

「購入履歴」シート
「商品単価表」シート

3つの条件でデータを取得する　　📥 03-07.xlsx

今回使用するのは、「購入履歴」シートと、「商品単価表」シートの2つです。「購入履歴」シートの<mark>「商品」「種類」「仕様年月」</mark>をキー項目として、「商品単価表」シートから一致するデータを探します。

📋 下準備：複数のキー項目を1つにまとめる

VLOOKUP関数では、検索のキー項目として指定できる値は1つだけでした。しかし、今回はキー項目が3つあるため、そのままでは値を検索できません。ここでは、「購入履歴」シートに作業用の列を追加し、3つのキー項目をつなげて利用します。

●VLOOKUP関数の引数

VLOOKUP(探す値,範囲,範囲内の列番号,FALSE)

　　　　　　指定できるキー項目は1つだけ

「購入履歴」シートに「キー項目」列と「単価」列を追加します。

●「購入履歴」シート

	A	B	C	D	E	F
1	購入日	商品	種類	仕様年月	本数	料金
2	2019/12/1	タイヤ	ウルトラソフト	2019/11	5	
3	2019/12/1	タイヤ	ソフト	2019/11	5	
4	2020/1/20	タイヤ	ミディアム	2019/11	5	
5	2020/2/10	タイヤ	ハード	2019/11	5	

	A	B	C	D	E	F	G	H
1	購入日	商品	種類	仕様年月	キー項目	単価	本数	料金
2	2019/12/1	タイヤ	ウルトラソフト	2019/11			5	
3	2019/12/1	タイヤ	ソフト	2019/11			5	
4	2020/1/20	タイヤ	ミディアム	2019/11			5	
5	2020/2/10	タイヤ	ハード	2019/11			5	

作成した「単価」列は［セルの書式設定］から表示形式を「数値（桁区切りを使用する）」に変更しておいてください。

E2セルに数式「=B2&C2&D2」を入力し、フィルハンドルをダブルクリックして表の最下行までコピーします。

「キー項目」列に「商品」「種類」「仕様年月」を連結した値が入る。

Memo
数式「=A2&B2&C2」の戻り値の中に、「43770」といった数値が見られます。これは、日付が数値として表現されたものです。
日付「1900/1/1」は「1」で、以降の日付は順番に採番されます。

「商品単価表」シートに切り替え、こちらにも「キー項目」列を追加します。

●「商品単価表」シート

	A	B	C	D
1	商品	種類	仕様年月	単価
2	タイヤ	ハイパーソフト	2019/11	1,140,000
3	タイヤ	ウルトラソフト	2019/11	1,080,000
4	タイヤ	スーパーソフト	2019/11	620,000

↓

	A	B	C	D	E
1	商品	種類	仕様年月	キー項目	単価
2	タイヤ	ハイパーソフト	2019/11		1,140,000
3	タイヤ	ウルトラソフト	2019/11		1,080,000
4	タイヤ	スーパーソフト	2019/11		620,000

D2セルに数式「=A2&B2&C2」を入力し、フィルハンドルをダブルクリックして表の最下行までコピーします。

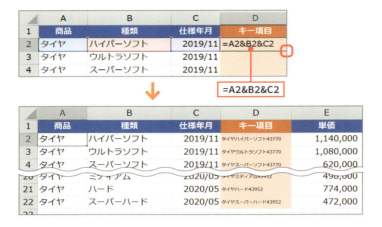

Memo
「キー項目」列は、取得したい値（今回の例でいうと、単価）の左側に作成しましょう。そうしないと、VLOOKUP関数で値を取得できません。
今回使用する商品単価表は、商品、種類、仕様年月、単価という順番に列が並んでいます。取得したいのは単価なので、「キー項目」列は単価より左側の列に作成します。

　両方のシートに「キー項目」列が追加されました。これで、VLOOKUP関数を使える状態になりました。

📋 VLOOKUP関数で単価を取得する

　「購入履歴」シートに切り替え、先に追加した「単価」列に数式を記入します。F2セルに数式「=VLOOKUP(E2,商品単価表!D:E,2,FALSE)」を入力し、数式を表の最下行までコピーすれば完成です。

03-07 VLOOKUPを使いこなして高度な検索を行う

=VLOOKUP(E2,商品単価表!D:E,2,FALSE)

　　　　　　　探す値　　　検索範囲　　取得列番号

探す値　　：タイヤハイパーソフト43862
検索範囲　：「商品単価表」シートのD:E列
取得列番号：値が見つかった場合、検索範囲の何列目から取得するかを指定

　例えば「購入履歴」シートの7行目にあるキー項目から、どのように単価を取得しているかの流れを示したのが下図です。7行目のキー項目と一致する値を「商品単価表」シートのキー項目の一覧の中から探し出し、その右横にある単価を、「購入履歴」シートに持ってきています。なんとなく意味をつかめると、VLOOKUP関数が得意になってくるはずです。

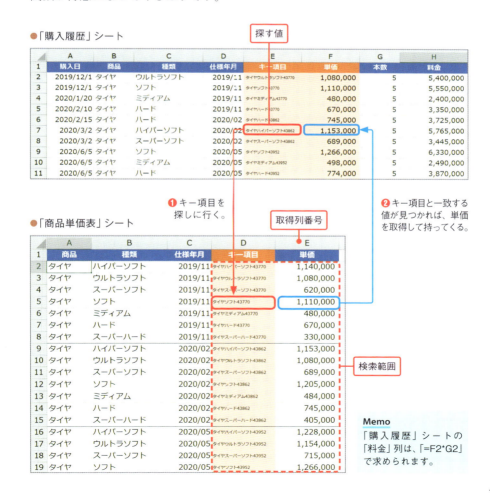

●「購入履歴」シート

●「商品単価表」シート

❶キー項目を探しに行く。

❷キー項目と一致する値が見つかれば、単価を取得して持ってくる。

Memo
「購入履歴」シートの「料金」列は、「=F2*G2」で求められます。

CHAPTER 03　実践テク＋活用ワザ

179

CHAPTER 03/08 集計期間を自在に調整する

集計の設定　IF関数　YEAR関数　MONTH関数　DAY関数

売上やコストの締め日は10日締め、20日締め、月末締めなど会社によって異なります。Excelを使うと、締め日の違いにも柔軟に対応することができます。月末締めは比較的簡単ですが、10日締めや20日締めはちょっとした工夫が必要になります。本節では、20日締めで集計する方法を学習します。

今回の課題

勤務データに記載されている「勤務日」の日付が20日までであれば当月、21日以降であれば翌月として人件費を集計します。関数を組み合わせて勤務データを月次でグループ化し、Excelの集計機能を使ってグループ別に集計します。

	A	B	C	D	E
1	勤務日	氏名	勤務時間	時給	日給
2	2020/1/10	松本 旭	10	1,200	12,000
3	2020/1/11	市川 大雅	7	2,300	16,100
4	2020/1/13	小松 大晴	7	2,800	19,600
5	2020/1/15	今井 樹	9	1,600	14,400
6	2020/1/19	山本 ひなた	10	1,700	17,000
7	2020/1/25	荒木 葉月	9	1,900	17,100
8	2020/1/25	山田 葵	9	2,000	18,000

月次集計用の「年月」列を追加して月次の小計を求めます。

	A	B	C	D	E	F
1	年月	勤務日	氏名	勤務時間	時給	日給
7	**2020/1 集計**					79,100
8	2020/2	2020/1/25	荒木 葉月	9	1,900	17,100
9	2020/2	2020/1/25	山田 葵	9	2,000	18,000
10	2020/2	2020/2/8	吉田 愛莉	10	2,600	26,000
11	2020/2	2020/2/8	西村 琴葉	7	2,400	16,800
12	2020/2	2020/2/9	高橋 すず	10	1,400	14,000
13	2020/2	2020/2/14	後藤 花音	8	1,000	8,000
14	2020/2	2020/2/15	小田 凜花	8	2,000	16,000
15	2020/2	2020/2/17	柴田 航大	8	2,900	23,200
16	2020/2	2020/2/19	原 航	7	1,300	9,100
17	2020/2	2020/2/19	古川 大和	6	1,100	6,600
18	**2020/2 集計**					154,800
26	**2020/3 集計**					122,600

勤務データを月次でグループ化して集計する

⬇03-08.xlsx

勤務日で月次を判定する

例えば、2020年2月の人件費を月次集計するとします。今回は20日締めですので、集計期間は次図（黄色で塗った部分）のようになります。

●2月の集計期間（20日締め）

2020年　1月

日	月	火	水	木	金	土
29	30	31	1	2	3	4
5	6	7	8	9	10	11
12	13	14	15	16	17	18
19	20	21	22	23	24	25
26	27	28	29	30	31	1

2020年　2月

日	月	火	水	木	金	土
26	27	28	29	30	31	1
2	3	4	5	6	7	8
9	10	11	12	13	14	15
16	17	18	19	20	21	22
23	24	25	26	27	28	29

「人件費」シートの勤務日から月次を判定します。表の左端に「年月」列を追加し、「2020/1」のように年月を表示するよう数式を作成します。

●「人件費」シート

	A	B	C	D	E
1	勤務日	氏名	勤務時間	時給	日給
2	2020/1/10	松本 旭	10	1,200	12,000
3	2020/1/11	市川 大雅	7	2,300	16,100
4	2020/1/13	小松 大晴	7	2,800	19,600
5	2020/1/15	今井 樹	9	1,600	14,400

	A	B	C	D	E	F
1	年月	勤務日	氏名	勤務時間	時給	日給
2		2020/1/10	松本 旭	10	1,200	12,000
3		2020/1/11	市川 大雅	7	2,300	16,100
4		2020/1/13	小松 大晴	7	2,800	19,600
5		2020/1/15	今井 樹	9	1,600	14,400

20日締めを数式で表すには、「勤務日が20日より後なら翌月、そうでなければ当月」という条件式を利用します。A2セルに数式を記入するのですが、数式が長くなるため、まずは感覚的に理解しやすいように、日本語を織り交ぜて数式を書いてみます。（それぞれの引数の下方に、正しい数式を記載しています。）

●20日締めの場合の年月を取得する

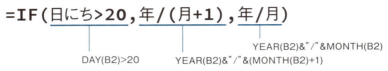

　勤務日（B2）の日付が20より後であれば、勤務日から年、月をそれぞれ取得し、月に1を加えて翌月扱いにします。日付が20以下であれば、勤務日から取得した年月をそのまま表示します。

　A2セルに「=IF(DAY(B2)>20,YEAR(B2)&"/"&(MONTH(B2)+1),YEAR(B2)&"/"&MONTH(B2))」を入力し、 Enter を押します。

　数式が完成したら、フィルハンドルで最下行までコピーしてください。「勤務日」が20日まで当月、21日以降は翌月として表示されます。

03-08 集計期間を自在に調整する

グループごとに集計する

Excelの集計機能を使って月次ごとの人件費を計算します。A2セルを選択した状態で［データ］タブの［小計］をクリックすると、[集計の設定]ダイアログが表示されます。

［集計の設定］の設定内容は次のとおりです。

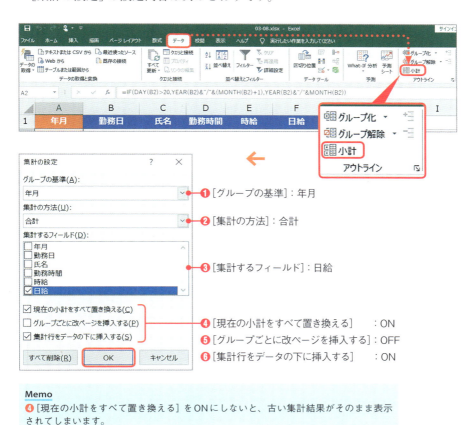

Memo
❹［現在の小計をすべて置き換える］をONにしないと、古い集計結果がそのまま表示されてしまいます。

各項目を設定して［OK］をクリックすると完成です。左上にレベル（［1］［2］［3］、p.64）が表示されます。

レベルで表示を切り替えられる

	A	B	C	D	E	F
1	年月	勤務日	氏名	勤務時間	時給	日給
2	2020/1	2020/1/10	松本 旭	10	1,200	12,000
3	2020/1	2020/1/11	市川 大雅	7	2,300	16,100
4	2020/1	2020/1/13	小松 大晴	7	2,800	19,600
5	2020/1	2020/1/15	今井 樹	9	1,600	14,400
6	2020/1	2020/1/19	山本 ひなた	10	1,700	17,000
7	**2020/1 集計**					79,100
8	2020/2	2020/1/25	荒木 葉月	9	1,900	17,100
9	2020/2	2020/1/25	山田 葵	9	2,000	18,000
10	2020/2	2020/2/8	吉田 愛莉	10	2,600	26,000
11	2020/2	2020/2/8	西村 琴葉	7	2,400	16,800
12	2020/2	2020/2/9	高橋 すず	10	1,400	14,000
13	2020/2	2020/2/14	後藤 花音	8	1,000	8,000
14	2020/2	2020/2/15	小田 凛花	8	2,000	16,000
15	2020/2	2020/2/17	柴田 航大	8	2,900	23,200
16	2020/2	2020/2/19	原 航	7	1,300	9,100
17	2020/2	2020/2/19	古川 大和	6	1,100	6,600
18	**2020/2 集計**					154,800
19	2020/3	2020/2/23	坂本 寛太	10	2,600	26,000
20	2020/3	2020/2/23	黒田 陽仁	6	1,700	10,200
21	2020/3	2020/3/17	小川 花	9	1,300	11,700

	A	B	C	D	E	F
1	年月	勤務日	氏名	勤務時間	時給	日給
7	**2020/1 集計**					79,100
18	**2020/2 集計**					154,800
26	**2020/3 集計**					122,600
39	**2020/4 集計**					199,500
49	**2020/5 集計**					157,100
57	**2020/6 集計**					110,000
63	**2020/7 集計**					85,500
77	**2020/8 集計**					210,900
83	**2020/9 集計**					73,900
91	**2020/10 集計**					122,000
96	**2020/11 集計**					70,500
98	**2020/12 集計**					12,600

Memo
作成した小計を削除するには、[集計の設定] ダイアログの [すべて削除] をクリックします。

184

CHAPTER 03 09 大量のデータを比較してもれなく差異を見つけ出す

IF関数

同じフォーマットで出力された2つのデータの差異を確認します。この業務の例として、会社のシステムから異なる時点の仕入・出荷データを出力して差分をチェックする場合や、会社で管理している支払データと他社で管理している請求データを突き合わせて確認する場合などが考えられます。こうした作業はExcelの得意分野ですので、人の目で調べるよりも早く、正確に差異を見つけることができます。

今回の課題 IF関数を用いて、異なる日に出力された2つの出荷予定データを比較します。一方の出荷予定数から他方の出荷予定数を引き、0にならなかった（差異が見つかった）箇所はその差分を表示します。

上：「出力1」シート＆「出力2」シート
下：「差異」シート（途中で追加する）

2つのデータの差分を表示

2つの出荷予定データを比較し、差分を明示する　　03-09.xlsx

　先月の出荷予定データ「出力1」と、今月の出荷予定データ「出力2」の2つのシートがあります（一見同じように見えますが、異なるデータです）。
　ここに「差異」シートを追加して2つの出荷予定データを比較します。

●「出力1」シート（先月の出荷予定データ）

	A	B	C	D	E	F	G
1	製品	4月	5月	6月	7月	8月	9月
2	TH-55FZ950	2,300	2,100	1,900	1,900	1,700	2,400
3	50M520X	1,800	2,200	1,900	2,300	1,800	2,800
4	TH-49FX750	1,800	2,200	2,300	1,900	2,400	2,200
5	32S22	1,800	2,100	2,400	2,300	2,400	2,100
6	4T-C50AJ1	1,700	2,300	2,100	2,000	2,300	1,800
7	TH-55FX750	2,200	1,900	2,200	1,600	2,400	2,400
8	KJ-49X9000F	2,300	2,300	1,600	1,700	1,600	1,700
9	55X920	2,200	2,000	2,400	1,900	1,500	2,300
10	55M520X	2,200	2,100	1,900	2,100	1,800	2,300

●「出力2」シート（今月の出荷予定データ）

	A	B	C	D	E	F	G
1	製品	4月	5月	6月	7月	8月	9月
2	TH-55FZ950	2,300	2,100	1,900	1,900	1,700	2,400
3	50M520X	1,800	2,200	1,900	2,400	1,800	2,400
4	TH-49FX750	1,800	2,300	2,300	1,700	2,400	2,200
5	32S22	1,800	2,100	2,400	2,300	2,400	2,100
6	4T-C50AJ1	1,700	2,300	2,100	2,000	2,300	1,500
7	TH-55FX750	2,200	1,900	2,200	1,500	2,100	2,400
8	KJ-49X9000F	2,300	2,300	1,600	1,700	1,600	1,700
9	55X920	2,400	2,000	2,400	1,900	1,500	2,300
10	55M520X	2,200	2,300	1,900	2,100	1,800	2,300

　「差異」シートは、「出力2」シートをコピーして作成します。

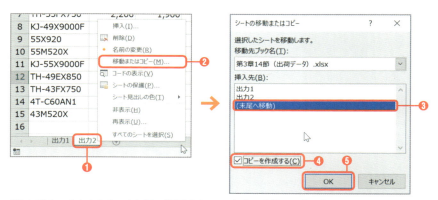

「出力2」シートを右クリックし❶、［移動またはコピー］を選択する❷。［シートの移動またはコピー］ダイアログで［末尾へ移動］を選択し❸、［コピーを作成する］にチェックを入れ❹、［OK］をクリックする❺。

03-09 大量のデータを比較してもれなく差異を見つけ出す

　コピーしたシートの名前を「差異」に変更し、B2:G15の出荷予定データを削除します。

　Ctrl + End でデータ範囲の末尾（G15）を選択し、 Shift を押しながらB2を選択するとデータ範囲が選択されるので、そのまま Delete を押すと4月〜9月の出荷予定データがクリアされます。

	A	B	C	D	E	F	G
1	製品	4月	5月	6月	7月	8月	9月
2	TH-55FZ950						
3	50M520X						
4	TH-49FX750						
5	32S22						
6	4T-C50AJ1						
7	TH-55FX750						
8	KJ-49X9000F						
9	55X920						
10	55M520X						
11	KJ-55X9000F						
12	TH-49EX850						
13	TH-43FX750						
14	4T-C60AN1						
15	43M520X						
16							
17							

出力1 | 出力2 | 差異

Memo
単にシートを挿入するのではなく、わざわざ元データのシートをコピーする理由は、データの終点（最下行、最右列）がわかりやすくなる、というメリットがあるからです。
終点にジャンプするときは Ctrl + End （ノートパソコンの場合は Ctrl + Fn + End ）で一発ですし、書式が同じになるため視覚的にも見やすくなります。
シートを新規作成した場合、差異の表を作るときに、何行目・何列目まで数式を入れればよいかを事前に確認しないといけなくなります。この確認作業は意外と面倒です。

　下準備ができたところで、「差異」シートのB2セルに差分をチェックする数式「=IF(出力1!B2<>出力2!B2,出力2!B2-出力1!B2,"")」を入力します。

●「出力1」シートと「出力2」シートの値を比較する

=IF(出力1!B2<>出力2!B2,出力2!B2-出力1!B2,"")

出力1と出力2のB2セルの値が異なる場合　　　　　今月-先月　　　　空白

187

先月と今月の出荷予定数を比較して、一致しない場合は「今月-先月」で差分を表示し、一致する場合は空白を表示します。

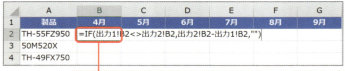

B2セルの数式を、セルG15までコピーして完成です。
「出力1」シートと「出力2」シートの差分がひと目でわかるようになりました。

 マイナス値を赤字にする

セルの書式設定で、マイナスの数値を赤字で表示できます。シート全体を選択して［セルの書式設定］を開き、以下のように設定を変えます。

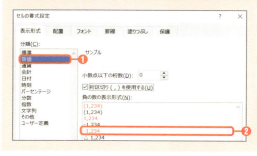

［表示形式］タブの［分類］から［数値］を選択すると❶、右側に［負の数の表示形式］が表示される。そこで、赤字の「-1,234」を選択する❷。

CHAPTER 03 10 カレンダーの休日を自動で色分けする

条件付き書式 / COUNTIFS関数 / TEXT関数 / IF関数

工程表やWBSなどのカレンダーを作成するとき、土曜日の文字は青、日曜と祝日の文字は赤、というように、土日祝日が識別しやすいよう色を付けることが多いです。本節では、工程カレンダーを題材に、土日祝日の色分けが自動的に行われるように設定する方法を学習します。自動的に色分けが行われると、カレンダーの日付を増やすとき、色分けの手作業がなくなって大変便利です。

今回の課題 条件付き書式を使って工程カレンダーの休日に色を付けます。祝日は「祝日一覧」シートを参照して判定します。（※日程のオレンジ線は、あらかじめ塗られているものとします。）

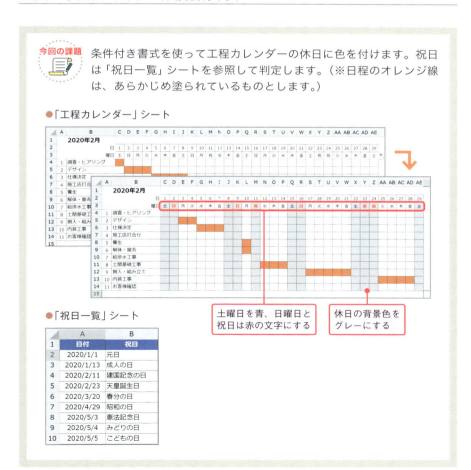

● 「工程カレンダー」シート

● 「祝日一覧」シート

土曜日を青、日曜日と祝日は赤の文字にする

休日の背景色をグレーにする

工程カレンダーを色分けする

📥 03-10.xlsx

　工程カレンダーに日付を入力し、日付から曜日を取得します。もし祝日に該当する場合は曜日を「祝」と表示します。次に、取得した曜日が「土」なら文字の色を青に、「日」または「祝」なら赤字にします。最後に、曜日が土日祝に該当する列をグレーアウトします。

　ここでは、「工程カレンダー」シートと「祝日一覧」シートの2つを使用します。

工程カレンダーの日付を入力する

　工程カレンダーに日付を入れていきます。はじめに、2行目（「日」が入る行）を選択し、Ctrl + 1 で［セルの書式設定］を開き、日付の表示形式を指定します。

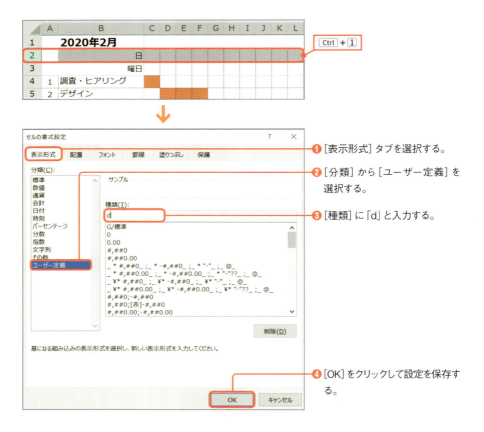

❶ ［表示形式］タブを選択する。

❷ ［分類］から［ユーザー定義］を選択する。

❸ ［種類］に「d」と入力する。

❹ ［OK］をクリックして設定を保存する。

03-10 カレンダーの休日を自動で色分けする

日付の表示を変更する

日付の表示形式については、年は「yyyy」、月は「m」、日は「d」と覚えておきましょう。これらの設定は組み合わせて使うことも可能で、例えば次のような表示ができます。
- 年月日を表示→yyyy/m/d　2020/2/1
- 年月だけ表示→yyyy/m　　2020/2
- 月日だけ表示→m/d　　　　2/1

工程カレンダーの2行目の書式を設定したら、日付を入力しましょう。C2セルに「2020/2/1」と入力し、右端の列までドラッグします。

表示形式の設定により、日にちのみが表示される。

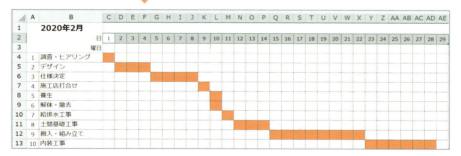

Memo
のちほど祝日かどうかをチェックするときに年月の情報が必要なので、値としては「2020/2/1」と入力しますが、そのまま表示すると表が横に伸びて見づらくなってしまうため、表示形式を日にちのみに変更しています。

工程カレンダーに曜日を追加する

工程カレンダーの3行目に曜日を表示します。2行目の日付が別シート「祝日一覧」シートの日付と一致すれば「祝」を、そうでなければ曜日を表示します。
　祝日と一致するかの判定は**COUNTIFS関数**（p.115）、曜日の取得は**TEXT関数**（p.101）を用いて行います。

191

●日付が祝日かそうでないかでC3セルの表示を分ける

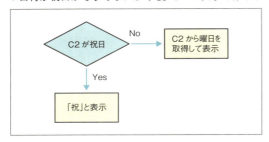

　数式「=IF(COUNTIFS(祝日一覧!$A:$A,C2)>0,"祝",TEXT(C2,"aaa"))」をC3セルに入力します。

　COUNTIFS関数で「祝日一覧」シートのA列と、「工程カレンダー」シートのC2セルの日付が一致する数を調べ、1以上（一致する）なら「祝」という文字を表示し、0（一致なし）の場合はTEXT関数でC2セルの日付から曜日を抽出して表示します。

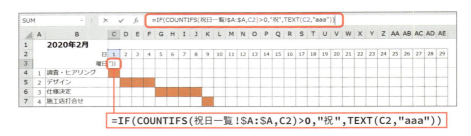

　C3セルの数式を表の右端までコピーし、月末まで曜日を表示します。

条件付き書式で土日祝の文字色と背景色を変える

工程カレンダーに入力された曜日をもとに、条件付き書式を設定します。設定する書式ルールは次の4つです。

1．曜日が「土」の場合、文字色を青に変更する
2．曜日が「日」の場合、文字色を赤に変更する
3．曜日が「祝」の場合、文字色を赤に変更する
4．曜日が「土」「日」「祝」いずれかの場合、背景色をグレーに変更する

はじめに、曜日の文字色を設定するルール1～3を作成します。工程カレンダーの3行目を選択した状態で、[ホーム]タブの[条件付き書式]→[ルールの管理]で[条件付き書式ルールの管理]ダイアログを表示し、[新規ルール]をクリックします。

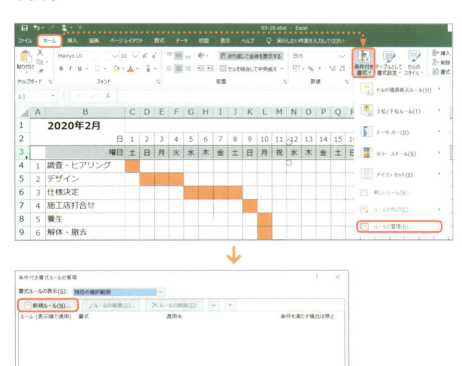

［新しい書式ルール］ダイアログが開きます。ルールの種類を**「指定の値を含むセルだけを書式設定」**、ルールの内容を**「セルの値」「次の値に等しい」「土」**として、［書式］から文字色を青に設定します。

● 新しい書式ルール

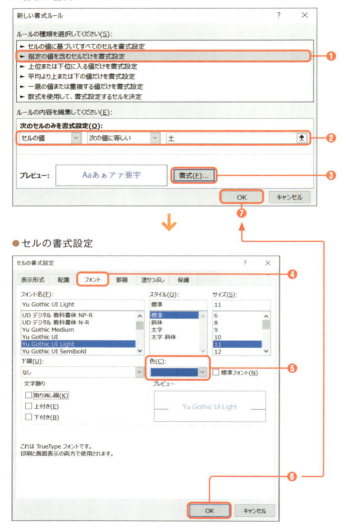

● セルの書式設定

　［新しい書式ルール］ダイアログにて、ルールの種類を［指定の値を含むセルだけを書式設定］に変更し❶、ルールの内容を「セルの値」「次の値に等しい」「土」とし❷、［書式］をクリックする❸。［セルの書式設定］ダイアログが開くので、［フォント］タブをクリックし❹、色を青に変更して❺、[OK] をクリックする❻。［新しい書式ルール］ダイアログに戻るので、[OK] をクリックする❼。

これで、土曜日なら文字色が青になります。適用先が「=$3:$3」になっていることを確認したら、[適用]で保存してから[新規ルール]をクリックし、2番目、3番目のルールも設定します。

　「セルの値」「次の値に等しい」「日」→赤、「セルの値」「次の値に等しい」「祝」→赤、と日曜日と祝日についてもルールを設定し、[OK]で保存します。

　土曜日は青い文字、日曜日と祝日は赤い文字で表示されます。

続けて、4番目のルールを追加します。曜日が「土」「日」「祝」の列をグレーアウトします。

対象となる「工程カレンダー」の3行目から最下行を選択した状態で、1〜3番目のルールと同様に［条件付き書式］→［ルールの管理］を表示します。

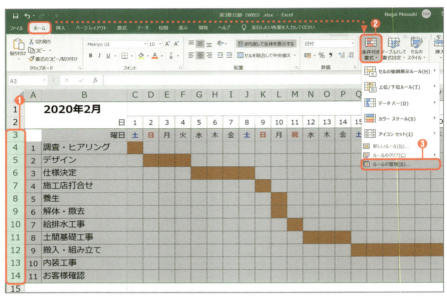

3〜14行目を選択し❶、［ホーム］タブの［条件付き書式］をクリックして❷、［ルールの管理］をクリックする❸。

［新規ルール］をクリックして書式ルールを追加します。ここでは、[数式を使用して、書式設定するセルを決定]を選択し、数式「=OR(A$3="土", A$3="日", A$3="祝")」と入力します。

［新規ルール］をクリックする。

03-10 カレンダーの休日を自動で色分けする

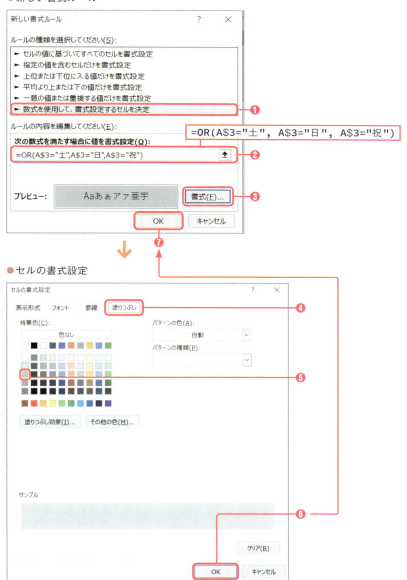

[新しい書式ルール] ダイアログにて、ルールの種類を [数式を使用して、書式設定するセルを決定] に変更し❶、数式に「=OR(A$3="土", A$3="日", A$3="祝")」を入力して❷、[書式] をクリックする❸。[セルの書式設定] ダイアログが開くので、[塗りつぶし] タブをクリックし❹、背景色をグレーに変更して❺、[OK] をクリックする❻。[新しい書式ルール] ダイアログに戻るので、[OK] をクリックする❼。

背景色を設定する書式ルールが追加されました。適用先が「=$3:$14」であることを確認し、[OK]をクリックします。

　土日と祝日の背景色がグレーアウトされていれば完成です。

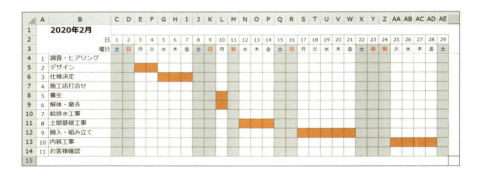

CHAPTER 03 11

売上グラフの中に目標値を表示する

グラフ　近似曲線

グラフを作成する目的は、現状の把握と今後のアクションを考えることです。本節では、経営企画部で作成するレポートを題材に、期間中の売上に「目標値」の線を加えて、現状と目標をセットで確認できるグラフを作成します。

今回の課題　「売上実績」シートの表から棒グラフを作成します。その後、売上目標を示す直線を作成します。

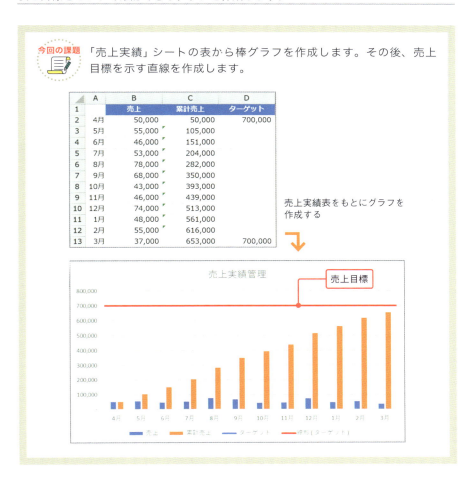

売上実績と目標が含まれるグラフを作成する

📥 03-11.xlsx

　Excelでは、さまざまな種類のグラフを簡単に作成できます。項目ごとに表示形式を変更することも可能です。今回は「売上実績」シートの表から棒グラフを作成し、目標値である「ターゲット」のみ折れ線グラフに変更してから、近似曲線を使って見た目を調整します。

表から縦棒グラフを作成する

　「売上実績」シートの表から棒グラフを作成します。表内の任意の位置で Ctrl + A を押して表全体を選択してから、[挿入]タブの **[縦棒／横棒グラフの挿入]→[集合縦棒]** をクリックします。

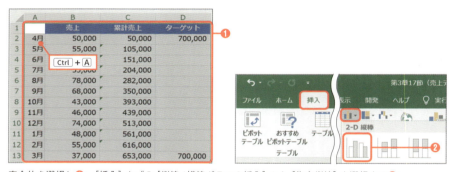

表全体を選択し❶、[挿入]タブの[縦棒／横棒グラフの挿入]から[集合縦棒]を選択する❷。

　売上実績の棒グラフが作成されました。「ターゲット」は元の表の4月と3月にのみ記入されているため、グラフ上も同様に両端だけに表示されています。

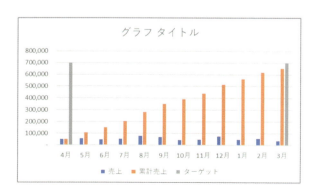

ターゲットを折れ線に変更する

「ターゲット」を各月の「売上」や「売上累計」と比較しやすいよう、表示形式を変更します。現状はすべて縦棒グラフで表示されていますが、「ターゲット」のみ折れ線グラフにします。

グラフを選択した状態で、[デザイン]タブの **[グラフの種類の変更]** から部分的な調整を行うことができます。次の手順で変更してみましょう。

[デザイン]タブの[グラフの種類の変更]をクリックし❶、[グラフの種類の変更]ダイアログを開く。

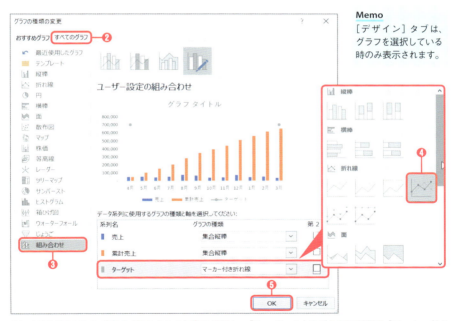

Memo
[デザイン]タブは、グラフを選択している時のみ表示されます。

[すべてのグラフ]タブ❷の[組み合わせ]❸を選択し、「ターゲット」のグラフの種類を[マーカー付き折れ線]❹に設定して[OK]で保存する❺。

「ターゲット」の表示が変更されました。

続けて、グラフを選択したまま、[デザイン]タブの[データの選択]をクリックし、[データ ソースの選択]ダイアログを表示します。

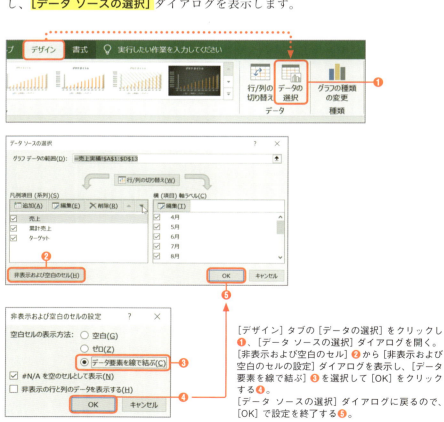

[デザイン]タブの[データの選択]をクリックし❶、[データ ソースの選択]ダイアログを開く。
[非表示および空白のセル]❷から[非表示および空白のセルの設定]ダイアログを表示し、[データ要素を線で結ぶ]❸を選択して[OK]をクリックする❹。
[データ ソースの選択]ダイアログに戻るので、[OK]で設定を終了する❺。

「ターゲット」が直線で表示され、完成形に近付いてきました。

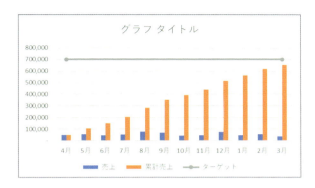

ターゲットの表示調整と近似曲線の追加

「ターゲット」の両端の○（マーカー）を取り除き、グラフの色を青に変更した後、[近似曲線]を追加して目盛りの両端まで表示を延長します。

「ターゲット」のグラフをダブルクリックすると、画面の右側に[データ要素の書式設定]が表示されるため、そこから色の変更などを行います。

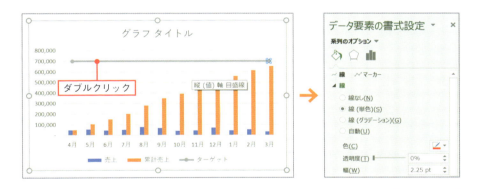

Memo
「ターゲット」のグラフを右クリックして［データ系列の書式設定］をクリックする方法もあります。

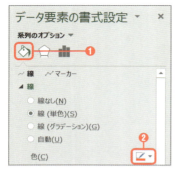 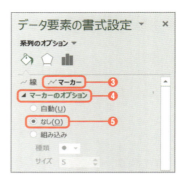

塗りつぶしアイコンを選択して❶、線の色を赤色に変更します❷。また、[マーカー] ❸ →
[マーカーのオプション] ❹ → [なし] ❺ を選択すると、両端の丸い部分が削除されます。

　「ターゲット」の表示が変わりました。目標線が表示されたので、ここで終わりでもよいのですが、目標線の両端をもう少し伸ばしてレイアウトを整えたい場合は、次に紹介する近似曲線を使ってみてください。

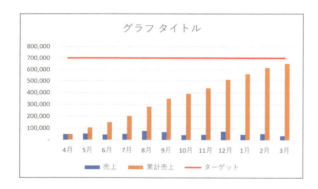

　続けて、近似曲線を追加します。「ターゲット」の線を右クリックして[近似曲線の追加]を選択し、[近似曲線の書式設定]から調整します。

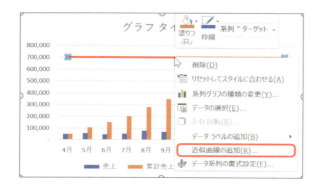

03-11 売上グラフの中に目標値を表示する

近似曲線を使うと、複数のデータの傾向をみて、平均的な線を引くことができます。

●近似曲線

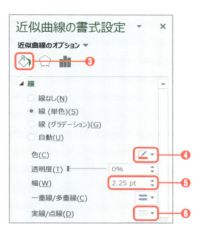

グラフアイコンを選択し❶、［前方補外］と［後方補外］を「0.5」に変更する❷。
塗りつぶしアイコンに切り替え❸、［色］→赤❹、［幅］→2.25❺、［実線/点線］→実線❻、
に変更する。

近似曲線が追加され、目標線が目盛りの両端まで延長されました。グラフタイトルなどを適宜変更すれば完成です。

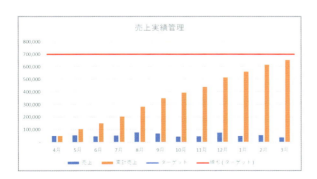

CHAPTER 03 12 ステータス別のグラフで売上予測を管理する

グラフ　近似曲線　SUM関数　IF関数

前節では売上実績と目標を見比べられるグラフを作成しましたが、今回はさらに「売上予測」も管理できるようにします。それぞれの案件を「折衝中」「提案中」「契約済」などのステータスに分けて分析することで、目標達成に向けた効果的なアクションの見極めに繋げることができます。「契約済」になる前の過程も含めて可視化することで、より的確な分析が可能になります。

今回の課題　案件をステータスごとに分類し、それぞれの売上（見込）額を管理します。
- 折衝中：お客様に営業している案件（確度は低い）
- 提案中：お客様に提案している案件（確度は高い）
- 契約済：契約を締結した案件

すべてのステータスの売上（見込）合計額が目標に対して不足している場合はまず折衝中の案件を増やす、見込も含めて売上が確保できてきたら提案中の案件の成約率アップを考える…など、進行中の案件も含めて分析することで、具体的なアクションが取りやすくなります。

206

見込も含めて売上予測を管理する

⬇ 03-12.xlsx

最初に、「売上予測」シートの表から「契約済」の売上累計額を算出します。そこから、目標額に対する不足額（これを「ショート」とよびます）を求め、最後に「折衝中」「提案中」といった確定前の案件も含めて売上予測のグラフを作成します。
（「折衝中」「提案中」「契約済」の月次データは、あらかじめ入力されているものとします。）

●「売上予測」シート

	A	B	C	D	E	F	G
1		折衝中	提案中	契約済	契約済（過去）	ショート	ターゲット
2	4月	202,400	91,200	65,000			700,000
3	5月	196,000	120,000	95,000			
4	6月	212,480	99,840	74,000			
5	7月	221,920	87,360	61,000			
6	8月	206,560	108,480	83,000			
7	9月	194,560	84,480	58,000			
8	10月	90,320	106,560	81,000			
9	11月	86,080	80,640	54,000			
10	12月	41,040	88,320	62,000			
11	1月	22,320	66,560	56,000			
12	2月	-	35,920	72,000			
13	3月	-	-	64,000			700,000

D列：当月の契約金額
E列：前月までの契約金額累計

Memo
金額が入力されているセルの表示形式は、「会計」に設定しています。「会計」にすると、3桁ごとに桁区切りが入り、入力値が0の場合は「-」（ハイフン）が表示されます。

「契約済」の売上額を求める

E列の「契約済（過去）」には、当月以前の契約額を算出します。E2セルに数式「=SUM(D$1:D1)」を入力し、最下行までコピーすると、累計額を求めることができます。

SUM(D$1:D1)
　　　始点　終点

Memo
累計額を求めるため、始点のみ行番号を固定します。

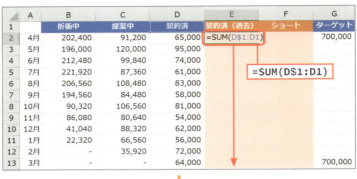

	A	B	C	D	E	F	G
1		折衝中	提案中	契約済	契約済（過去）	ショート	ターゲット
2	4月	202,400	91,200	65,000	-		700,000
3	5月	196,000	120,000	95,000	65,000		
4	6月	212,480	99,840	74,000	160,000		
5	7月	221,920	87,360	61,000	234,000		
6	8月	206,560	108,480	83,000	295,000		
7	9月	194,560	84,480	58,000	378,000		
8	10月	90,320	106,560	81,000	436,000		
9	11月	86,080	80,640	54,000	517,000		
10	12月	41,040	88,320	62,000	571,000		
11	1月	22,320	66,560	56,000	633,000		
12	2月	-	35,920	72,000	689,000		
13	3月	-	-	64,000	761,000		700,000

E2セルの数式を表の最下行までコピーすると、契約済の累計額が表示される。

ターゲットに対する不足額を計算する

F列の「ショート」には、目標値（ターゲット）までに必要な金額を表示します。見込額である「折衝中」「提案中」と、確定した「契約済」「契約済（過去）」をすべて合計した金額を「ターゲット」と比較します。<mark>合計金額が「ターゲット」を下回る場合は差額を表示し、同等かそれ以上の場合は「0」を表示します。</mark>

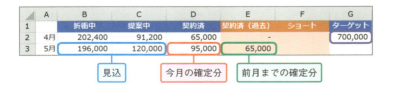

セルF2に、数式「=IF($G$2>SUM(B2:E2),$G$2-SUM(B2:E2),0)」を入力します。先と同様、完成した数式は表の最下行までコピーします。

03-12 ステータス別のグラフで売上予測を管理する

	A	B	C	D	E	F	G	H	I
1		折衝中	提案中	契約済	契約済（過去）	ショート	ターゲット		
2	4月	202,400	91,200	65,000	-	=IF($G$2>SUM(B2:E2),$G$2-SUM(B2:E2),0)			
3	5月	196,000	120,000	95,000	65,000				
4	6月	212,480	99,840	74,000	160,000				
5	=IF($G$2>SUM(B2:E2),$G$2-SUM(B2:E2),0)								
6	8月	206,560	108,480	83,000	295,000				
7	9月	194,560	84,480	58,000	378,000				
8	10月	90,320	106,560	81,000	436,000				
9	11月	86,080	80,640	54,000	517,000				
10	12月	41,040	88,320	62,000	571,000				
11	1月	22,320	66,560	56,000	633,000				
12	2月	-	35,920	72,000	689,000				
13	3月	-	-	64,000	761,000		700,000		

	A	B	C	D	E	F	G
1		折衝中	提案中	契約済	契約済（過去）	ショート	ターゲット
2	4月	202,400	91,200	65,000	-	341,400	700,000
3	5月	196,000	120,000	95,000	65,000	224,000	
4	6月	212,480	99,840	74,000	160,000	153,680	
5	7月	221,920	87,360	61,000	234,000	95,720	
6	8月	206,560	108,480	83,000	295,000	6,960	
7	9月	194,560	84,480	58,000	378,000	-	
8	10月	90,320	106,560	81,000	436,000	-	
9	11月	86,080	80,640	54,000	517,000	-	
10	12月	41,040	88,320	62,000	571,000	-	
11	1月	22,320	66,560	56,000	633,000	-	
12	2月	-	35,920	72,000	689,000	-	
13	3月	-	-	64,000	761,000	-	700,000

Memo
合計金額がターゲットを上回る場合は「0」を入力しますが、書式設定により見た目の表示は「-」になります。

表にデータが揃ったので、グラフを作成します。

積み上げ縦棒グラフを作成する

前節ではシンプルな棒グラフを作成しましたが、今回は売上金額のうち「折衝中」「提案中」「契約済」「契約済（過去）」の占める割合を明示し、目標額に満たない場合は「ショート」の金額も見えるようにします。

はじめに、表内の任意のセルで Ctrl + A をクリックして表全体を選択します。

	A	B	C	D	E	F	G
1		折衝中	提案中	契約済	契約済（過去）	ショート	ターゲット
2	4月	202,400	91,200	65,000	-	341,400	700,000
3	5月	Ctrl + A	120,000	95,000	65,000	224,000	

❶表全体を選択する。

❷ [挿入] タブ →［縦棒 / 横棒グラフの挿入］→［積み上げ縦棒］をクリックする。

積み上げ縦棒グラフが挿入されました。項目が色分けされています。

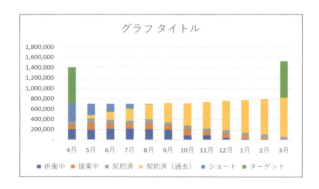

「ターゲット」の表示形式をマーカー付き折れ線に変更します。方法は前節（p.201～203）を参考にしてください。

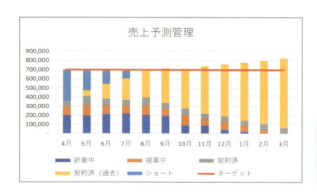

Memo
ターゲットマーカー付き折れ線に変更すると、縦軸の上限値も自動的に調整されます。

挿入されたグラフの項目順は元の表の並び順をそのまま反映していますが、後から変更することも可能です。[デザイン]タブの<mark>[データの選択]→[データソースの選択]</mark>ダイアログから調整できます。

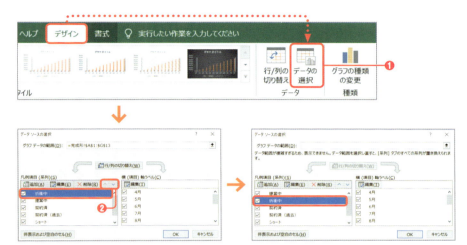

[データの選択]❶から[データ ソースの選択]を表示し、[凡例項目（系列）]から移動させたい項目を選択し、上下ボタンをクリックすると位置が入れ替わる❷。

「契約済（過去）」「契約済」の確定項目が最初に来るよう並び順を変更しました。

4月時点では不足（ショート）が多かったのですが、8月には見込み分を含めれば目標額に到達しています。折衝中・提案中の案件がどんどん契約済に変わっていき、期末の3月には契約済額がターゲットの線を超えて、目標を達成できたことが読み取れます。

Memo
項目の色は、グラフを右クリックして塗りつぶし、もしくは[データ要素の書式設定]（p.203）から変更できます。

CHAPTER 03 | 13　CSVファイルのデータが数値に変わることを防ぐ

テキストファイルウィザード　Power Queryエディター

会計データや人事データは、会計システムや人事システムに格納されており、システムからデータをダウンロードすると、CSVファイルになっていることが多いです。CSVファイルをExcelで開いて利用するときに困る問題の1つとして、「0001」といった0始まりの番号が、勝手に数値の「1」に変換されてしまうことがあります。社員番号や電話番号や郵便番号の先頭の0が勝手に消えてしまうのは困りますので、これを防ぐための方法を学習します。

今回の課題

社員番号や氏名などの人事データが入ったCSVファイルをExcelで開く時に、「0001」→「1」のように勝手に変換されないようにします。
CSVデータをExcelに取り込む場合はテキストファイルウィザードを使用します。また、単に取り込むだけでなく、取り込み元のCSVデータとExcelの表示を連携させる場合は、Power Queryエディターを使用します。

CSVファイルについて

⬇ 03-13.csv

==CSVファイル（*.csv）==はテキストファイルの仲間で、==値が「,」（カンマ）などで区切られている==のが特徴です。Excelファイル（*.xlsx）と異なり、表示形式を指定したり、色を付けたりすることはできません。

CSVファイルをExcelで開くと、Excelがデータ項目の表示形式を自動的に判断して表示してくれるのですが、文字列として表示してほしいところが数値だと判断されて、数値形式でされてしまうという問題があります。

通常、CSVファイルをダブルクリックするとExcelで開いてしまうため、CSVデータを確認する場合はメモ帳を開き、CSVファイルをドラッグ＆ドロップします。

● CSVファイルの中身を確認する

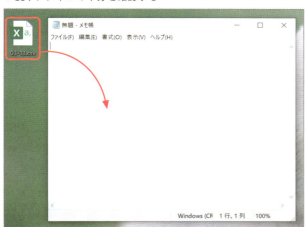

❶ CSVファイルをメモ帳にドラッグ＆ドロップする。

❷ カンマ区切りのデータが表示される。

Memo
CSVファイルを右クリックして、［プログラムから開く］→「メモ帳」を選択することでも、同様に開くことができます。

ExcelにCSVファイルを取り込む（連携なし）

📥 03-13.csv
📥 03-13-1.xlsx

いよいよ本題の、Excel上でCSVファイルを開く方法の解説に入ります。はじめに、**「テキストファイルウィザード」**を使う方法を紹介します。

先ほどCSVファイルの中身を表示したメモ帳内の値を、すべて選択してコピーし、Excelを起動してA1セルに貼り付けます。

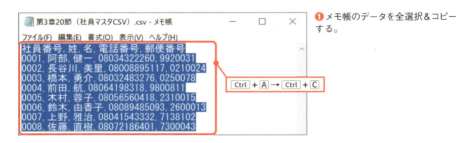

❶メモ帳のデータを全選択＆コピーする。

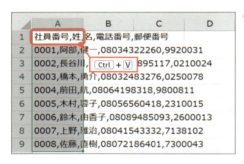

❷Excelを起動してCSVデータを貼り付ける。

カンマで区切られたCSVデータがExcelに貼り付けられました。［ホーム］タブの**［貼り付け］→［テキスト ファイル ウィザードを使用］**から、データの表示形式や列の区切りを設定していきます。

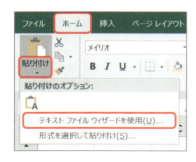

03-13 CSVファイルのデータが数値に変わることを防ぐ

［テキスト ファイル ウィザード］ダイアログが表示されます。ダイアログは全部で3ページあるので、順次設定していきます。

最初のページでは、データの形式、取り込み開始行、文字コード、見出しの有無を設定します。

●テキストファイルウィザード（1/3）

設定項目	説明
❶ 元のデータの形式	・CSVファイルは、データの区切り方によって2種類（可変長と固定長）に分けることができます。 ・データがカンマ「,」などの文字で区切られている場合→「カンマやタブなどの区切り文字によってフィールドごとに区切られたデータ」 ・各項目の文字数が決まっている場合→「スペースによって右または左に揃えられた固定長フィールドのデータ」
❷ 取り込み開始行	・何行目から取り込むかを設定します。通常は「1」です。
❸ 元のファイル（文字コード）	・取り込んだ後に文字化けしてしまう場合は、この設定を変更してみましょう。通常は「シフトJIS」ですが、システムによっては「Unicode（UTF-8）」などの場合もあります。
❹ 先頭行をデータの見出しとして使用する	・CSVデータの1行目に見出しが入っている場合は、チェックを入れます。

1/3の設定が終わったら、[次へ]をクリックして2/3へ移動します。

●テキストファイルウィザード（2/3）

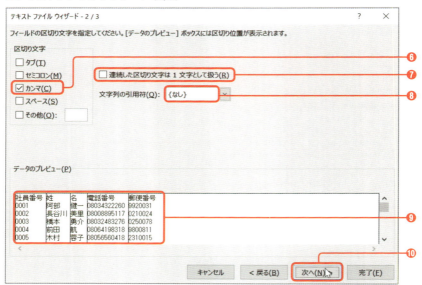

設定項目	説明	
❻ 区切り文字	取り込み元のCSVデータがカンマ区切りなので、カンマを選択します。	元データが可変長の場合のみ設定
❼ 連続した区切り文字は1文字として扱う	チェックを外します。	
❽ 文字の引用符	今回は「なし」を選択します。取り込み元のCSVデータを確認したとき、それぞれの値がダブルクォーテーション「"」で括られていたら「"」に変更します。	
❾ データのプレビュー	今回は何もしません。元のデータが固定長の場合、プレビューの中でクリックすると、その位置でデータを区切ることができます。	元データが固定長の場合のみ設定

今回は取り込んだCSVデータが可変長なので❻〜❽を設定し、❾はプレビューを確認するのみで特に操作はしません。

03-13 CSVファイルのデータが数値に変わることを防ぐ

　最後のページでは、データの表示形式を設定します。[列のデータ形式]を「G/標準」から「文字列」に変更することで、「0001」→「1」のように勝手に表示が変わることを防げます。

　列ごとに表示形式を設定し、[完了]をクリックするとCSVファイルが正しく表示されます。今回は、「社員番号」列、「電話番号」列、「郵便番号」列の3つを文字列形式に変更します。

●テキストファイルウィザード（3/3）

設定項目	説明
⑪ 列のデータ形式	[データのプレビュー]に表示されている各列に対して個別に設定できます。

「社員番号」「電話番号」「郵便番号」が文字列として表示される。

217

ExcelにCSVファイルを取り込む（連携あり）

📥 03-13.csv
📥 03-13-2.xlsx

Power Query エディターを使用すると、データを取り込んだ後に元のCSVファイルを変更した場合、Excel上にも変更を反映させることができます。

［データ］タブの**［テキストまたはCSVから］**でExcelに取り込みたいファイルを選択後、列ごとの表示形式などを設定します。

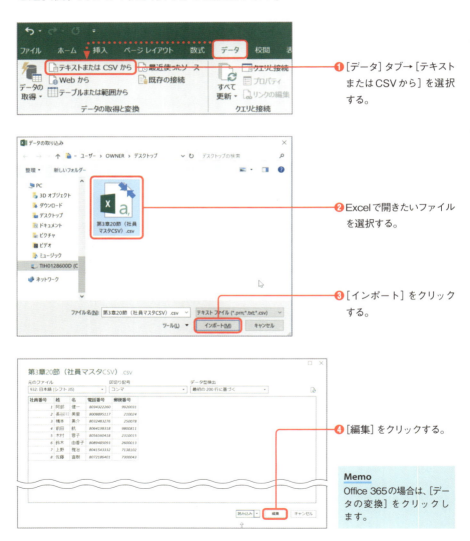

❶ ［データ］タブ→［テキストまたはCSVから］を選択する。

❷ Excelで開きたいファイルを選択する。

❸ ［インポート］をクリックする。

❹ ［編集］をクリックする。

Memo
Office 365の場合は、［データの変換］をクリックします。

03-13 CSVファイルのデータが数値に変わることを防ぐ

　これで、[Power Query エディター]（通称「クエリエディター」）という画面が表示されます。列ごとにデータの表示形式を設定できます。現在のプレビューでは「整数」とみなされている「社員番号」「電話番号」「郵便番号」の3列を、「テキスト」に変更します。

　変更したい列を選択❶した状態で［ホーム］タブ→[データ型：整数]→[テキスト]をクリックします❷。

●Power Queryエディター

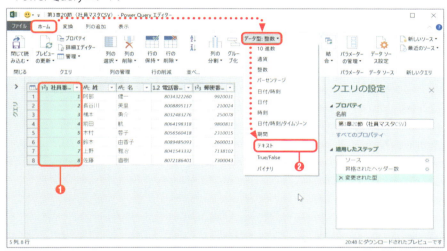

 列をまとめて選択する

Excelシートと同様、Ctrlを押しながら選択すると、複数の列をまとめて選択できます。今回はすべてテキスト形式にするため、一気に変更してもよいでしょう。

[列タイプの変更]ダイアログが表示されるので、[現在のものを置換]を選択すると表示形式が変更されます。

テキスト形式に変更した列の値が、元のデータ同様「0001」のように表示されます。問題がなければ[閉じて読み込む]をクリックすると、縞模様の表が作成されます。

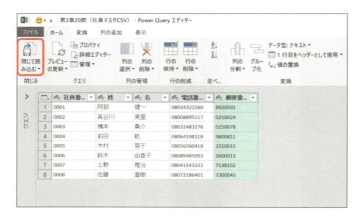

03-13 CSVファイルのデータが数値に変わることを防ぐ

Power Queryエディターで取り込んだデータは、元のCSVファイルと連動しています。Excelの表を右クリックして［更新］を選択すると、取り込み元の変更を反映します。

❶ 取り込み元のCSVファイルにデータを2件追加する。

❷ 表を右クリックして［更新］を選択する。

❸ 変更が反映された。

CHAPTER 03 | 14

ABC分析で
優先順位を付ける

ピボットテーブル　ピボットグラフ　2軸グラフ

人員や予算などの経営資源には限りがあるため、最適な配分を考える必要があります。本節では、顧客や在庫などの管理対象について、「ABC分析」で優先度を分類する方法を紹介します。ABC分析はピボットグラフを用いて手軽に行えますので、ぜひ試してみてください。

今回の課題

ABC分析には「パレート図」が必要です。「パレート図」とは、売上金額などの値が降順（大きい順）に並んだ棒グラフと、その累積比率を表す折れ線グラフを組み合わせたものです。
「顧客別売上」シートのデータから、ピボットテーブルを作成します。ピボットテーブルの表示項目を編集してから、ピボットグラフ（これがパレート図そのもの）を作成します。

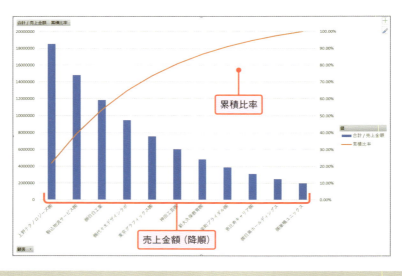

ABC分析とは

棒グラフと累積比率の2軸で構成された**「パレート図」**を用いて、各項目（ここでは取引先）の優先度を分類します。

累積比率とは、**値を上位から累計していき、その結果が全体の何割にあたるかを調べるもの**です。全体の70%を占める項目を最も優先度の高い「A」、70%以上90%を「B」、その他を「C」とします。

● パレート図

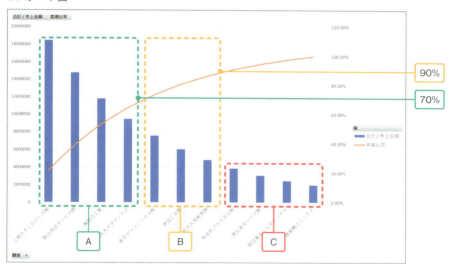

	累積比率	意味
A	0%〜70%	売上に大きく寄与しており、会社にとって最も重要な取引先です。1社1社きめ細かくフォローする必要があります。
B	70%〜90%	売上に中程度寄与している取引先です。各社の取引額を増やすよう営業をかけるか、管理コストが増えないようにして取引を維持します。
C	90%〜100%	売上にあまり寄与していない取引先です。管理コストを十分に減らし、場合によっては切り捨てることを検討します。

パレート図は、ピボットグラフから簡単に作成できます。以降の手順に沿って進めてみてください。

パレート図の作成

⤓ 03-14.xlsx

📊 ピボットテーブルを作成し、累積比率の軸を追加する

「顧客別売上」シートの表を選択して、ピボットテーブルを作成します。

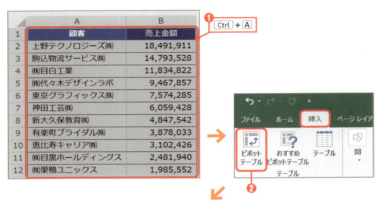

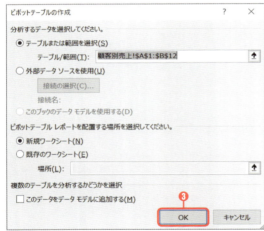

❶ Ctrl + A で表を全選択する。
❷ [挿入] タブの [ピボットテーブル] から [ピボットテーブルの作成] ダイアログを表示する。
❸ [OK] をクリックし、ピボットテーブルを挿入する。

Memo
ピボットテーブルの詳しい作成方法はp.55をご確認ください。

新しいシートにピボットテーブルが作成されました。[ピボットテーブルのフィールド]から、[行]と[値]にフィールドを設定します。[顧客]を[行]に、[売上金額]を[値]にドラッグ＆ドロップで追加します。なお、[売上金額]→[値]は2回追加してください。

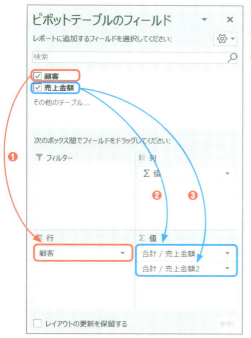

❶[顧客]を[行]にドラッグ＆ドロップで追加する。
❷[売上金額]を[値]にドラッグ＆ドロップで追加する。(売上金額)
❸[売上金額]を[値]にドラッグ＆ドロップで追加する。(累積比率)

Memo
「顧客」「売上金額」にチェックを入れた段階でフィールドが設定される場合は、❸の手順のみ実行します。

なぜ[値]に[売上金額]を2回追加するかというと、[売上金額]の片方を[累積比率]に加えて、2軸グラフ（1つ目は売上金額、2つ目は累積比率）を作るためです。

Memo
ボックスが狭くて見づらい場合はExcelのリボンを非表示にするか、ボックスの上にある薄いグレーの線をドラッグすると広がります。

2つ目の軸「累積比率」を設定します。［値］の2番目の［合計/売上金額2］をクリックし、[値フィールドの設定]を選択してください。

　［値フィールドの設定］ダイアログが表示されるので、［名前の指定］に[累積比率]と入力し、［計算の種類］は[比率の累計]を選択します。

●値フィールドの設定

03-14 ABC分析で優先順位を付ける

ピボットテーブルに「累積比率」の軸が追加されました。

行ラベル	合計 / 売上金額	累積比率
㈱巣鴨ユニックス	1985552	2.35%
㈱代々木デザインラボ	9467857	13.55%
㈱目黒ホールディングス	2481940	16.49%
㈱目白工業	11834822	30.49%
駒込物流サービス㈱	14793528	47.99%
恵比寿キャリア㈱	3102426	51.67%
上野テクノロジーズ㈱	18491911	73.54%
新大久保教育㈱	4847542	79.28%
神田工芸㈱	6059428	86.45%
東京グラフィックス㈱	7574285	95.41%
有楽町ブライダル㈱	3878033	100.00%
総計	84517324	

「合計/売上金額」列のデータを右クリックして[並べ替え]→[降順]を選択したら、ピボットテーブルの設定は完了です。

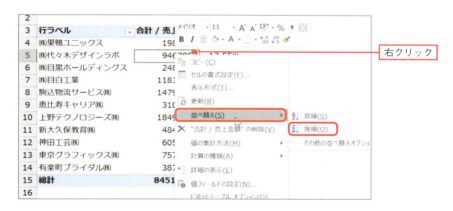

行ラベル	合計 / 売上金額	累積比率
上野テクノロジーズ㈱	18491911	21.88%
駒込物流サービス㈱	14793528	39.38%
㈱目白工業	11834822	53.39%
㈱代々木デザインラボ	9467857	64.59%
東京グラフィックス㈱	7574285	73.55%
神田工芸㈱	6059428	80.72%
新大久保教育㈱	4847542	86.45%
有楽町ブライダル㈱	3878033	91.04%
恵比寿キャリア㈱	3102426	94.71%
㈱目黒ホールディングス	2481940	97.65%
㈱巣鴨ユニックス	1985552	100.00%
総計	84517324	

CHAPTER 03 実践テク＋活用ワザ

ピボットグラフでパレート図を作成する

「累計比率」軸を追加したピボットテーブルから、ピボットグラフを作成します。ピボットテーブル内を選択した状態で、［挿入］タブ→[ピボットグラフ]をクリックします。

［グラフの挿入］ダイアログにて[組み合わせ]を選択後、「累計比率」のグラフの種類を[折れ線]に変更して[第2軸]にチェックを入れます。

［OK］で、シート上にピボットグラフが挿入されます。

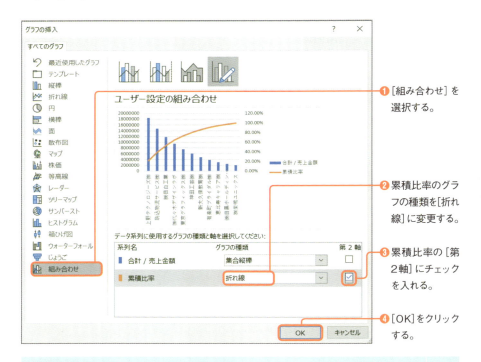

❶ [組み合わせ]を選択する。

❷ 累計比率のグラフの種類を[折れ線]に変更する。

❸ 累計比率の[第2軸]にチェックを入れる。

❹ [OK]をクリックする。

> **Memo**
> ［第2軸］にチェックを入れると、2軸グラフが作成されます。
> 金額と割合のように、単位が異なるグラフを1つにまとめて表示したい場合に使います。

03-14 ABC分析で優先順位を付ける

シートにピボットグラフが挿入されます。ピボットグラフを右クリックして
[グラフの移動]→[新しいシート]を選択すると、作成したピボットグラフが新
規シートに移動し、大きく表示されます。

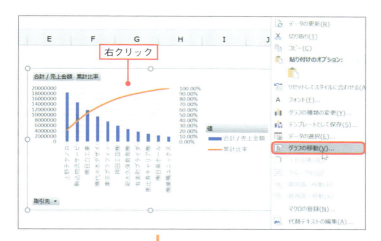

[新しいシート]を選択して[OK]を
クリックする。

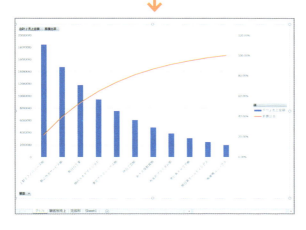

軸をダブルクリックすると、[軸の書式設定]が表示されます。グラフアイコンを選択し、[軸のオプション]→[最大値]にて値を「1.0」に設定します。

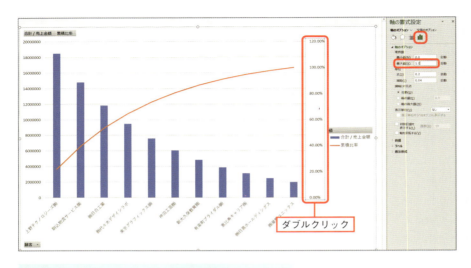

Memo
軸を右クリックして[軸の書式設定]を表示することもできます。

パレート図が完成しました。パレート図の見方（ABC分析）は、p.223を参照してください。

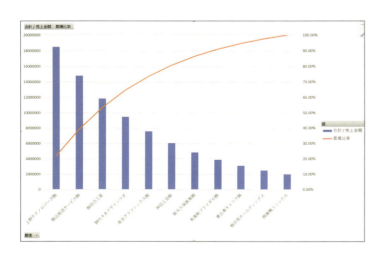

CHAPTER 03 15

降水量と傘の販売本数の相関を調べる

データ分析

相関とは、複数の数値の関係を判断するためのデータ分析手法です。他社が思いもつかないような法則を見つけられれば、それは企業にとっての強みとなります。本節では、イメージしやすい例として、「降雨量」と「傘の販売本数」の2つのデータの相関関係を調べます。

今回の課題　Excelの[データ分析]機能に含まれる[相関]を使って、降雨量と傘の販売本数の関係を調べます。

データ分析ツールを準備する

📥 03-15.xlsx

「傘の販売本数」シートの「降水量」と「傘の販売本数」の相関関係を調べます。はじめに、[データ分析]機能を有効にします(初期状態では無効になっています)。

●[データ分析]機能を有効にする

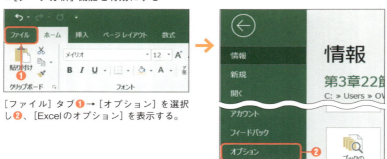

[ファイル]タブ❶→[オプション]を選択し❷、[Excelのオプション]を表示する。

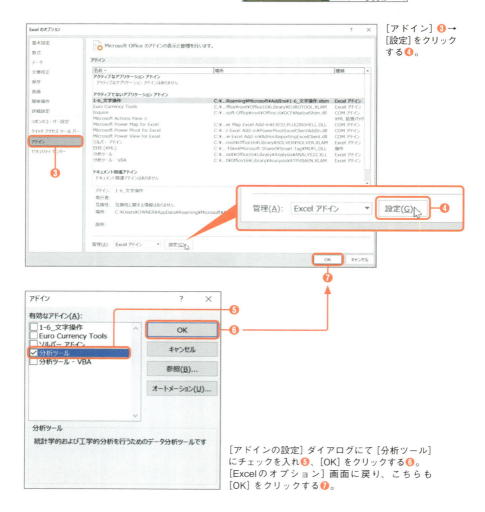

[アドイン]❸→[設定]をクリックする❹。

[アドインの設定]ダイアログにて[分析ツール]にチェックを入れ❺、[OK]をクリックする❻。[Excelのオプション]画面に戻り、こちらも[OK]をクリックする❼。

［データ］タブにて、［データ分析］機能が使えるようになりました。

2つの数値の相関を調べる

それでは「降水量」と「傘の販売本数」の相関を調べます。［データ］タブ→［データ分析］をクリックして、分析ツールから［相関］を選択してください。

［データ分析］ダイアログにて［相関］を選択し❶、［OK］をクリックする❷。

［入力範囲］にC、D列を指定し、[先頭行をラベルとして使用]にチェックを入れて［OK］をクリックします。

［相関］ダイアログの［入力範囲］に「$C:$D」を指定し❸、［先頭行をラベルとして使用］にチェックを入れて❹、［OK］をクリックする❺。

Memo
［出力オプション］の初期値は［新規ワークシート］です。任意のセルやブックを指定することもできます。

新規シートに相関係数が出力されました。

	A	B	C
1		降水量（mm）	傘の販売本数
2	降水量（mm）	1	
3	傘の販売本数	0.772339671	1

　最後に、相関係数の表の見方を説明します。下図のように表を2つに分け、下半分だけ見ます。「降水量」と「傘の販売本数」がクロスする部分に相関係数（0.772339671）が書かれています。

	A	B	C
1		降水量（mm）	傘の販売本数
2	降水量（mm）	1	
3	傘の販売本数	0.772339671	1

　相関は、「−1.0〜＋1.0」の範囲の数値（これを相関係数といいます）によって示され、数値が正の場合は「正の相関がある」、負の場合は「負の相関がある」、といいます。正の相関は、片方が増えればもう片方も増える、という意味です。負の相関は、片方が減ればもう片方は増える、あるいは片方が増えればもう片方は減るという意味です。わかりやすい判断基準を作るとすると、例えば以下のように判断できます。

●相関係数の判断基準

相関係数	判断
0.7 〜 1.0	強い正の相関があります。
0.4 〜 0.7	正の相関があります。
−0.4 〜 0.4	あまり関係がありません。
−0.7 〜 0.4	負の相関があります。
−1.0 〜 −0.7	強い負の相関があります。

正の相関：降水量が増える（＋）と、傘の販売本数が増える（＋）

負の相関：気温が下がる（−）と、おでんの売上が増える（＋）

　今回求められた相関係数は「0.772339671」なので、「降水量と傘の販売本数には強い正の相関がある」と言えます。

CHAPTER 03 16 目標値から逆算して必要な数字を調べる

ゴールシーク

あらかじめ上限値や目標値が決まっている場合、それを満たすために必要な数字を逆算して求めるには「ゴールシーク」が役立ちます。本節では、2019年に改定された労働基準法の時間外労働に関する規定をもとに、残業時間の上限を算出します。目標値以外にも条件を設定できるので、実際にやってみてください。

今回の課題 時間外労働の上限について、改定された規定は次のとおりです。

① 時間外労働が年720時間以内
② 時間外労働と休日労働の合計が月100時間未満
③ 時間外労働と休日労働の「2か月平均」「3か月平均」「4か月平均」「5か月平均」「6か月平均」がすべて80時間以内
④ 月45時間を超える時間外労働は年6か月が限度

今回は、各月の残業時間が記載された「ゴールシーク」シートにて、3番目の条件をクリアするための翌月の残業時間の上限を求めます。

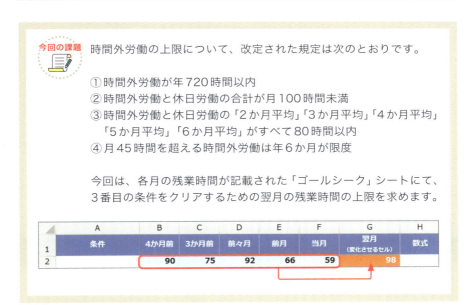

ゴールシーク機能で翌月の残業時間の上限を求める　📥03-16.xlsx

[ゴールシーク]では、**目標達成に必要な数字を調べる**ことができます。今回の残業時間や、「月平均200万円の売上を達成するには、翌月はいくら必要か」など、あらかじめ目標値が決まっている場面で役立ちます。

今回使用する「ゴールシーク」シートには、4か月前から当月までの残業時間が記録されています。各行のB～F列には、集計したい期間に応じて2行目から値を参照し、H列には平均残業時間を求める数式を記入します。

●「ゴールシーク」シート

	A	B	C	D	E	F	G	H
1	条件	4か月前	3か月前	前々月	前月	当月	翌月 (変化させるセル)	数式
2		90	75	92	66	59		
3	2か月平均80時間以内					59		
4	3か月平均80時間以内				66	59		
5	4か月平均80時間以内			92	66	59		
6	5か月平均80時間以内		75	92	66	59		
7	6か月平均80時間以内	90	75	92	66	59		
8								

はじめに、3行目の「2ヶ月平均80時間以内」という条件を満たすための、翌月の残業時間上限を算出します。H3セルに数式「=AVERAGE(F3:G3)」を入力してから、［データ］タブの **[What-If分析]→[ゴールシーク]** を選択します。

03-16 目標値から逆算して必要な数字を調べる

　［ゴールシーク］ダイアログが表示されます。［数式入力セル］に残業時間の平均を計算するH3セル、［目標値］に「80」、［変化させるセル］に翌月のG3セルを設定し、［OK］をクリックします。

　すると、探索（目標値を達成するために、セルの値を変化させていくこと）が始まります。探索には時間がかかる場合があります。
　探索が終わり「解答が見つかりました」と表示されたら、［OK］をクリックします。

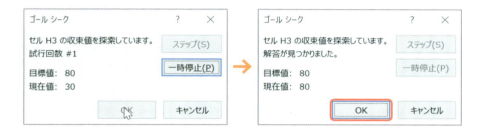

　これでゴールシークは完了です。「2か月平均80時間以内」を達成するには、翌月の残業時間を101時間以内に抑える必要がある、という結果が出ました。

3か月平均〜6か月平均についても同様に、数式を記入してからゴールシークで翌月の上限時間を算出します。

	A	B	C	D	E	F	G 翌月 (変化させるセル)	H 数式
1	条件	4か月前	3か月前	前々月	前月	当月		
2		90	75	92	66	59		
3	2か月平均80時間以内					59	101	80
4	3か月平均80時間以内				66	59	115	80
5	4か月平均80時間以内			92	66	59	103	80
6	5か月平均80時間以内		75	92	66	59	108	80
7	6か月平均80時間以内	90	75	92	66	59	98	80

Memo
H4（3か月平均）：=AVERAGE(E4:G4)
H5（4か月平均）：=AVERAGE(D5:G5)
H6（5か月平均）：=AVERAGE(C6:G6)
H7（6か月平均）：=AVERAGE(B7:G7)

　G列に、期間ごとの翌月の残業時間の上限が表示されました。最後に、G2セルに数式「=MIN(G3:G7)」を入力し、5つの値の最小値を求めたら完成です。

	A	B	C	D	E	F	G 翌月 (変化させるセル)	H 数式
1	条件	4か月前	3か月前	前々月	前月	当月		
2		90	75	92	66	59	=MIN(G3:G7)	
3	2か月平均80時間以内					59	101	80
4	3か月平均80時間以内				66	59	115	80
5	4か月平均80時間以内			92	66	59	103	80
6	5か月平均80時間以内		75	92	66	59	108	80
7	6か月平均80時間以内	90	75	92	66	59	98	80

=MIN(G3:G7)

　翌月の残業時間の上限は「98時間」である、という結果が得られました。

	A	B	C	D	E	F	G 翌月 (変化させるセル)	H 数式
1	条件	4か月前	3か月前	前々月	前月	当月		
2		90	75	92	66	59	98	

CHAPTER 03 17

目標を達成するための最適な組み合わせを調べる

ソルバー

売上目標を達成するためには、商品やサービスごとの販売数量・単価をどう設定すればよいかを検討することがあります。その際、単価は500円以上に設定したいとか、販売数量は仕入れの都合上5,000個までしか確保できない、といった制約条件がいくつもあります。本節では、複数の制約を考慮しながら目標達成の最適解を求めることができる[ソルバー]機能を紹介します。

今回の課題

月額課金制のウェブサービスを提供しており、以下2つのプランがあるものとします。
- ベーシックプラン(月額800円以下)
- スタンダードプラン(月額1,000円以上、かつ、ベーシックプランの1.8倍以下)

	A	B	C	D	E
1	プラン	利用者数	月額	年間売上	制約条件
2	ベーシックプラン	3,000	615	22,130,248	月額は800円以下
3	スタンダードプラン	1,000	1,072	12,869,752	月額は1000円以上 ベーシックプランの1.8倍以下
4			目標	35,000,000	目標

「利用者数」はあらかじめ決まっており、「年間売上」には利用者数×月額、「目標」には各プランの年間売上の合計を求める数式が入ります。[ソルバー]を利用して、売上目標を3,500万円に設定したとき、上記の制約を満たしつつ目標を達成するためには、各プランの月額をいくらにすればよいかを計算します。

ソルバーを有効化する

[⬇03-17.xlsx]

[**ソルバー**]機能は初期状態では有効化されていないため、Excelのオプションから追加する必要があります。[ファイル]タブ→[オプション]から[Excelのオプション]を開き、[アドイン]の[設定]から[アドイン]ダイアログを開いて、[**ソルバー アドイン**]を有効にします。

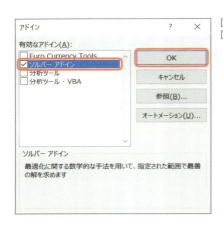

[ソルバー アドイン]にチェックを入れ、[OK]をクリックする。

Memo
[アドイン]の[設定]についてはp.232を参照してください。

これで[ソルバー]機能を使用する準備ができました。[データ]タブから選択することができます。

2つのプランの最適な価格を求める

「単価シミュレーション」シートにて、目標と利用者数をもとに、2つのプランの月額を算出します。プラン別の年間売上(D2、D3セル)には利用者数×月額×12、目標(D4セル)には2つのプランの年間売上の合計を求める数式が入っています。

03-17 目標を達成するための最適な組み合わせを調べる

●「単価シミュレーション」シート

　目標と制約条件を踏まえて、[ソルバー]機能で各プランの最適な月額を調べていきます。[データ]タブの[ソルバー]から、[ソルバーのパラメーター]ダイアログを表示してください。目標や変更対象のセル、制約条件を設定できます。

❶[目的セルの設定]に目標セル「$D$4」を入力する。
❷[目標値]に[指定値]「35000000」を設定する。
❸[変数セルの変更]に、月額「$C$2:$C$3」を入力する。
❹[制約条件の対象]の[追加]をクリックする。

241

［制約条件の追加］ダイアログが表示されます。条件を適用する範囲と比較演算子、制約条件を設定します。

今回設定したい条件3つを、数式で表すと次のようになります。

	制約条件	数式
1	ベーシックプランは月額800円以下	$C$2 <= 800
2	スタンダードプランは月額1,000円以上	$C$3 >= 1000
3	スタンダードプランの月額は、ベーシックプランの1.8倍以下	$C$3 <= $C$2*1.8

条件を1つずつ入力し、［追加］をクリックします。3つ目の条件を設定したら、［OK］をクリックします。

❶ ベーシックプランは月額800円以下

❷ スタンダードプランは月額1000円以上

Memo
［追加］をクリックすると、制約条件が追加された後、各設定値がクリアされます。引き続き、次の制約条件を入力できます。

03-17 目標を達成するための最適な組み合わせを調べる

❸スタンダードプランの月額はベーシックプランの1.8倍以下

Memo
すべての制約条件を入力し終わったら、[OK]をクリックします。
もし[追加]をクリックした場合は、続けて[キャンセル]をクリックすれば、ダイアログを閉じることができます。

[ソルバーのパラメーター]ダイアログが再び表示されます。制約条件が正しく設定されていることを確認し、[解決]をクリックします。

［ソルバーの結果］ダイアログが表示されます。解が見つかったかどうかを確認し、［OK］をクリックします。

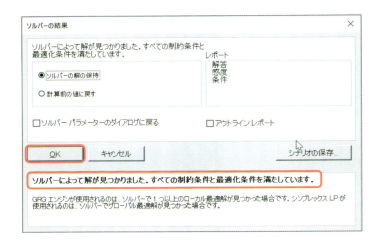

　C列に月額が表示され、年間売上や目標が計算されました。年間3,500万円の売り上げを達成するには、ベーシックプランの月額を615円に、スタンダードプランの月額を1,072円に設定すればよい、とわかります。

	A	B	C	D	E
1	プラン	利用者数	月額	年間売上	制約条件
2	ベーシックプラン	3,000	615	22,130,248	月額は800円以下
3	スタンダードプラン	1,000	1,072	12,869,752	月額は1000円以上 ベーシックプランの1.8倍以下
4			目標	35,000,000	

 解が見つからない場合

もし解が見つからない場合は、「実行可能解が見つかりませんでした」というエラーメッセージが表示されます。売上目標が高すぎる、利用者数の想定が少なすぎる、制約条件が多すぎるなど、当初の設定に無理があったことを意味します。売上目標を減らしたり、利用者数をもう少し増やしたり、制約条件を減らしたりして、解が見つかるまで試してみましょう。

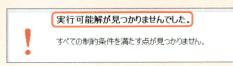

業務改善コラム
FILE ③ **デスクトップの乱れは、心の乱れ**

ファイルが整理できてなくていつも目的のファイルが探し出せない、デスクトップがアイコンで埋め尽くされている、といった整理ベタで悩んでいる方はいらっしゃると思います。

ファイルが整理整頓できているというのは、見た目上きれい、というだけでなく、==すぐに探し出せるようになっている状態==のことを指します。ファイルが整理整頓できていると、欲しい情報がすぐに手に入れられるため、仕事の生産性は確実に上がります。加えて、整理整頓する過程では、物事を論理的に考える能力や、端的でわかりやすく表現する能力が自然と身に付きます。

ファイルを上手に整理整頓できるようになるために重要なポイントが4つあります。

1. ==ファイル名==は熟考して決める
2. 簡単にフォルダを作らない
3. フォルダを==構造化==する
4. フォルダ==管理者==を定め、==ルール化==する

▷ **1 ファイル名は熟考して決める**

ファイルを保存するときにどのような名前を付けるかが、後々の検索性、ひいては生産性を決定づけます。であるにもかかわらず、ファイル名は軽視されがちです。自分が検索するとき、==このファイルをどういうキーワードで検索するか==をしっかり考えましょう。この資料はどういう目的で作ったものか、誰に向けた文書か、どのような成果物か、といった観点でファイルを命名します。ファイル名に、検索しやすいキーワードをいくつか入れておくのも有効な手です。

▷ **2 簡単にフォルダを作らない**

ファイル数がそれほど多くないのに、細かくフォルダを分けている方を見かけることがあります。フォルダを作るというのは、分類するということです。==ファイル数が多くないなら、一覧で表示しておくほうが視認性が高いので、そもそも分類する必要がありません。==目安としては、ファイルが20個以上たまってきたらフォルダでの分類を考える、くらいのスタンスでよいと思います。

▷ **3 フォルダを構造化する**

フォルダを構造化するときは、業務プロセス、バリューチェーン、データフロー、IPO（イ

245

ンプット、プロセス、アウトプット)、3C(市場・競合・自社)、7S(組織構造、システム、戦略、スキル、人材、スタイル、共有価値)などの フレームワーク を利用したフォルダ構成をベースとして、その中でさらに時系列・業界別・顧客別・部署別などに詳細化していくとよいでしょう。

以下に具体例を挙げました。新商品開発プロジェクトのフォルダ構成例です。

フォルダ名を並べる順番を指定 したいので、先頭に2桁の数字を付けています。フォルダ数が多い場合は、桁数を増やしてください。10刻みにしているのは、今後さらにフォルダを追加する可能性があるからです。逆に01、02・・という連番にしてしまうと、番号と番号の間にフォルダを追加するには、番号を採番し直さないといけなくなります。

アンダーバー「_」を挟んだあと、名称を記載しています。基本的には業務プロセスのとおりにフォルダを作成していますが、会議は一箇所にまとまっているほうが管理しやすいので、会議だけ別にフォルダを作成しています。

▷ **4 フォルダ管理者を定め、ルール化する**

部署やプロジェクト内で共有している場合は、人それぞれ好き勝手にフォルダを作り、収集がつかなくなることがあるので、フォルダ管理者を定めることが重要です。フォルダ管理者の許可なしにはフォルダを作れないようにしたり、フォルダ命名規約などのルールを制定したりして、フォルダ構成の秩序を保つ工夫をしましょう。たかがフォルダ名でそこまでする必要があるのかと疑問に思われるかもしれませんが、フォルダをきちんと整備しておくかどうかが、メンバー全員の生産性を大きく左右するわけですから、厳密にルール化する必要があるわけです。

CHAPTER

04

マクロ＆VBA 〈基本編〉

マクロ・VBAを使うと、これまでに紹介した関数や機能を使うよりも複雑な処理や、柔軟な処理を作ることができます。基本編では、はじめての方に向けてマクロを使う準備や、よく使う文法などを紹介します。

CHAPTER 04 01 マクロ・VBAで個人やチームの生産性を高める

本章では、マクロ・VBAの基礎を学びます。はじめに、マクロ・VBAとは何か、どんなことができるのかを簡単に知っておきましょう。

マクロ・VBAで業務を自動化するメリット

VBA（ブイビーエー） とは、「ExcelやWordなどで使われるプログラミング言語（またはプログラム）」です。また、**マクロ** とは、「Excel上でVBAを実行するための仕組み」です。

マクロ・VBAを使ってやろうとしているのは、いわゆるプログラミングによる業務自動化です。プログラミングとは、機械に作業をやってもらえるように、機械に対する命令を、機械が理解できる言葉（＝プログラミング言語）で書くことです。マクロ・VBAでプログラミングを行うと、これまで学習してきた関数やExcelに搭載されている各種機能のように、作業を自動化してすばやく正確にこなせるようになります。

●マクロ・VBAを使うメリット

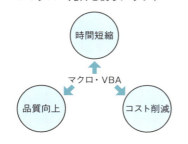

- ☑ 作業量が減る
- ☑ 仕事が早く終わる
- ☑ ミスが減る
- ☑ 浮いた時間で他の仕事ができる
- ☑ 人件費を抑えられる

作業を機械に任せてしまえば、単純にやるべき作業の量が減り、仕事を早く終わらせることができます。3時間かかっていたデータ入力作業が3分で済んでしまえば、浮いた時間を他の仕事に使うこともできます。

そして、機械がやる作業は完璧です。どれほどExcelスキルがある人でも、長時間作業していれば疲れて効率が落ちますし、人である以上必ずミスをするものです。機械なら何時間作業しても疲れず、ミスもありません。

マクロ・VBAで解決できる課題の規模

もう1つ、別の切り口でマクロ・VBAの位置付けを捉えてみましょう。次図は、オフィス業務自動化の手段を、2つの軸でプロットしたものです。縦軸は、業務における課題が個人レベル（個人で解決できるもの）なのか、組織レベルなのか、といった課題規模を表しています。横軸は、導入にかかるコストです。

●オフィス業務自動化の手段

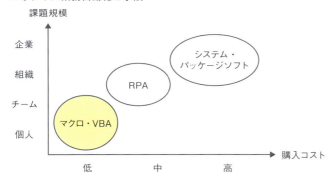

マクロ・VBAが解決できるのは、個人レベルまたはチームレベルの課題です。課題の大きさや複雑性が増していくと、マクロ・VBAでは手に負えなくなるため、RPA（ロボティック・プロセス・オートメーション）や、システム・パッケージソフトの導入を検討しなければいけません。導入コストの観点で言えば、マクロ・VBAはExcelを購入するだけで使えるので、コストは低いと言えます。一方でシステム・パッケージソフトは高額で、導入のための稟議や要件定義などに膨大な時間がかかります。

また、マクロ・VBAはExcelに限らず、WordやPowerPoint、Outlookなど、マイクロソフト社のOfficeソフト全般で使えます。例えば、次のようなことも自動化できます。

- Wordで作った契約書の条文番号を自動的に採番する
- PowerPointで作った企画書の図形に入った文字を取得して一覧表にする
- Outlookを使って、全国の店舗に送る業務メールを一括で作成する

まとめると、マクロ・VBAは、低コストですぐに導入でき、個人やチームの生産性を劇的に向上させる業務自動化手段なのです。

CHAPTER 04 02 マクロ・VBAを使用する準備

VBE プロジェクトエクスプローラー コードウィンドウ

Excelの初期設定ではマクロ・VBAを利用するための各種機能が表示されないため、[Excelのオプション]ダイアログから設定の変更を行います。

今回の課題 マクロ・VBAの操作に必要なメニュー(機能)を表示するため、リボンに[開発]タブを追加します。続いて、[開発]タブから開発用の画面「VBE(ブイビーイー)」を表示し、その見方について知りましょう。

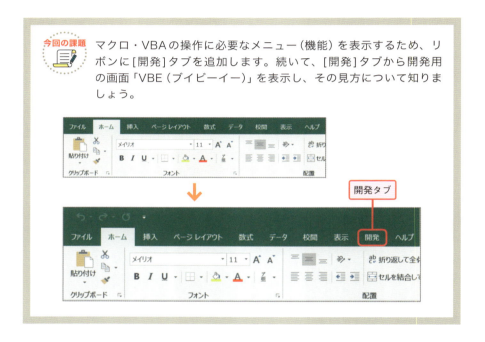

リボンに[開発]タブを追加する

マクロ・VBAを使用するため、リボンに[開発]タブを追加します。[ファイル]タブをクリックし、Backstageビューの[オプション]をクリックして、[Excelのオプション]ダイアログから設定します。

04-02 マクロ・VBAを使用する準備

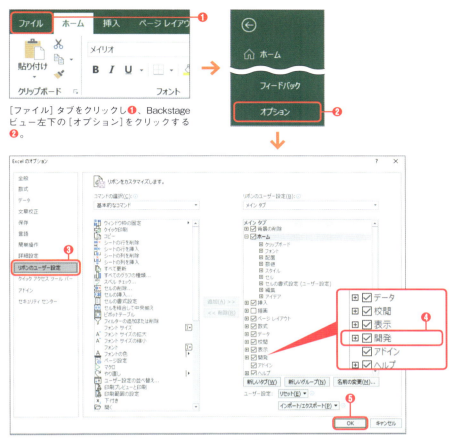

［ファイル］タブをクリックし❶、Backstage ビュー左下の［オプション］をクリックする❷。

［リボンのユーザー設定］❸ →［開発］にチェックを入れ❹、［OK］をクリックする❺。

　これで、［開発］タブが表示されるようになります。次図のうち、青枠は使用頻度の高いメニューです。

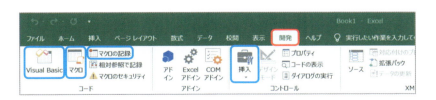

251

VBA専用のエディターを表示する

　VBAを記述するためのエディターを「VBE」(ブイビーイー)といいます。VBEは「Visual Basic Editor」(ビジュアルベーシックエディター)の略で、VBAでプログラミングを行うために必要な機能が用意されています。

　[開発]タブの[Visual Basic]をクリックすると、Excelとは別に、次のような新しい画面が表示されます。

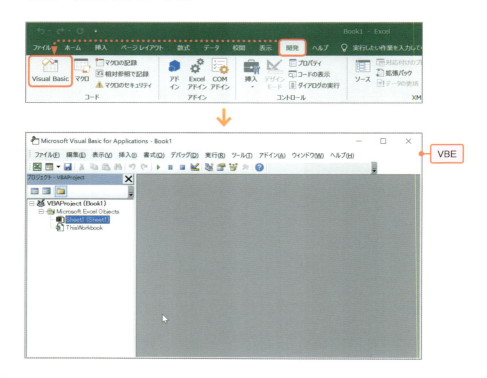

　今後、ExcelとVBEを行き来しながらプログラムを作っていきますので、VBEの表示のしかたは覚えておきましょう。

04-02 マクロ・VBAを使用する準備

> **Memo**
> シート見出しを右クリックし、[コードの表示] をクリックしてもVBEを表示できます。

　画面右上の [最大化] ボタンをクリックすると、VBEの画面が拡大されます（今後VBEを表示するときは、画面が常に最大化されているものとします）。

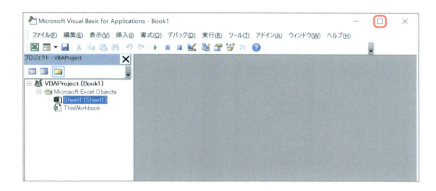

　次図は、VBEを最大化した状態です（見た目は若干異なる可能性があります）。左側に、「プロジェクト – VBAProject」というタイトルのウィンドウが表示されます。これを **「プロジェクトエクスプローラー」** と呼びます。

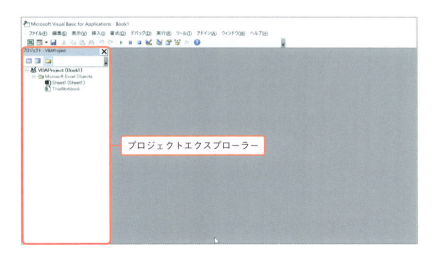

　もし表示されていない場合は、VBEで [表示] タブ→ [プロジェクトエクスプローラー] をクリックすると追加されます。

253

続けて、プログラムを書くためのウィンドウを追加します。同じく［表示］タブ→［コード］をクリックしてください。

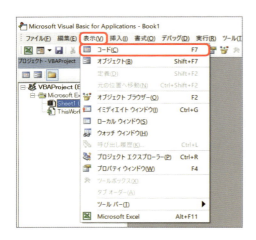

すると、右側に真っ白な領域が表示されます。これを**「コードウィンドウ」**といいます。VBAのプログラムを書く場所です。

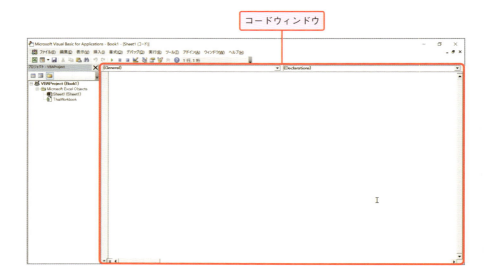

コードウィンドウ

04-02 マクロ・VBAを使用する準備

 他にもいろいろ！ VBEのウィンドウ

VBEの［表示］タブをクリックしたときに気付いたかもしれませんが、［プロジェクトエクスプローラー］や［コード］の他にも、さまざまなウィンドウが用意されているので簡単に紹介します。

１ オブジェクトブラウザー
VBAに登場する用語の一覧が表示されます。

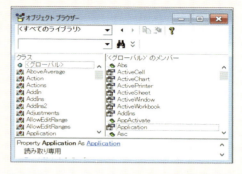

２ イミディエイトウィンドウ
プログラミング中に、簡単な動作確認ができます（p.341）。

３ ローカルウィンドウ
プログラム実行中の状態を確認できます。

４ ウォッチウィンドウ
プログラム実行中の値の変化を調べることができます。

５ プロパティウィンドウ
オブジェクト（p.284）の設定を変更できます。

CHAPTER 04-03 まずは「マクロの記録」で処理を自動化する

マクロの記録

損益計算書の重要な部分を強調したり、罫線を引いたりして見やすい書式に変える処理を自動化します。このような単純な処理なら、[マクロの記録]で簡単に自動化できますので、気楽にやってみましょう。

今回の課題 同じフォーマットの損益計算書が店舗別にシートを分けて用意されています。これらの表について、重要な部分を強調したり、罫線を引いたりして見やすく調整します。1枚目のシートにおける変更を[マクロの記録]で保存し、残るシートに適用していきます。

	A	B	C	D	E	F	G
1		4月	5月	6月	7月	8月	9月
2	売上高	23,114,889	21,279,358	26,749,778	26,721,507	30,839,475	36,534,255
3	売上原価	13,868,933	12,767,614	16,049,866	16,032,904	18,503,685	21,920,553
4	売上総利益	9,245,956	8,511,744	10,699,912	10,688,603	12,335,790	14,613,702
5	販売管理費	6,934,466	6,383,807	8,024,933	8,016,452	9,251,842	10,960,276
6	営業利益	2,311,490	2,127,937	2,674,979	2,672,151	3,083,948	3,653,426
7	営業外収益	-	-	-	-	-	-
8	営業外費用	-	-	-	-	-	-
9	経常利益	2,311,490	2,127,937	2,674,979	2,672,151	3,083,948	3,653,426
10							

梅田店　心斎橋店　なんば店　淀屋橋店

店舗ごとの損益計算書が同じフォーマットで作られている

	A	B	C	D	E	F	G
1		4月	5月	6月	7月	8月	9月
2	**売上高**	23,114,889	21,279,358	26,749,778	26,721,507	30,839,475	36,534,255
3	売上原価	13,868,933	12,767,614	16,049,866	16,032,904	18,503,685	21,920,553
4	**売上総利益**	9,245,956	8,511,744	10,699,912	10,688,603	12,335,790	14,613,702
5	販売管理費	6,934,466	6,383,807	8,024,933	8,016,452	9,251,842	10,960,276
6	**営業利益**	2,311,490	2,127,937	2,674,979	2,672,151	3,083,948	3,653,426
7	営業外収益	-	-	-	-	-	-
8	営業外費用	-	-	-	-	-	-
9	**経常利益**	2,311,490	2,127,937	2,674,979	2,672,151	3,083,948	3,653,426
10							

梅田店　心斎橋店　なんば店　淀屋橋店

1つのシートに書式を設定してその手順をマクロに記録し、 記録したマクロを使って他のシートに書式を設定する

［マクロの記録］で書式の変更を記録する

📥 04-03.xlsx

　［開発］タブの[マクロの記録]をクリックすると、その後に行う操作を記録することができます。1枚目のシートで書式の変更を覚えさせた後、そのマクロを使って残るシートの書式を自動で変更していきます。

　［マクロの記録］ダイアログが表示されます。ここでは、［マクロ名］を「損益計算書の書式設定」と書き換えて［OK］をクリックします。この瞬間から、操作の記録が開始されます。

Memo

マクロ名	：マクロにわかりやすい名前を付ける。
ショートカットキー	：このマクロを呼び出すためのショートカットキーが設定できる。
マクロの保存先	：「個人用マクロブック」「新しいブック」「作業中のブック」の3つから選択できる。「個人用マクロブック」に保存すると、別のブックからでもマクロを呼び出すことができる。
説明	：このマクロの説明文を記入する。

［マクロの記録］では、Excel上で行った操作がそのまま記憶されます。間違った操作をするとそれも記録されてしまうため、最初に手順を整理しておくとよいでしょう。

今回の作業内容は次のとおりです。

●マクロに記録する作業内容

	作業	
1	「売上原価」「販売管理費」「営業外収益」「営業外費用」の4セルを選択する	A3、A5、A7、A8セルが対象
2	選択したセルの文字をインデントする	
3	「売上高」「売上総利益」「営業利益」「経常利益」の4行を選択する	2、4、6、9行目が対象
4	選択行の文字を太字にする	
5	下側の罫線を引く	
6	見出し行を選択する	見出しB1:G1が対象
7	見出し行の背景色を紺色にする	
8	見出し行の文字色を白色にする	

Memo
マクロの記録中に操作を間違えたら、元に戻す（Ctrl + Z）で、操作をやり直すことができます。

では、「梅田店」シートに書式を設定していきます。はじめに、Ctrlを押しながら「売上原価」「販売管理費」「営業外収益」「営業外費用」の4セルを選択し❶、［ホーム］タブ→［インデントを増やす］をクリックします❷。

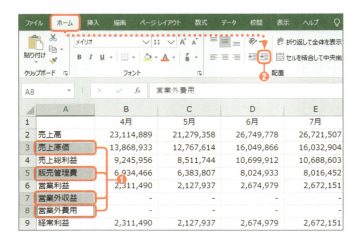

258

A3、A5、A7、A8セルの文字がインデントされました。次に、Ctrlを押しながら2、4、6、9行目を選択し❸、Ctrl+B（または［ホーム］タブ→［太字］❹）でまとめて太字に変更します。続けて、選択範囲はそのまま、［下罫線］をクリックして下側の罫線を追加します❺。

最後に見出しの書式設定を行います。見出し行（B1:G1）を選択し❻、背景色を紺色❼、文字色を白❽に設定します。

これで書式設定が完了しました。再び［開発］タブを選択し、［記録終了］をクリックすると、これまでの操作がマクロ「損益計算書の書式設定」として保存されます。

ステータスバーのボタンからもマクロの記録ができる

マクロの記録の開始・終了は、[開発] タブ以外にも、ステータスバーの左下にあるボタンをクリックすることでも可能です。

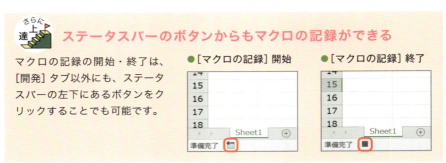

　それでは、記録したマクロを別のシートで実行してみましょう。「心斎橋店」シートを選択し、[開発] タブ→ [マクロ] をクリックします。

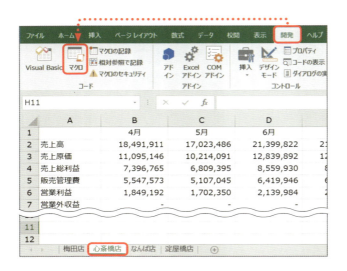

　[マクロ] ダイアログが表示されます。作成済みのマクロが登録されており、ここから実行したり、編集・削除したりすることができます。先ほど記録した「損益計算書の書式設定」を選択して、[実行] をクリックしてください。

04-03 まずは「マクロの記録」で処理を自動化する

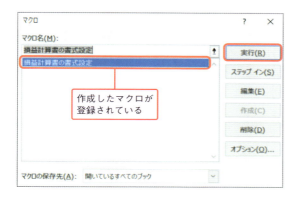

記録した書式の変更作業が自動的に適用され、最初のシートと同じ見た目になります。このように、まったく同じ操作を何度も繰り返す場合は、[マクロの記録]が役に立ちます。

	A	B	C	D	E
1		4月	5月	6月	7月
2	売上高	18,491,911	17,023,486	21,399,822	21,377,205
3	売上原価	11,095,146	10,214,091	12,839,892	12,826,323
4	売上総利益	7,396,765	6,809,395	8,559,930	8,550,882
5	販売管理費	5,547,573	5,107,045	6,419,946	6,413,161
6	営業利益	1,849,192	1,702,350	2,139,984	2,137,721
7	営業外収益	-	-	-	-
8	営業外費用	-	-	-	-
9	経常利益	1,849,192	1,702,350	2,139,984	2,137,721

マクロやVBAを含むブックの保存

作成したマクロ・VBAを保存しておきましょう。

マクロやVBAを含むブックを保存する場合は、[ファイル]メニューから[名前を付けて保存]を選択し、[名前を付けて保存]ダイアログで[ファイルの種類]を**[Excelマクロ有効ブック]（拡張子は「.xlsm」）**に設定する必要があります。

● マクロやVBAを含むブックは、「Excelマクロ有効ブック」として保存する

CHAPTER 04

マクロとVBAの関係

Visual Basic

マクロとVBAの関係を理解します。前節で紹介した［マクロの記録］で作成できる処理は限られていますが、VBAを書けるようになると、できることがもっと広がります。

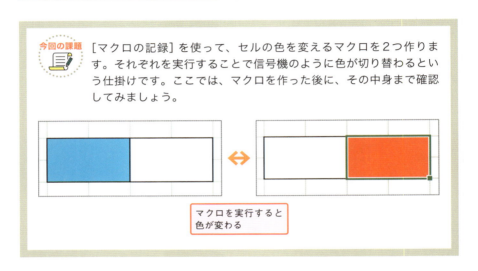

今回の課題　［マクロの記録］を使って、セルの色を変えるマクロを2つ作ります。それぞれを実行することで信号機のように色が切り替わるという仕掛けです。ここでは、マクロを作った後に、その中身まで確認してみましょう。

マクロを実行すると色が変わる

［マクロの記録］で信号機の処理を作成する　　04-04.xlsx

　セルの色を変えるマクロを作成します。信号機のように何度でも切り替えられるよう、赤にする処理、青にする処理の2つを準備します。

●「信号機」シート

はじめに、信号を赤にするマクロを作成します。[開発]タブ→[マクロの記録]をクリックして、マクロ名を「信号を変える_赤」とし、[OK]をクリックして記録を開始しましょう。

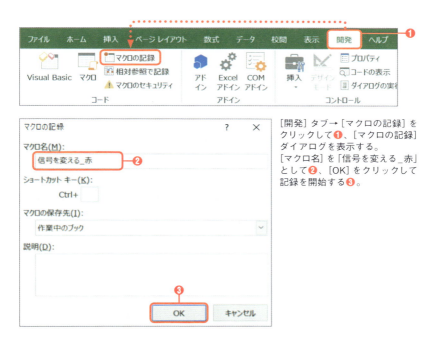

[開発]タブ→[マクロの記録]をクリックして❶、[マクロの記録]ダイアログを表示する。
[マクロ名]を「信号を変える_赤」として❷、[OK]をクリックして記録を開始する❸。

B2:C3セルを白色❹、D2:E3セルを赤色❺に着色し、[記録終了]をクリックします❻。

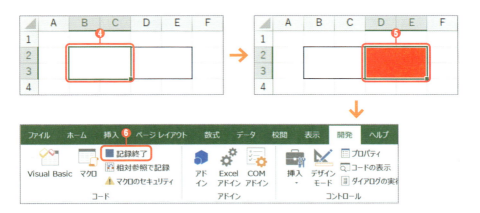

同様の手順で、信号を青にするマクロを作成します。[マクロの記録]から、「信号を変える_青」を作成します。

[開発]タブ→[マクロの記録]をクリックして❶、[マクロの記録]ダイアログを表示する。[マクロ名]を「信号を変える_青」として❷、[OK]をクリックして記録を開始する❸。

D2:E3セルを白色❹、B2:C3セルを青色❺に着色し、[記録終了]をクリックして保存します❻。

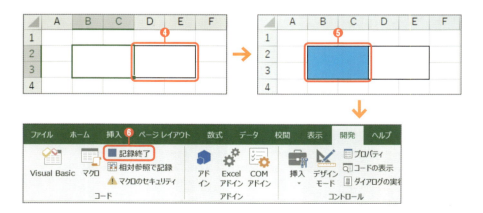

作成したマクロは[開発]タブ→[マクロ]をクリックし、[マクロ]ダイアログの[実行]で動かすことができます。実際にセルの色が変わることを確認しましょう。

作成したマクロの中身を確認する

［開発］タブ→［マクロ］をクリックし、［マクロ］ダイアログの［編集］をクリックすると、VBEが開き、選択したマクロを構成するプログラムが表示されます。今はまだプログラムの内容を気にする必要はありません。マクロの中身がプログラムで書かれていることを確認してください。

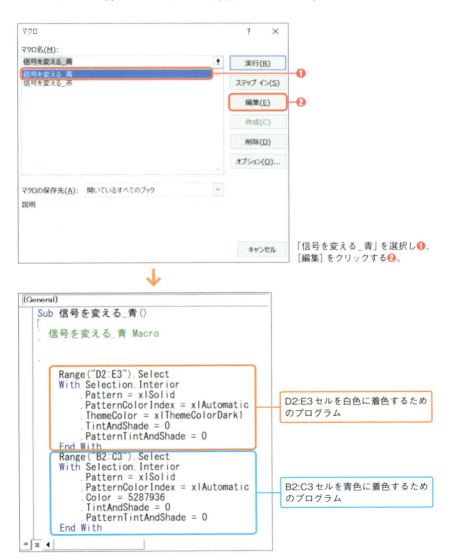

「信号を変える_青」を選択し❶、［編集］をクリックする❷。

D2:E3セルを白色に着色するためのプログラム

B2:C3セルを青色に着色するためのプログラム

マクロとVBAの関係

マクロとVBAの関係を、実際の信号機の仕組みを例に説明します。

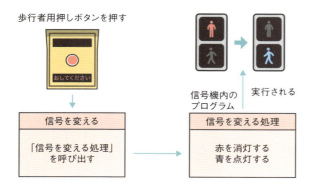

歩行者用押しボタンを押すと、ボタン箱の中にあるメニュー「信号を変える」を呼び出します。この「信号を変える」は、信号機の中に組み込まれているプログラム「信号を変える処理」を呼び出します。すると、「信号を変える処理」の中にあるプログラムが1つずつ実行されて、信号機の赤が消灯し、青が点灯します。

この例を、今回のマクロに置き換えると次のようになります。

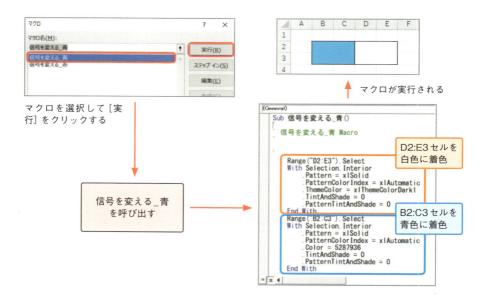

［マクロ］ダイアログの［実行］をクリックすることが、信号機の押しボタンを押すことに相当します。マクロを選択して［実行］をクリックすると、VBAで書かれたプログラムを呼び出します。呼び出されたプログラムは最初の行から順に実行され、セルの色が変更されます。

　マクロは信号を変える処理全体のことを示し、呼び出されて実際に処理を行うのがVBAで書かれたプログラムです。

 シート上のボタンにマクロを登録する

マクロを実行するたびに［開発］タブ→［マクロ］を開き、マクロ名を選択して［実行］ボタンをクリックするのは面倒です。
シート上にボタンなどのオブジェクトを配置し、そこにマクロを登録すると、ワンクリックでマクロを実行できます。詳しくはp.280を参照してください。

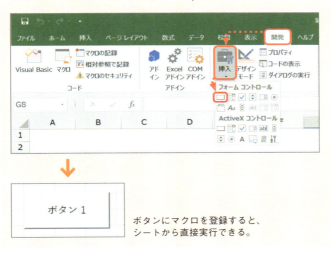

ボタンにマクロを登録すると、
シートから直接実行できる。

　マクロの記録は手軽ですが、手作業で記録した内容をそのまま繰り返すことしかできません。しかし、VBAの書き方を理解すれば、より高度な処理ができるようになります。次節以降では、業務でさまざまな処理を自動化するのに必要なVBAの知識を紹介していきます。

CHAPTER 04 05

VBAでプログラムを書いてみよう

モジュール プロシージャ Option Explicit

VBAのプログラムを書いて動かすことを体験してみましょう。知識を詰め込む前に、まずは習うより慣れろ、です。途中でいろいろ疑問が湧くかもしれませんが、順番に解説していきますので、まず手順どおりにやってみてください。

今回の課題 VBAのプログラムを書いて、実際に動かしてみましょう。次節以降で解説する「モジュール」「プロシージャ」について、名前や使い方がなんとなく理解できたらOKです。最後に、VBEを使いやすくするための設定の変更を行います。

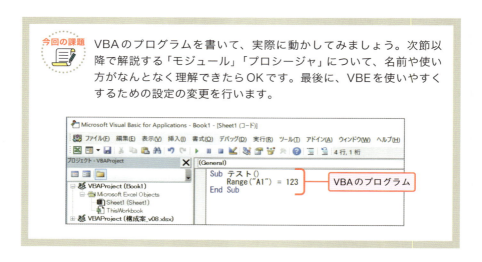

VBEでプログラミング

📥 04-05.xlsx

これまでは［マクロの記録］でプログラムを自動生成してきましたが、VBAを理解するには実際にエディターを使ってプログラムを書いてみるのが一番です。本節では、シートのA1セルに「123」と入力する簡単な処理を作成します。

［開発］タブ→［Visual Basic］をクリックし、VBEを起動してください。

04-05 VBAでプログラムを書いてみよう

　画面左のプロジェクトエクスプローラー内の任意の場所を右クリックし、[挿入] → [標準モジュール] を選択します。

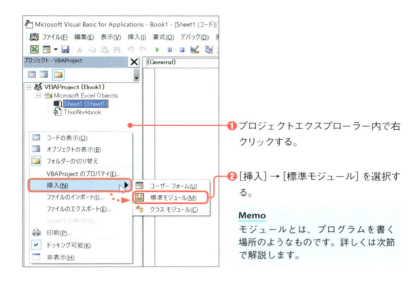

❶ プロジェクトエクスプローラー内で右クリックする。

❷ [挿入] → [標準モジュール] を選択する。

Memo
モジュールとは、プログラムを書く場所のようなものです。詳しくは次節で解説します。

　白紙のコードウィンドウが表示されます。ここにVBAのプログラムを書き込んでいきます。

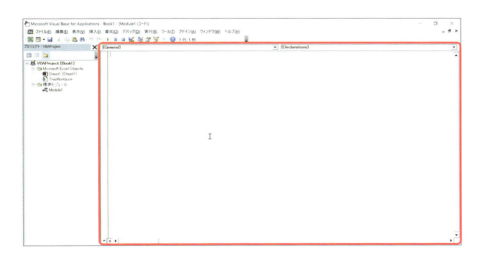

コードウィンドウに「**Sub テスト**」と入力して Enter を押します。

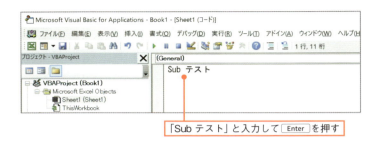

「Sub テスト」と入力して Enter を押す

Memo
「Sub」と「テスト」の間には、スペースを入れます。

Memo
「Sub」の先頭の「S」は大文字で入力する必要はありません。小文字で「sub テスト」と入力しても、Enter を押したタイミングで、エディターが自動的に変換してくれます。

すると、末尾に「**End Sub**」というプログラムが自動入力されます。この、「**Sub~End Sub**」までのブロックのことを**「プロシージャ」**と呼びます。

最初の「**Sub**」の直後に入力した「テスト」がこのプロシージャの名前です。プロシージャ名の後ろには「**( )**」が自動的に追加されます。

プロシージャ名直後の()とEnd Subが自動入力される

Memo
プロシージャについては、04-07節で詳しく解説します。

続いて「**Sub テスト( )**」と「**End Sub**」の間の行に「**Range("A1") = 123**」と入力してください。これは、「指定したセル範囲（A1）に、値（123）を書き込む」という意味のプログラムです。今回のプログラムはこれで完成です。

04-05 VBAでプログラムを書いてみよう

VBA セルA1に「123」と入力するプログラム　04-05.xlsm

```
Sub テスト()
  Range("A1") = 123
End Sub
```

 インデントでプログラムを見やすくする

`Tab` を使ってインデント（字下げ）をすると見やすくわかりやすいプログラムになります。どこをインデントすればよいかというと、対になっているキーワードの間にあるプログラムです。例えば「Sub」と「End Sub」は対になっていますので、その間にあるプログラムを次図のようにインデントします。

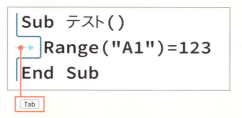

すると、「Sub」と「End Sub」が対になっていることがひと目でわかりやすくなります。プログラムが複雑になればなるほど、このインデントが効果を発揮します。
今後、「For～Next」「If～End If」「With～End With」など、対になっているさまざまなキーワードを学習していきますので、インデントを使ってみてください。

入力直後（入力した行にフォーカスが当たっている状態）に、`F5` を押すか［▷］をクリックすると、プログラムが実行されます。

VBEで `F5` を押すか［▷］をクリックすると❶、Excelでマクロが実行されてセルA1に「123」と入力される❷。

271

VBEの設定を変更する

今後エディターを快適に使うため、VBEをカスタマイズします。ここでは、エラーチェックのルールとコードウィンドウの表示を変更します。

VBE画面上部の［ツール］→［オプション］を選択してください。

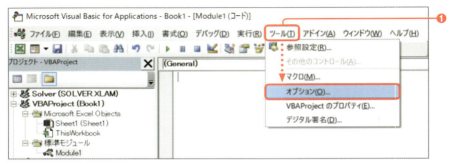

［ツール］→［オプション］を選択する❶。

［オプション］ダイアログが表示されたら［編集］タブを選択し、［自動構文チェック］をオフ、［変数の宣言を強制する］をオンにします。

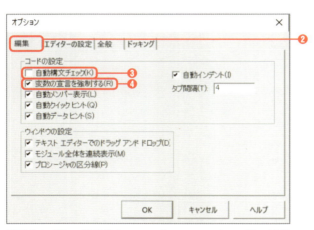

［編集］タブ❷の［自動構文チェック］のチェックをオフ❸、［変数の宣言を強制する］をオン❹にする。

［自動構文チェック］は、VBAプログラムを書いているときに、文法や単語の間違いを自動的に検出し、ポップアップで知らせてくれる機能です。便利では

272

04-05 **VBAでプログラムを書いてみよう**

ありますが、入力している書きかけのコードにも反応してしまい、邪魔になることが多いのでオフにしておきます。

［変数の宣言を強制する］は、変数を使う前に宣言（p.302）しないとエラーとして表示する機能です。これをオンにすると、以降、モジュールの作成時に、コードウィンドウの1行目に「**Option Explicit**」（オプション・エクスプリシット）という文字が表示されるようになります。この文字は消さないようにしてください。

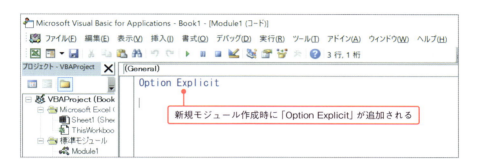

次に［エディターの設定］タブを選択します。エディターに表示される文字の色やサイズ、フォントの種類などを変更できます。自分にとって見やすいように調整してみてください。

変更が終わったら［OK］をクリックして設定内容を保存して完了です。

［エディターの設定］タブ❺で、エディターに表示される文字サイズやフォントの種類などを調整し❻、［OK］をクリックして設定を保存する❼。

273

CHAPTER 04-06 モジュールとは

標準モジュール　シートモジュール　ブックモジュール

モジュールとは、プログラムを書くための場所のことで、プロジェクトエクスプローラーから挿入できます。本節では、このモジュールについてもう少し詳しく説明します。モジュールにも種類があるので、それらの使い分けも見ていきましょう。

今回の課題 モジュールについて理解を深めます。紹介する3種類のモジュールをそれぞれ追加・表示して違いを確認してください。

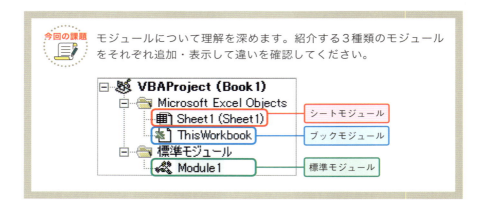

モジュールの概要

モジュールとは、VBAを書く場所のことです。元となるテンプレートから同じモジュールを複数作成することができ、それぞれ別のコードウィンドウで表示されます。ExcelやPowerPointのテンプレートから、新規にExcelファイルやPowerPointファイルを作成するのと同じようなイメージです。

●元となるテンプレートから同じモジュールを複数作成できる

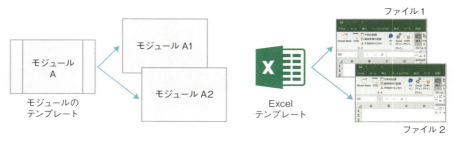

モジュールの種類

コードを書くためのモジュールには**「標準モジュール」「シートモジュール」****「ブックモジュール」**のように種類があります。

● モジュールの種類

モジュール	説明
標準モジュール	通常はこれを使います。標準モジュールはいくつでも作成できます。
シートモジュール	シートに関するイベントが発生したときに行う処理を書きます。例えば、シートを開いたときや、シート内のセルを変更したときに行う処理を書きます。シートモジュールは1シートにつき1つだけ存在します。
ブックモジュール	ブックに関するイベントが発生したときに行う処理を書きます。例えば、ブックを開いたときや、ブックを保存する前に行う処理を書きます。ブックモジュールは1ブックにつき1つだけ存在します。

それぞれのモジュールを表示してみましょう。[開発] タブ→ [Visual Basic] をクリックし、VBE を起動します。

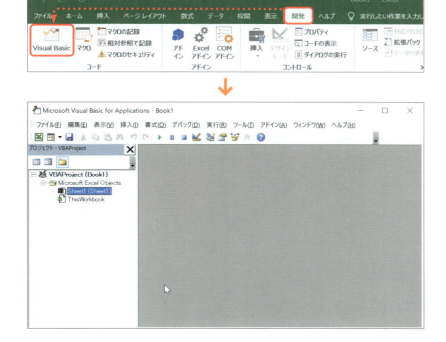

標準モジュール

標準モジュールを追加するには、プロジェクトエクスプローラー内を右クリックして［挿入］→［標準モジュール］を選択します。

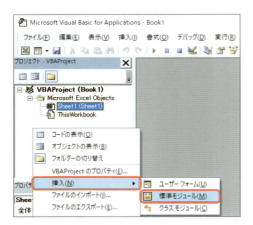

Memo
標準モジュールは、メニューバーの［挿入］から追加することも可能です。

マクロは基本的に、この標準モジュールに記述します。標準モジュールはいくつでも作成できます。

シートモジュール・ブックモジュール

シートモジュールとブックモジュールは、元から存在するため追加する必要はありません。

VBEのプロジェクトエクスプローラーに表示されているシート名をダブルクリックすると、シートモジュールが表示されます。Excelファイルにシートが複数ある場合は、シートの数だけ存在します。

ブックモジュールは、Excelファイル1つにつき1つだけ存在します。プロジェクトエクスプローラーの［ThisWorkbook］をダブルクリックすると開きます。

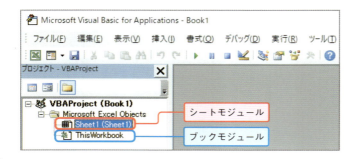

CHAPTER 04 07 プロシージャとは

Subプロシージャ   Call

04-05節で登場したプロシージャについて解説します。プロシージャとはひとまとまりの処理のことで、ここまでに出てきた「信号を赤に変える」「セルA1に123と入力する」といったプログラムはどれもプロシージャに当たります。ここでは作成したプロシージャを呼び出して実行するさまざまな方法も説明します。

今回の課題 プロシージャについて理解を深めます。実際にプロシージャを記述してから、呼び出して実行します。

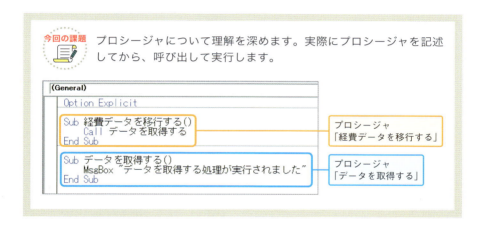

プロシージャの概要

プロシージャとは、ひとまとまりの処理のことで、プロシージャ単位で処理を実行できます。例えば、「データを取得する」「データを加工する」「データを出力する」という3つのプロシージャを作成すれば、それぞれ単独で実行することができます。1つのモジュールに、複数のプロシージャを記述できます。

プロシージャは「**Sub　プロシージャ名()**」で始まり、「**End　Sub**」で終了します。

> **Memo**
> プロシージャには「Functionプロシージャ」というものもありますが、本書では扱いません。

プロシージャを記述する

📥 04-07.xlsx

［開発］タブ→［Visual Basic］を選択し、VBEを起動します。標準モジュールを追加して、プロシージャを記述します。

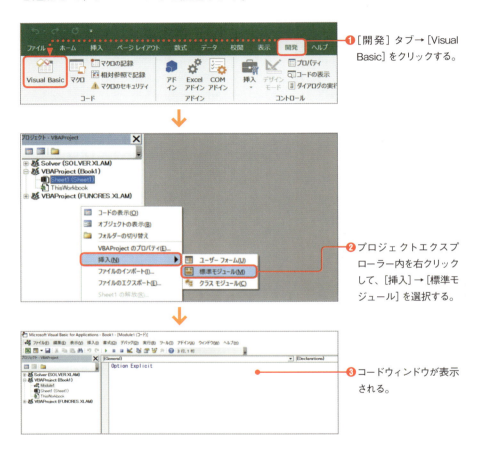

❶ ［開発］タブ→［Visual Basic］をクリックする。

❷ プロジェクトエクスプローラー内を右クリックして、［挿入］→［標準モジュール］を選択する。

❸ コードウィンドウが表示される。

コードウィンドウに「**Sub 経費データを移行する**」と入力して Enter を押します。「**End Sub**」が自動入力され、プロシージャが作成されます。

1行空けて、「Sub　データを取得する」と入力して Enter を押し、2つ目のプロシージャを作成します。先と同様に「End Sub」が自動入力されます。

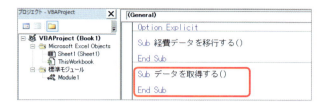

マクロからプロシージャを呼び出す

[マクロ]ダイアログからプロシージャを呼び出す

プロシージャが用意できました。ここで画面をVBEからExcelに切り替え、[開発]タブ→[マクロ]をクリックします。

[マクロ]ダイアログのマクロの一覧には、作成したプロシージャと同じ名前のマクロが表示されています。ここから[実行]をクリックしてプロシージャを呼び出すことができます。

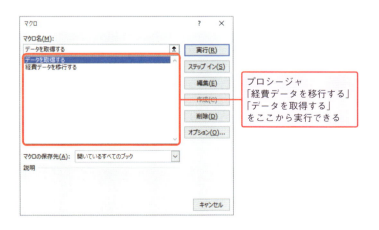

プロシージャ
「経費データを移行する」
「データを取得する」
をここから実行できる

🔲 シート上のボタンからプロシージャを実行する

シート上にボタンなどのオブジェクトを作成し、マクロを登録すると簡単に実行できます。

［開発］タブ→［挿入］→［フォームコントロール］から［ボタン］を選択し、シート上で図形を描くようにボタンを描きます。

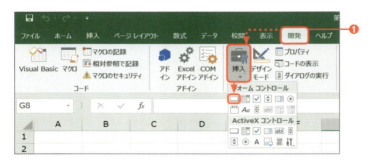

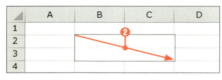

［開発］タブ→［挿入］→［フォームコントロール］の［ボタン］を選択し❶、シート上でドラッグしてボタンを作成する❷。

すると、［マクロの登録］ダイアログが開き、Excelから呼び出すことのできるマクロの一覧が表示されます。

ボタンに登録したいマクロを選択して［OK］をクリックすると、作成したボタンにマクロが紐づけられます。シート上のボタンをクリックすると、マクロ（プロシージャ）を呼び出して実行できます。

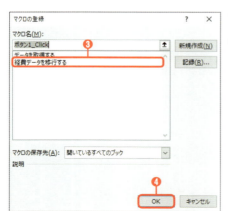

「経費データを移行する」を選択して❸［OK］をクリックすると❹、作成したボタンにマクロが登録される。

Memo
まだプロシージャの中身を書いていないので、ボタンをクリックしても何も起きません。これからプログラムを記述していきます。

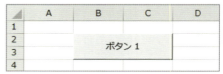

別のプロシージャ経由でプロシージャを呼び出す

Callを使って間接的にプロシージャを呼び出す

　プロシージャの中で別のプロシージャを呼び出したいときは、「Call プロシージャ名」と書きます。今回は、「経費データを移行する」プロシージャの内部に、「データを取得する」プロシージャを呼び出すプログラムを記述します。

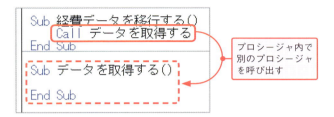

●プロシージャ内で別のプロシージャを呼び出すときの書き方

　VBE画面に移動し、「経費データを移行する」プロシージャの内部に、「Call データを取得する」を追加してください。

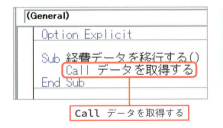

Memo
入力時は「call」がすべて小文字であったり、callとプロシージャ名の間のスペースが全角になっていたりしても、別の行へフォーカスが移動したタイミングで、エディターが自動的に変換してくれます。

　これで、Excel上のボタンから「経費データを移行する」プロシージャが呼び出されると、内部の「Call データを取得する」が実行され、「データを取得する」プロシージャが呼び出されるようになります。

わざわざ間接的に呼び出す理由

今回の例のように、1つのプロシージャを呼び出すだけなら、回りくどいだけで意味はありません。この方法の便利な点は、いくつものプロシージャを呼び出すときにあります。あるプロシージャにはボタンを使ってExcelから処理を呼び出せるようにする窓口的な役割を担わせ、主要な処理は他のプロシージャに書いておきCallで呼び出すようにします。この書き方を覚えておくと、ボタンをクリックすることでいくつものプロシージャの処理をまとめて実行するマクロが作れるようになります。

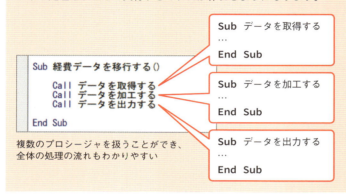

複数のプロシージャを扱うことができ、全体の処理の流れもわかりやすい

続けて、「データを取得する」プロシージャを呼び出したときに、きちんと呼ばれていることが確認できるよう、簡単なプログラムを追加します。

「データを取得する」プロシージャの内部に、「MsgBox "データを取得する処理が実行されました"」と記述してください。

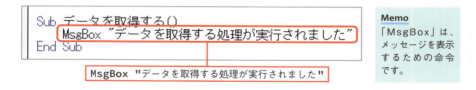

Memo
「MsgBox」は、メッセージを表示するための命令です。

これで、「経費データを移行する」プロシージャが「データを取得する」プロシージャを呼び出し、「データを取得する」プロシージャが実行されて画面にメッセージを表示するようになりました。

Excel画面に戻り、先ほど作成したボタンをクリックしてください。

●プロシージャから別のプロシージャを呼び出す

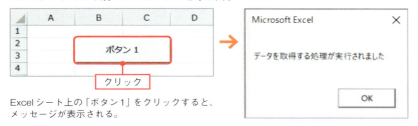

Excelシート上の「ボタン1」をクリックすると、メッセージが表示される。

　ボタンをクリックすると、「経費データを移行する」というマクロが呼ばれます。「経費データを移行する」というマクロは、同じ名前のプロシージャを呼び出します。プロシージャの中で、「データを取得する」という別のプロシージャが呼び出されます。「データを取得する」プロシージャの中でメッセージを表示するプログラムが実行されて、結果としてExcel上にメッセージが表示されています。

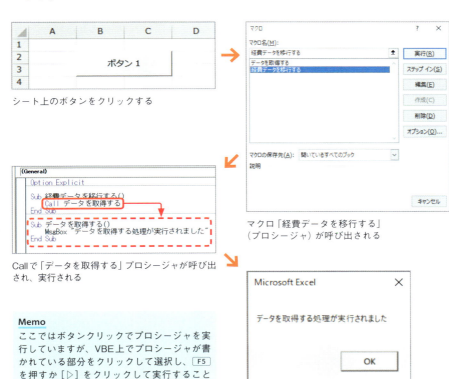

シート上のボタンをクリックする

Callで「データを取得する」プロシージャが呼び出され、実行される

マクロ「経費データを移行する」（プロシージャ）が呼び出される

Excelの画面上にメッセージが表示される

Memo
ここではボタンクリックでプロシージャを実行していますが、VBE上でプロシージャが書かれている部分をクリックして選択し、[F5]を押すか［▷］をクリックして実行することもできます。

CHAPTER 04-08 オブジェクトとは

マクロ・VBAとは、つまるところ「オブジェクト」に対して何らかの処理を行うものです。本節では、オブジェクトについて感覚的に理解します。

オブジェクト＝目に見えるもの

　マクロ・VBAでは「セルに色を付ける」「指定した範囲の値を合計する」など、シートやセルなどの目に見えるものに対してさまざまな処理を行います。処理の対象となるシートやセルなどをまとめて**「オブジェクト」**と呼びます。例えば次図のようなものがオブジェクトです。これらはすべて、VBAを使って操作することができます。

●シートもセルも、アプリケーション自体もオブジェクト

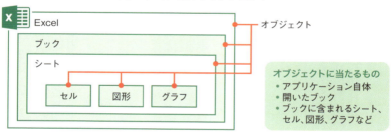

　以下は04-05節で作成した、セルA1に「123」という値を入力するプログラムです。ここでは、セルA1を示す「`Range("A1")`」がオブジェクトです。

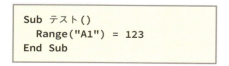

オブジェクトとコレクション

Excelのシートやブックなどは1つのこともあれば複数のこともあります。そのため、VBAでオブジェクトを表記する際には、オブジェクトが複数集まった集合(**コレクション**)の中から、操作対象を指定する形をとります。具体的には次のとおりです。

Sheets(1)
- Sheets: シートオブジェクトの集合(コレクション)
- 1: 1番目のシート

Sheets("赤羽店")
- Sheets: シートオブジェクトの集合(コレクション)
- "赤羽店": 赤羽店という名前のシート

基本的に、Sheetの複数形だから「Sheet**s**」になっている、という覚え方でよいのですが、VBAでは単数形と複数形の書き方がやや特殊なものがあります。

● オブジェクトの種類と表記方法

オブジェクト	単数形	複数形 (コレクション)
セル	Range	Range
図形	Shape	Shapes
シート	Worksheet	Sheets
ブック	Workbook	Workbooks

セルを表す「Range」に「s」は付けません。Rangeは引数でセルの範囲を指定するので、セルが1つであっても複数であっても「Range」のままです。

● セルを扱うときはRange

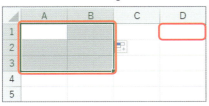

セル範囲A1:B3 を指定 → Range("A1:B3")
セルD1を指定 → Range("D1")

Memo
上記の表で、オブジェクトの単数形は、変数を宣言するときのデータ型として使用します(p.302参照)。

CHAPTER 04 | 09 プロパティとメソッドの基本

前節では、「オブジェクト＝目に見えるもの」といった説明をしました。本節では、このオブジェクトに色を付けたり、値を入力したりと、何らかの処理を行うための命令について学習します。命令は、Excelがわかるように正確に書く必要があるため、書き方をしっかりと理解しましょう。

プロパティとは　　　　　　　　　　　　　　　　　　　　　　　⤓04-09.xlsm

　セルやシートなどのオブジェクトは、値や色などの属性を持っています。この属性のことを「プロパティ」といいます。VBAではプロパティを使って、オブジェクトの持つ属性の内容を取得したり、設定したりできます。

●プロパティを取得するときの書き方

オブジェクト．プロパティ
　　　　　　┬
　　　　　ピリオド

●プロパティを設定するときの書き方

オブジェクト．プロパティ ＝ ○○
　　　　　　┬
　　　　　ピリオド

　プログラムを書く際、オブジェクトとプロパティの間には「.」（半角ピリオド）が入ります。上図の「オブジェクト.プロパティ ＝ ○○」は、「プロパティに○○という値を設定する」という意味です。

　例えば「シート1のA1セルの値を10に変えなさい」という命令をするのであれば、次のように書きます。シートを指定するためのSheets、セルを指定するためのRangeを使い、間には「.」が入ります。

04-09 プロパティとメソッドの基本

命令(日本語) シート1のA1セルの値を、10に変えなさい

命令(VBA) Sheets("シート1").Range("A1").Value = 10
　　　　　　　└─────オブジェクト─────┘　└プロパティ┘　└値┘

VBAで「左辺=右辺」のように書いたときは、「右辺を左辺に代入する」ことを表します。

> **Memo**
> 文字列は、ダブルクォーテーションで括りましょう（ダブルクォーテーションで括らないと、文字として扱われません）。シート名「シート1」や、セル範囲「A1」は文字列です。

> **Memo**
> 04-05節（プログラムを書いてみよう）で紹介した「Range("A1")=123」は、シート名や「.Value」を省略した書き方です。「Range("A1")」の後に何も付けないと、後ろには「.Value」が自動的に付いているものとみなされます。「Range("A1")」の前に何も付けないと、現在有効なシートが指定されているものとみなされます。
> ただ、「.Value」やシート名を明示的に指定したほうが、命令が明確になってプログラムがわかりやすくなるので、できるだけ指定するようにしましょう。

VBEで標準モジュールに次のプログラムを入力して、F5 を押すか [▷] をクリックして試してみてください。

VBA シート1のセルA1のプロパティに「10」を設定する　　　　　　　　↓04-09.xlsm

```
Sub セルにプロパティを設定する()
    Sheets("シート1").Range("A1").Value = 10
End Sub
```

> **Memo**
> VBAで指定しているとおり、シート名は「シート1」にしてください。

次に、セルの色を変えてみましょう。先の例では値を表す「**Value**」(バリュー)プロパティを使用しました。今回は、セルの背景色を決める「**Interior.Color**」(インテリア・カラー) プロパティを設定します。

　Excelでセル範囲を指定するとき、「C4:D5」のように書きます。VBAでもセル範囲の指定のしかたは同じです。色は「**Interior.Color**」、黄色は「**vbYellow**」(ブイビー・イエロー) という書き方をします。色は他にも、「**vbBlue**」(ブイビー・ブルー) や「**vbRed**」(ブイビー・レッド) など指定できますし、さらに細かい色を指定することも可能です。

> **VBA** セルC4:D5の背景色を黄色に設定する　　　　　　　⬇ 04-09.xlsm
>
> ```
> Sub セルの背景色を設定する()
>     Sheets("シート3").Range("C4:D5").Interior.Color = vbYellow
> End Sub
> ```

シート3のC4:D5セルの背景色が変更される。

　他にもさまざまなプロパティがあります。次表に、セルに関連するプロパティの中から、代表的なものをいくつか紹介します。

04-09 プロパティとメソッドの基本

●代表的なセルのプロパティ

プロパティ	説明	使用例
Address（アドレス）	セルの場所	Range("C2").Address
Interior.Color（インテリア・カラー）	セルの背景色。RGBで指定するか、vbBlueなどで指定できる	Range("A1").Interior.Color = vbBlue
Interior.ColorIndex（インテリア・カラーインデックス）	セルの背景色。1〜56の番号で色を指定する。0でクリアできる	Range("A1").Interior.ColorIndex = 0
Row（ロー）	セルの行番号	Range("E5").Row
Column（カラム）	セルの列番号	Range("E5").Column
Comment.Text（コメント・テキスト）	セルのコメント内容	Range("A1").Comment.Text
Formula（フォーミュラ）	数式	Range("A1").Formula

メソッドとは

⬇ 04-09.xlsm

セルをはじめとするオブジェクトを操作するには、プロパティを設定するほか、「メソッド」を使用する方法もあります。メソッドは、オブジェクトに対して直接アクションを実行するものと考えてください。メソッドにもさまざまな種類があり、引数を設定できるものもあります。

●メソッド（引数なし）の書き方

オブジェクト．メソッド

ピリオド

●メソッド（引数あり）の書き方

オブジェクト．メソッド 引数

ピリオド　　　半角スペース

先ほどプロパティを使って着色したシート3のC4:D5セルの背景色を、「Clear」（クリアー）メソッドで元に戻してみましょう。プロパティと同様、オブジェクトとメソッドの間には「.」が入ります。

命令（日本語）　シート**3**の**C4:D5**セルの色をクリアしなさい
命令（VBA）　　`Sheets("シート3").Range("C4:D5").Clear`

オブジェクト　　　　　　　　　　　　　メソッド

CHAPTER 04 マクロ&VBA〈基本編〉

289

メソッドは、オブジェクトに対してどのような処理を行うかを決めるものです。前ページの例文は、「オブジェクト（シート3のC4:D5セル）をクリア（数式と書式設定を解除）する」という意味です。

VBA セルC4:D5の背景色をクリアする　　　　　　　　　　　04-09.xlsm

```
Sub セルの背景色をクリアする()
    Sheets("シート3").Range("C4:D5").Clear
End Sub
```

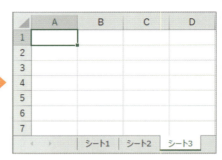

シート3のC4:D5セルの背景色がクリアされる。

続けて、引数のあるメソッドも試してみましょう。シート3のA1セルにコメントを追加します。

命令（日本語） シート3のA1セルにコメント「修正済」を追加しなさい
命令（VBA） Sheets("シート3").Range("A1").AddComment "修正済"
　　　　　　　　└─── オブジェクト ───┘　　　　メソッド　└ メソッドの
　　　　　　　　　　　　　　　　　　　　　　　　　半角　　引数
　　　　　　　　　　　　　　　　　　　　　　　　スペース

「AddComment」（アッドコメント）はセルにコメントを追加するメソッドで、コメントの内容を引数で指定できます。

VBA セルA1にコメントを追加する　　　　　　　　　　　04-09.xlsm

```
Sub セルにコメントを追加する()
    Sheets("シート3").Range("A1").AddComment "修正済"
End Sub
```

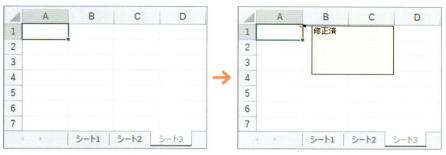

シート3のA1セルにコメント「修正済」が追加される。

> **Memo**
> "修正済"の「""」は、文字列であることを表します。なお、セル範囲を示す"A1"や"C4:D5"も、VBAのプログラム上、文字列として扱われます。

他にも、例えば次のようなメソッドがあります。

●代表的なメソッド

メソッド	説明	使用例
Copy（コピー）	コピーする	Range("A1").Copy コピー先
Delete（デリート）	削除する	Range("A1").Delete
Merge（マージ）	結合する	Range("A1").Merge

プロパティやメソッドについて理解するには、実際に使ってみることが一番の近道です。解説を読んでいまいち理解できなくても、とりあえずプログラムを書いて動かしてみると納得できることもあるので、悩んだらプログラムをそのまま書き写して実行してみてください。

CHAPTER 04 10 セル範囲を選択する

「A1セルにコメントを記入する」「B4:C5の範囲を青く塗る」など、VBAで処理を書くには、その処理をどこに適用するかを指定する必要があります。本節では、セル範囲を選択する方法の中から、よく使う4つを紹介します。

セル範囲の選択には、セル範囲や行列を明示的に指定して手動で選択する方法と、「使用されている範囲」のように位置を明示せずに自動で選択する方法があります。ここではいろいろな方法でセル範囲の選択を行ってみましょう。

●セル範囲C3:D3を選択する（手動）

●使用されている（値が入っている）範囲を選択する（自動）

位置を手動で指定する

「A3セル」「3行目の1列目」のように、セルの場所を明示的に指定する場合は「**Range**」(レンジ)と「**Cells**」(セルズ)が使用できます。Excelと同じように指定するときは**Range**、行番号と列番号で指定するときは**Cells**を使います。

📋 Range

「A3」や「A8:C12」のように、Excelと同じように指定する場合は「**Range**」を使います。**Range**の引数は1つだけです。セル範囲は文字列なので、ダブルクォーテーションで括る必要があります。**Range**を使うと複数のセルを指定することができます。

● セル範囲を手動で指定する

Range("A1")

セル範囲

VBA Rangeの使用例

```
Range("A3")     ←❶
Range("A8:C12") ←❷
```

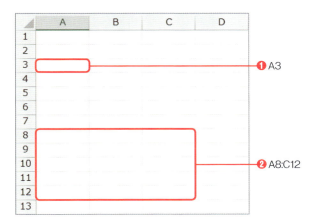

📊 Cells

3行目1列目などのように、行番号と列番号によって指定する場合は「**Cells**」を使います。**Cells**の引数は、行番号と列番号の2つで、いずれも数値です。**Cells**を使うとセル1つだけしか指定できません。

●行番号と列番号で指定する

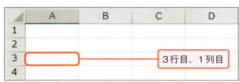

> **Memo**
> Rangeは複数のセルを指定できるのに、Cellsは1つのセルしか指定できません。ではなぜCellsを使うのかというと、Cellsは繰り返し処理(p.305)に向いているからです。繰り返し処理では、行番号や列番号を1つずつ加算しながら処理を行います。よって、セルを数値で指定できるCellsは、繰り返し処理では重宝するわけです。

位置を自動で指定する

「A1セルを起点とする表」「使用されている範囲」のように、具体的な位置を示さずに指定する方法として「**CurrentRegion**」(カレントリージョン)と「**UsedRange**」(ユーズドレンジ)があります。

📊 CurrentRegion

セルを起点として範囲を指定するときは**CurrentRegion**を使います。次の例文で選択される範囲は、A1セルを選択した状態で Ctrl + A を押して選択できる範囲と同じです。

●起点となるセルをもとに、範囲を自動指定する

Range("A1").CurrentRegion

　　　起点(A1セル)

UsedRange

「そのシート上で使用されている範囲」を指定するときは **UsedRange** を使います。

●シート上の使用されている範囲を自動選択する

Sheets("一覧表").UsedRange

セル範囲の取得方法を組み合わせて使う

📥 04-10.xlsm

サンプルファイルの「一覧表」シートの表を次のように加工します。

1. 表全体の背景色を黄色にする
2. 表のヘッダー部分の背景色を青色にする

●「一覧表」シート

はじめに表全体の背景色をまとめて黄色に変更し、次にヘッダーのC3:D3を指定して青色に変更します。表全体を選択するのに **UsedRange** を使用し、表のヘッダーを選択するのに **Range** を使用するのがポイントです。

VBEで標準モジュールに次のプログラムを記述・実行してみましょう。

VBA 表の背景色を変更する

📥 04-10.xlsm

```
Sub 表の背景色を変更する()
    Sheets("一覧表").UsedRange.Interior.Color = vbYellow  ●①
    Sheets("一覧表").Range("C3:D3").Interior.Color = vbBlue  ●②
End Sub
```

プログラムを実行すると次のようになります。

 UsedRangeとCurrentRegion

サンプルファイルの「一覧表」シートでは6行目が空欄になっています。上記のプログラムで表全体を選択する際、UsedRangeの代わりにCurrentRegionを使うと、空欄になっているところで表が分割されていると判断され、5行目までしか色が付きません。

Range("C3").CurrentRegion

C3セルを起点とした表を自動選択した場合

一方、UsedRangeはシート上の使用されている範囲全体を選択するため、表のタイトルや、離れた場所にある関係のない値なども含めてしまいます。場面に応じて使い分けを工夫しましょう。

表と関係のない値も含まれてしまう

CHAPTER 04 11 最終行・最終列を取得する

SpecialCells End

データ処理を自動化するとき必要となるのが、表の始点と終点を特定することです。たいていの場合、開始行（開始列）は固定されていますが、最終行（最終列）は可変（行数や列数が変わりうること）であることが多いため、何行目（何列目）が表の最後かを調べる必要があります。

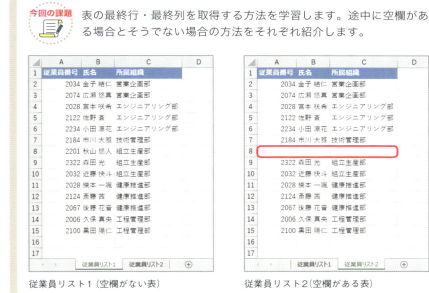

今回の課題 表の最終行・最終列を取得する方法を学習します。途中に空欄がある場合とそうでない場合の方法をそれぞれ紹介します。

従業員リスト1（空欄がない表）　　　従業員リスト2（空欄がある表）

最終行・最終列の位置を取得する

04-11.xlsm

　途中に空の行や列が存在しうる場合は「**SpecialCells**」（スペシャルセルズ）メソッド、空欄のない表の場合は「**End**」（エンド）プロパティを使用します。

🗐 SpecialCellsメソッド

引数で指定した条件に当てはまるセルを取得するメソッドです。次の例文では「`xlCellTypeLastCell`」を引数に設定して最終セルを取得し、「`.Row`」で取得したセルの行番号を取得しています。

●任意の起点から、表の最終行を取得する

```
Range("A1").SpecialCells(xlCellTypeLastCell).Row
```
　　　起点　　　　　　　　　　　　引数（取得する情報＝範囲の末端セル）　　行数

> **Memo**
> 最終列を取得する場合は、「Row」の代わりに「Column」を使って、「Range("A1").SpecialCells(xlCellTypeLastCell).Column」のように記述します。

`SpecialCells`メソッドは、Ctrl + End（選択しているセルから範囲の最後のセルに移動するショートカットキー）と同じ操作をVBAで表したものです。起点とするセルはシート上のどこでも構いません。起点セルを気にする必要がなく、どんな場合でも最終行・最終列を取得できるので、一番無難な書き方であると言えます。

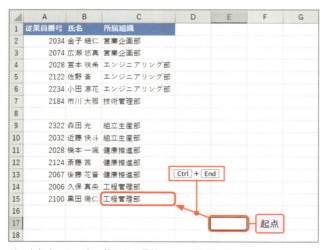

どこを起点にしても、値のある最後のセルを取得できる。
このセルの行番号を取得すれば最終行が、列番号を取得すれば最終列がわかる。

Endプロパティ

Endプロパティで最終行・最終列を取得することも可能です。引数で探す方向を指定します。途中に空欄がない表の場合は、表の開始位置周辺のセルを起点として、表の末尾を探します。ところどころデータのない行や列がある表の場合は、表の範囲外のセルを起点とし、そこから表の末尾を探します。

● 下方向に探す（空欄がない表の場合）

```
Range("A1").End(xlDown).Row
```
起点　　　　　　引数(探す方向:下)　行数

● 上方向に探す（空欄がある表の場合）

```
Range("C17").End(xlUp).Row
```
起点　　　　　　引数(探す方向:上)　行数

Memo
最終列を取得する場合は「Range("A1").End(xlToRight).Column」のように記述します。

Endプロパティは、Ctrl＋矢印キーと同じ操作をVBAで表したものです。空欄のない表の末尾を探す場合は、起点は表の中であればどこでもよいのですが、ところどころ空行がある表の場合は「データが確実に終了する位置」からさかのぼって探す必要があります。

下方向に探して表の末尾のセルを取得する。

上方向に探して表の末尾のセルを取得する。

表の末端を取得して、行数と列数をメッセージで表示する　📥04-11.xlsx

　ここまで、表の最後の行列を取得する方法を解説してきましたが、実際にプログラムを書いて正しく動くことを確認しましょう。次のプログラムでは、表の最終行と最終列をそれぞれ取得し、メッセージボックスで行番号・列番号を表示します。

　VBAで標準モジュールを追加し、記述・実行してください。

VBA　表の最終行・最終列番号を取得する　📥04-11.xlsm

```
Sub 表の末端を取得する()
    MsgBox Sheets("従業員リスト2").Range("A1").SpecialCells(xlCell⤵
TypeLastCell).Row ●❶
    MsgBox Sheets("従業員リスト2").Range("A1").End(xlToRight).Column
End Sub ●❷
```

⤵……紙面の都合で改行していることを表します。実際は改行せずに入力してください。

Memo
❶の起点セルは「従業員リスト2」シート内ならどこでも問題ありません。
❷の起点セルは、最終列の手前にあるセルを指定する必要があります。

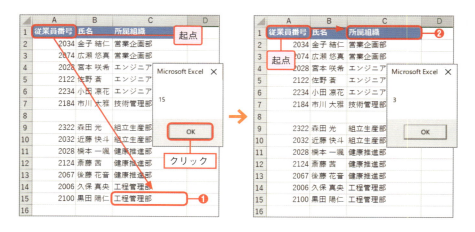

　❶❷ともに、A1セルを起点としていますが、❶は最終セルであるC15を一発で取得し、その行を取得しています。❷は、Ctrl + → の操作によって最終列を取得しています。**SpecialCells**と**End**を両方とも覚えておくと便利です。

CHAPTER 04 12 変数とデータ型の基本

変数を使うと、プログラムの読みやすさが格段にアップします。さらに、データ型を使うと、プログラムのミスに気づきやすくなります。本節では、変数とデータ型についておおまかに理解することを目指します。

変数とは

<mark>変数</mark>とは、データやオブジェクト（04-08節参照）を格納するための入れ物です。

●変数のイメージ

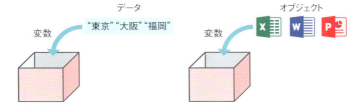

VBAの変数は、プログラムをシンプルで読みやすいものにするために使用します。はじめに、変数を使わずに書いた次のプログラムを見てください。

VBA 変数を使わずに書いたプログラムの例

```
Sub データ処理()
  Range("E2").Value = Range("C2").Value + Range("D2").Value
End Sub
```

セルの値を取得して書き込んだり、計算したりしていることは読み取れますが、処理の目的まではわかりません。
これを、変数を使って書き換えると次のようになります。

VBA 変数を使って書いたプログラムの例

```
Sub データ処理()
    Dim 商品代金
    Dim 送料

    商品代金 = Range("C2").Value
    送料 = Range("D2").Value

    Range("E2").Value = 商品代金 + 送料
End Sub
```

　こうしてみると、C2セルの値を商品代金、D2セルの値を送料として、それらの合計をE2セルに書き込んでいることがわかりますね。変数を使うと、VBAで書かれたプログラムの処理内容が格段にわかりやすくなります。

変数の宣言

　プログラムの中で変数を使うには、あらかじめ<mark>変数を宣言</mark>する必要があります。宣言とは、「この変数を使います」とコンピューターに知らせる儀式のようなものです。
　変数を宣言するには、「**Dim 変数名**」という書き方をします。先のプログラムでは、2行目「**Dim 商品代金**」と3行目「**Dim 送料**」が変数の宣言に当たります。

● 変数を宣言する

Dim 変数名

Memo
変数名には日本語、英数字および「_」(アンダースコア) を使用できますが、数字を先頭文字に使用することはできません。

データ型とは

　VBAで扱うデータには「文字」「数値」「日付」などの種類があり、こうした種類のことを<mark>「データ型」</mark>と呼びます。例えば、「123」と「"123"」はそれぞれ数値型、文字列型のデータで、違う種類のデータとして扱われます。
　主なデータ型は次表の9つです。データ型は、文字や数値などのデータ (値) を格納するものと、セルやシート、図形などのオブジェクトを格納するものと大きく2つに分かれます。

302

04-12 変数とデータ型の基本

●主なデータ型

データ型	データの種類	
String	文字列	データ格納用
Long	数値・整数	
Single	数値・小数	
Date	日付	
Shape	図形	オブジェクト格納用
Range	セル・セル範囲	
Worksheet	ワークシート	
Workbook	ワークブック	
Variant	すべてのデータ	何でもOK

データ型を指定する

　データ型は、変数の宣言と同時に指定します。具体的には、「Dim 変数名」に続けて、「As データ型」のように指定します。データ型の指定を省略すると、自動的にVariant型の変数として扱われます。

●変数の型を指定する

Dim 変数名 As データ型

　先の例文に、データ型の指定を追加すると次のようになります。

VBA 変数のデータ型を指定したプログラムの例

```
Sub データ処理()
  Dim 商品代金 As Long
  Dim 送料 As Long

  商品代金 = Range("C2").Value
  送料 = Range("D2").Value

  Range("E2").Value = 商品代金 + 送料
End Sub
```

　「商品代金」「送料」も金額、つまり数値を入れるための変数なので、Long型を指定します。データ型を指定したことで、「商品代金」「送料」には数値しか入らないという制限がかかります。間違って文字列などが入りそうになったら、その時点でエラーになるので、すぐに間違いに気付くことができます。

CHAPTER 04 マクロ&VBA〈基本編〉

303

変数の宣言と使用

⬇ 04-12.xlsm

実際に変数を宣言し、値を代入して使ってみましょう。今回やることは次のとおりです。

1. 「部署名」という文字列（String）型の変数を宣言する
2. 宣言した変数「部署名」に、「経理部」という文字を入れる
3. メッセージ（MsgBox）を使い、変数の中身を表示する

VBEで標準モジュールに次のプログラムを記述・実行してみましょう。

VBA 変数を宣言する ⬇ 04-12-1.xlsm

```
Sub 変数の宣言()
    Dim 部署名 As String    ● String型の変数「部署名」を宣言

    部署名 = "経理部"        ● 変数「部署名」に値「経理部」を代入

    MsgBox 部署名            ● 変数の値（経理部）をメッセージで表示
End Sub
```

プログラムを実行すると、次のようにメッセージが表示されます。

Memo
Long型で宣言した変数に、あえて「"経理部"」など違う型のデータを入れて実行し、エラーになることを確かめてみるのもおすすめです。

 オブジェクトを格納する変数の注意点

「Range」「Worksheet」など、オブジェクトを格納するデータ型を指定した場合、変数の宣言後に「オブジェクトを設定する」という手順が必要となります。詳しくはp.322で解説します。

```
Dim 変数名 As Worksheet
Set 変数名 = シートオブジェクト    ● オブジェクトを設定
```

CHAPTER 04 13 繰り返し処理を行う

`For` `For Each`

繰り返し処理は、Excelが得意とする処理で、業務を自動化するVBAプログラムを書くときに必ずと言ってよいほど使う重要なものです。Excelの表を1行（1列）ずつ処理したり、Excelのシートやブックを1つずつ取り込んだり、あるいは出力したりするときに使います。繰り返し処理を上手に活用することができれば、仕事がとてもラクになります。

今回の課題 繰り返し処理には、起点セルと終点セルを決めて、その範囲で同じ処理を繰り返す「For」と、オブジェクトの集合（複数のセルやシートなど）に対して処理を繰り返す「For Each」の2つがあります。それぞれのサンプルを動かしながら、繰り返し処理の使い方を身に付けましょう。

● 税込み価格を計算する（For）

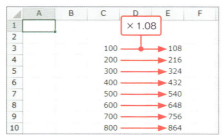

● 表の中身を書き出す（For Each）

	A	B	C	D	E	F
1	研修体系図					研修一覧
2		レベル1	レベル2	レベル3		Excel基礎
3	Excel	Excel基礎	Excel初級	Excel中級		Excel初級
4	PowerPoint	プレゼン基礎	プレゼン初級	プレゼン中級		Excel中級
5	会計	会計基礎	会計応用	会計上級		プレゼン基礎
6						プレゼン初級
7						プレゼン中級
8						会計基礎
9						会計応用
10						会計上級

繰り返し処理 ❶ For

⤓04-13-1.xlsm

「シートの3行目から10行目」など、起点と終点を決めて同じ処理を繰り返すときには、「**For**」（フォー）を使います。

● For文の書き方

For 変数 = 起点 To 終点
(処理)
Next

> **Memo**
> For文の変数のデータ型は、数値（Long）になります。

　実際に書いてみたほうが理解しやすいと思いますので、さっそく次のプログラムを書いて実行してみてください。3行目〜10行目の範囲で、3列目の値に1.08を掛けた値を5列目に書き込んでいます。

VBA 税込み価格を計算する　　　　　　　　　　　　⤓04-13-1.xlsm

```
Sub 繰り返し処理1()
  Dim 行 As Long

  For 行 = 3 To 10
    Cells(行, 5) = Cells(行, 3) * 1.08
  Next
End Sub
```

04-13 繰り返し処理を行う

プログラムの**For**文について詳しく見ていきましょう。**For**文は、次のよう
に動作します。

1. For文の変数に起点の値がセットされる
2. 起点の変数を使って、ForとNextの間に書かれた処理を実行する
3. 処理が終わってNextに達したら、For文の変数に1が加算される
4. 更新された変数を使って、またForとNextの間に書かれた処理を実行する
5. 終点の変数まで順次、同じ処理を繰り返す

今回のプログラムは次のようになっていますので、最初は3行目から処理が
始まります。**Next**に達したら変数「行」に1が加算され、4行目、5行目、……
終点の10行目まで順次、同じ処理を繰り返します。

```
For 行 = 3 To 10
  Cells(行, 5) = Cells(行, 3) * 1.08
Next
```

Forと**Next**の間に書かれた処理は、繰り返しの都度、変数の値が変わって
いきます。結果的に、3行目から10行目までのセルに処理を実行できます。

3行目から10行目まで、変数をセットして計算する処理を繰り返す
【1回目】行 = 3がセットされて、「**Cells(3, 5) = Cells(3, 3) * 1.08**」
　　　　が実行される
【2回目】行 = 4がセットされて、「**Cells(4, 5) = Cells(4, 3) * 1.08**」
　　　　が実行される
　　　　　　　　⋮
【8回目】行 = 10がセットされて、「**Cells(10, 5) = Cells(10, 3) ***
　　　　1.08」が実行される

繰り返し処理を使うことで、プログラムがとてもシンプルになります。処理
を行う範囲が1000行でも、「**For 行 = 1 To 1000**」と簡単に記述できます。

繰り返し処理 ❷　For Each　　　　　　　　⬇04-13-2.xlsm

Forでは起点と終点を指定していましたが、セル範囲や複数のシートなどの
<mark>オブジェクトの「集合」</mark>に対して処理を行う場合は、「**For Each**」(フォー・イーチ)
を使います。

CHAPTER 04 マクロ&VBA〈基本編〉

307

●For Each文の書き方

For Each 変数 In 集合
(処理)
Next

オブジェクトの集合には次のような種類があります。集合のことを <mark>「コレクション」</mark> と呼びます。

●集合の種類とデータ型

集合（コレクション）	データ型
Range（セル範囲）	Range
Shapes（シート内の図形）	Shape
Sheets（ブック内のシート）	Worksheet
Workbooks（Excel内のブック）	Workbook

For Each では、セル範囲の中にあるセル、シート内の図形、ブック内のシートなどに対して1つずつ処理を行います。**For** では処理の起点と終点を指定しましたが、**For Each** では処理対象の集合が決まれば、繰り返し回数も自然と決まります。

次の例は、「研修体系図」の内容を「研修一覧」の表に書き出すというものです。研修体系図のセル範囲B3:D5から順番に値を取得します。

●セル範囲のセルはオブジェクトの集合として扱える

「集合」に当たるのはセル範囲B3:D5です。B3:D5には9個のセルが含まれているため、繰り返し処理の回数は9回となります。

それでは、次のプログラムを書いて実行してみてください。

04-13 繰り返し処理を行う

VBA セル範囲の値を一覧表に書き出す

📥 04-13-2.xlsm

```
Sub 繰り返し処理2()
    Dim セル As Range        ❶Range型の変数「セル」を宣言
    Dim 書込行 As Long         Long型の変数「書込行」を宣言
    書込行 = 2               ❷書込行の初期値＝一覧表の開始地点

    For Each セル In Range("B3:D5")
        Range("F" & 書込行).Value = セル.Value   ❸F列のセルに、集合内の
                                                 セルの値を書き込む
        書込行 = 書込行 + 1
    Next                     ❹書込行を1行下にずらす
End Sub
```

　Range型の変数「セル」は、B3:D5の範囲にあるセルを1つずつ格納するのに使います。Long型の変数「書込行」は、どの行に書き込むかを設定するために使います。「研修一覧」表が2行目から始まっているため、初期値は「2」とします❶❷。

　B3:D5の範囲にある各セルの値は「セル.Value」で取得できます。書込先のセルは、F列の「書込行」という変数で指定された行番号にあるセルです。よって、セルの場所は「"F" & 書込行」と表すことができます❸。

　各セルの値を書込先の表に転記したら、「書込行」に1を加えて、次の書込先を指定します❹。

　上記を実行すると、研修体系図にある研修名が一覧表に転記されます。

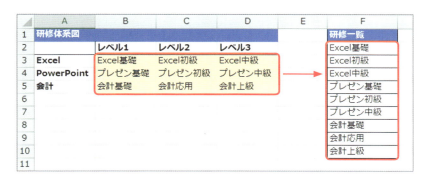

Memo
B3:D5のセルは、B3→C3→D3、B4→C4→D4、B5→C5→D5の順に処理されます。

309

CHAPTER 04-14 分岐処理を行う

分岐処理は、商品に応じて税率を変えたり、重要度に応じてタスクを色分けしたりするなど、使用頻度が高い処理です。繰り返し処理と同様、業務を自動化するためのVBAプログラムを書くときに必ず言ってよいほど登場します。本節で、分岐処理の書き方についてしっかり理解しましょう。

今回の課題 入力された値に応じて異なる処理を行うプログラムを作成します。ここでは、金額の大きさによって決裁者を変える処理と、曜日を取得して土日であればセルに色を塗る処理の2つを例に学習します。

700未満なら「課長決裁」　　日曜日なら背景色を赤にする

分岐処理 ❶　If　　　　　　　　　　　04-14-1.xlsm

条件式を満たす場合とそうでない場合で異なる処理を行うには、「**If**」(イフ)を使います。条件式とは、例えば次のようなものです。

条件式の例

都道府県 = "東京"	：都道府県が「東京」に一致する
都道府県 <> ""	：都道府県が空白ではない
商品単価 >= 8000	：商品単価が8000円以上である
Month(出荷日) = 11	：出荷日の月が11月である

Memo
条件式で左辺と右辺を比較するには、比較演算子を使います。「=」(等しい)、「<>」(等しくない)、「<」(小さい)、「>」(大きい)、「<=」(以下)、「>=」(以上) などがあります。VBAでは「=」の記号は代入と比較の2つの用途で使われます。

04-14 分岐処理を行う

複数の条件式をつなげる場合は、「**And**」や「**Or**」を使います。

条件式の組み合わせの例

商品単価 >= 8000 And 商品単価 <= 10000 ：商品単価が8000円以上かつ10000
　　　　　　　　　　　　　　　　　　　　　円以下である

Month(出荷日) = 10 Or Month(出荷日) = 11 ：出荷日の月が10月または11月である

If文は、その名のとおり「**If**」で始まり、「**End If**」で終わります。条件式を追加することで、より細かな分岐の作成も可能です。

●If文の書き方

```
If  条件式1  Then ●―❶
   (処理1)
ElseIf  条件式2  Then ●―❷
   (処理2)
Else ●―❸
   (処理3)
End If ●―❹
```

❶は、もし（**If**）、条件式1を満たす場合は（条件式1　Then）、処理1を行う、という読み方をします。条件がいくつかある場合は、1つ目の条件式で「**If**」を使い、2つ目の条件式には「**ElseIf**」（エルスイフ）という用語を使います。❷は、もし（**ElseIf**）、条件式2を満たす場合は（条件式2　Then）、処理2を行う、と読みます。3つ目、4つ目の条件式があれば、同じように「**ElseIf**」を使って書きます。いずれの条件式にも当てはまらない「その他」の場合は、「**Else**」（エルス）を使います。**Else**を使うときは、**Then**を付ける必要はありません❸。分岐処理を終えるときは、「**End If**」と書きます❹。

📊 金額に応じて表示を変える

Ifを使った例として、決済金額に応じて決裁者を決める処理を作成します。B2セルに決済金額を入力してプログラムを実行すると、C2セルに決裁者が書き込まれます。

CHAPTER 04 マクロ&VBA〈基本編〉

311

今回の条件は次のとおりです。

1. 決済金額が1000以上なら社長決裁
2. 決済金額が700以上なら部長決裁
3. それ以外の場合（700未満）なら課長決裁

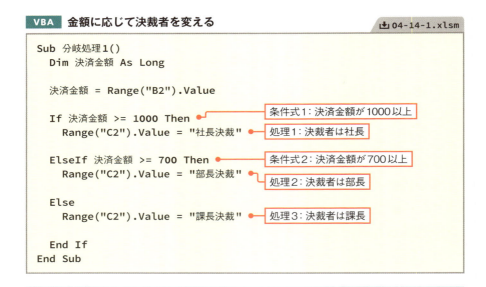

Memo
2つ目以降の条件は、「If」ではなく「ElseIf」となることに注意しましょう。

B2セルにさまざまな値を入力してプロシージャを実行し、正しく動くことを確認してみましょう。

Memo
条件が正しく判定されていることを確認するには、「699」「700」「701」のように、基準となる値とその前後の数値を入れて試すと確実です。プログラムの検証でよく登場する手法です。

分岐処理 ❷ Select Case

📥 04-14-2.xlsm

　もう1つの分岐処理、「Select Case」(セレクト・ケース)では、変数の中身が指定した値と一致するかどうかを判定します。Ifと比べて用途が限定されますが、Select Caseを使うとプログラムが簡易で読みやすくなるため、ぜひ使えるようになってください。

● Select Case文の書き方

　「Select Case」で始まり、「End Select」で終わります。Select Caseの右に変数を書いたうえで❶、変数が値1に一致する場合(Case 値1)は処理1を行う❷、変数が値2に一致する場合(Case 値2)は処理2を行う❸、それ以外の場合(Case Else)は処理3を行う❹、というように読みます。分岐処理を終えるときは、「End Select」と書きます❺。

> **Memo**
> ❶の「変数」の部分には、「Dim ○○」と宣言してから使う変数だけでなく、「Range("A1").Value」のような値を入れることもできます。次ページのプログラムでは変数の宣言をせず、セルの値をSelect Case文の変数として直接使用しています。

📋 曜日が「土」なら青、「日」なら赤で表示する

　Select Caseを使った例として、曜日に応じてセルの色を変える処理を作成します。B2セルに曜日を漢字1文字で入力してプログラムを実行すると、セルの背景色が変わります。

VBA 休日ならセルの背景色を塗る　　　　　　　　　　　📥 04-14-02.xlsm

```
Sub 分岐処理2()
   Select Case Range("B2").Value  ●━━━ 変数＝B2セルの値

      Case "土"  ●━━━ 変数の中身が「土」（値1）と等しい場合
         Range("B2").Interior.Color = vbBlue  ●━━━ B2セルの背景色を青色にする

      Case "日"  ●━━━ 変数の中身が「日」（値2）と等しい場合
         Range("B2").Interior.Color = vbRed  ●━━━ B2セルの背景色を赤色にする

   End Select
End Sub
```

Memo
「土」「日」のどちらにも当てはまらない場合の処理（Case Else）は省略可能です。

　B2セルに「土」と入力した状態で実行すると背景色が青、「日」と入力して実行すると赤に変化します。

　ちなみに、今回の処理を**If**で記述すると次のようになります。処理の結果は同じですが、プログラムの読みやすさという点で**Select Case**を使うのがおすすめです。

VBA 休日ならセルの背景色を塗る（Ifで記述した場合）　　　📥 04-14-2.xlsm

```
Sub 分岐処理3()
   If Range("B2").Value = "土" Then
      Range("B2").Interior.Color = vbBlue

   ElseIf Range("B2").Value = "日" Then
      Range("B2").Interior.Color = vbRed

   End If
End Sub
```

314

CHAPTER 04 15 フィルターをかけてデータを絞り込む

AutoFilter

Excelのフィルター機能を使うと、表の中から目的のデータを抽出することができます（p.38）。単に絞り込んで表示するだけであればExcelのフィルター機能で済みますが、「支店別に仕入明細を分ける」「商品カテゴリ別に販売明細を分ける」「部署別に人事査定結果を分ける」など、フィルターをかけてからフィルターした後のデータを別のシートに転記するといった作業を何度も繰り返す場合、手作業だと時間がかかります。VBAでフィルターする方法を覚えておけば、業務を自動化することができるので便利です。

今回の課題　VBAを使って、社員マスタのデータを抽出します。フィルター機能の使い方や条件の指定方法、そしてフィルターの解除方法を紹介します。

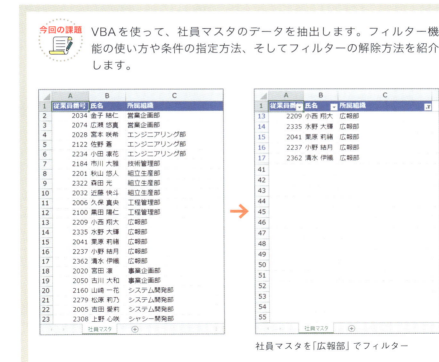

社員マスタを「広報部」でフィルター

VBAでフィルター機能を使用する

📥 04-15.xlsm

「**AutoFilter**」(オートフィルター) メソッドを使うと、VBA上でフィルター機能を再現できます。

Excelでフィルターをかけるとき、まず表の一部を指定してから、[フィルター]機能を使いますよね？ それと同じで、VBAでも表の一部を指定し、「**Range("A1").AutoFilter**」のように書きます。

	A	B	C
1	従業員番号	氏名	所属組織
2	2034	金子 結仁	営業企画部
3	2074	広瀬 悠真	営業企画部
4	2028	宮本 咲希	エンジニアリング部
5	2122	佐野 蒼	エンジニアリング部

Range("A1")のように表の一部を指定する

📋 データを絞り込む (フィルターをかける)

AutoFilterには引数が2つあり、1つ目は列番号 (どの列を絞り込むか)、2つ目は絞り込み条件です。次の例文では、3列目の所属組織を「広報部」という値で絞り込んでいます。

● AutoFilter (単一条件) の書き方

```
Range("A1").AutoFilter 3, "広報部"
```

オブジェクト（表の起点セル）／引数1: 列番号／引数2: 絞り込み条件

「広報部または人事部」のように2つの値を絞り込み条件にする場合は、引数を増やします。3つ目の引数には「または」を意味する演算子「**xlOr**」(エックスエル・オア)、4つ目の引数には「人事部」を指定します。演算子を「かつ」にしたい場合は、「**xlAnd**」(エックスエル・アンド) を使います。

● AutoFilter (複数条件) の書き方

```
Range("A1").AutoFilter 3, "広報部", xlOr, "人事部"
```

引数2: 絞り込み条件1／引数3: または／引数4: 絞り込み条件2

> **Memo**
> 「AutoFilter」の前に指定するセル範囲は、Range("A1:C38 ")のように表全体を指定してもよいですし、Cells(1,1)やCurrentRegionやUsedRangeなど、Rangeの仲間を使うこともできます。

04-15 フィルターをかけてデータを絞り込む

フィルターを解除する

絞り込みを解除してすべてのデータを表示するには、引数をなくすだけでOKです。

● AutoFilterでフィルターを解除する

Range("A1").AutoFilter

> **Memo**
> フィルターがかかった状態で「Range("A1").AutoFilter」を実行すると、フィルターが外れます。フィルターがかかっていない状態で「Range("A1").AutoFilter」を実行すると、フィルターはかかりますが（表内の各列に▼ボタンが表示される）、何も絞り込まれていない状態になります。

社員マスタの絞り込みと解除を行う

`AutoFilter`の例として、社員マスタの中から、次の条件に一致するデータを抽出します。

- 所属組織が広報部または人事部
- 社員番号が2100以降

VBA 表にフィルターをかける　　　　　　　　　　　📥 04-15.xlsm

```
Sub 社員マスタ抽出()
  Range("A1").AutoFilter 3, "広報部", xlOr, "人事部"  ●―❶
  Range("A1").AutoFilter 1, ">=2100"  ●―❷
End Sub
```

`xlOr`で抽出条件を複数指定できます❶。また、新規に`AutoFilter`を追加することで、複数の列をまたいで抽出することも可能です❷。

> **Memo**
> 抽出条件には「広報部」などの文字列のほか、「>=2100」のように条件式の指定もできます。

このプロシージャを実行すると、所属組織が「広報部」または「人事部」かつ、従業員番号が2100以降の社員情報が絞り込まれて表示されます。

CHAPTER 04 マクロ＆VBA〈基本編〉

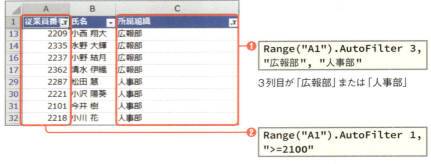

指定した条件で絞り込み表示ができたら、フィルターを解除してすべてのデータを表示します。同じモジュール上に次のプロシージャを追記して実行してみましょう。

VBA フィルターを解除して全データを表示する　　04-15.xlsm

```
Sub フィルター解除()
  Range("A1").AutoFilter
End Sub
```

フィルターが解除され、各列の▼ボタンがなくなります。
条件が多い場合は特に、Excelの［フィルター］機能で1列ずつ条件を設定していくよりもスムーズに目的の情報を取得できるようになります。

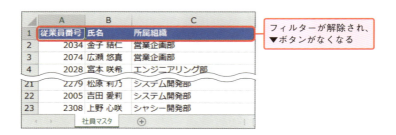

Memo
引数なしの「AutoFilter」は、フィルターをかけたり解除したりすることができます。すでにフィルターがかかっている場合は解除され、フィルターがかかっていない場合はフィルターがかかります。

CHAPTER 04-16 シートを操作する

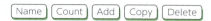

04-08節でExcelのオブジェクトについて簡単に紹介しました。本節と次節では、オブジェクトの一種であるシート、ブックの操作について詳しく解説していきます。本節ではVBAでシートの追加や名前の変更などを行う方法を紹介します。全国の売上を店舗ごとにシートを分けて集計するなど、シートの操作ができると自動化できる業務の幅が広がります。

今回の課題　VBAを使って、シートの指定、シート名の取得や変更、シート数の取得、新規追加、コピー、削除を行います。

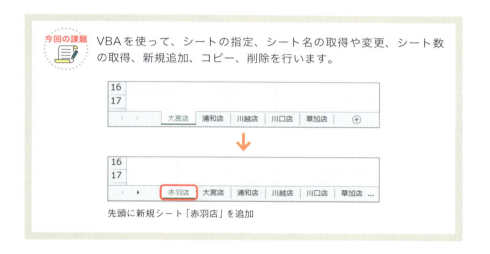

先頭に新規シート「赤羽店」を追加

シート型オブジェクトの操作

📥 04-16.xlsm

本節で扱うシートの操作は次のとおりです。

● 本節で扱うシートの操作

操作	プログラム
シートの指定	Sheets("シート名")またはSheets(番号)
シート名の変更・取得	Sheets("シート名").Name = シート名
シート数の取得	Sheets.Count
シートの新規追加	Sheets.Add
シートのコピー	Sheets("シート名").Copy
シートの削除	Sheets("シート名").Delete

これらの操作について順番に詳しく見ていきましょう。

🗒 シートを指定する

処理の対象となるシートを指定します。シート名で指定する方法と、シート番号（左から何番目か）で指定する方法があります。ただし、相対的な位置で判断するシート番号は、シートの追加・削除・移動によりずれてしまうことがあるので、シート名で指定しておくほうが無難です。

●シートを指定する（シート名）ときの書き方

```
Sheets("大宮店")
```

●シートを指定する（シート番号）ときの書き方

```
Sheets(1)
```

上の例はどちらも左から1番目にある「大宮店」シートを指します。

🗒 シート名を変更・取得する

シート名を変更する場合は、**Name**プロパティを使います。先のシートを指定するプログラムの後ろに「**.Name**」を付けて、変更したい名前の文字列を代入します（変数に値を入れるのと同じ要領です）。

次の例は、「左から1番目のシート名を"大宮店"に変更する」というプログラムです。

●シート名を変更するときの書き方

04-16 シートを操作する

　シート名を取得したいときは、「=」の左右を入れ替えます。次の例では、「シート名」という変数に、1番目のシート名を入れています。

●シート名を取得するときの書き方

シート名 = Sheets(1).Name
（プロパティ）

> **Memo**
> 取得したシート名は、「シート名 = Sheets(1).Name」のように変数に格納して利用することが多いです。次に紹介するシート数の取得も同様です。

さらに上達 取得したシート名を確認する

MsgBoxを使うと、取得したシート名をメッセージで表示して見ることができます。

VBA シート名を表示する　　　　　　　　　　　📥 04-16.xlsm

```
Sub シート名を表示()
    MsgBox Sheets(1).Name
End Sub
```

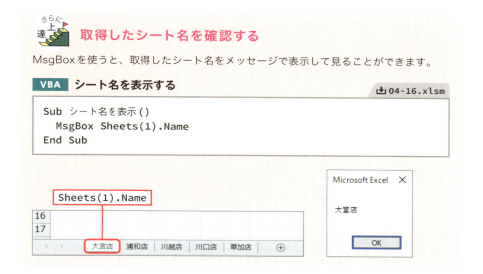

シート数を取得する

　シート数は、「Sheets.Count」で取得できます。「Sheets」はすべてのシート（シートの集合）、「Count」はその名のとおりカウントする（数を数える）、という意味です。

●シート数を取得するときの書き方

シート数 = Sheets.Count
（シートの集合）（数）

321

🗒 シートを新規追加する

新規シートを作成するには「**Sheets.Add**」を使います。これを実行すると、現在開いているシートの前に新規シートが挿入されます。

●シートを新規追加するときの書き方

Sheets.Add

大抵の場合、シートを挿入して終わりではなく、追加したシートに名前を付けたり、データを貼り付けたりと、何らかの処理を行います。

04-12節のp.304で簡単に触れましたが、シートやセルなどのオブジェクトをVBAのプログラムで扱うためには、操作対象のオブジェクトを、オブジェクト型の変数に格納する必要があります。

ここで、新規シートを1枚追加し、名前を「赤羽店」にするプロシージャを実行してみましょう。

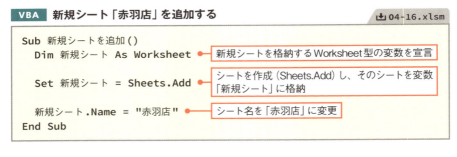

「大宮店」の前に「赤羽店」シートが追加される。

上のプロシージャでは、まず、挿入したシートを格納するための変数を宣言しています。データ型は「**Sheets**」ではなく「**Worksheet**」となりますので注意しましょう。「**Worksheet**」は、シートを表すデータ型です（p.303）。次に、「新規シート」という変数に、新規追加したシートをセットしています。先ほどの「**Sheets.Add**」を、イコール「=」の右側に持ってくるだけです。シートなどのオブジェクトを変数に入れるときは、「**Set**」というキーワードを先頭に付けなければいけませんので注意してください。

04-16 シートを操作する

●Worksheet型の変数を定義して、新規追加したシートをセットする

Dim 新規シート As Worksheet

変数 　　　　　　　　シートを表すデータ型

Set 新規シート = Sheets.Add

└──── オブジェクトを変数に入れるときのキーワード

Memo
よくある間違いが、オブジェクトである変数「新規シート」をダブルクォーテーションで括って「Sheets("新規シート").Name」や「"新規シート".Name」のように書いてしまうことです。ダブルクォーテーションで括ると文字列になり、オブジェクトではなくなってしまうのでご注意ください。

🗂 シートをコピーする

　シートをコピーするときは、コピーするシートの後に「.Copy」を付けます。引数で、挿入先のシートを指定します。引数の1つ目に指定すると、指定したシートの「前」に挿入します。引数の2つ目に指定すると、指定したシートの後に挿入します。いずれか1つだけ指定してください。

●シートをコピーするときの書き方

Sheets("大宮店").Copy [前][,後]

コピーするシート 　　　　　　　　　引数1　　引数2

　コピーしたシートを2番目のシートの前に追加する場合、引数1のみ指定し、引数2は省略します。反対に、2番目のシートの後に追加する場合は、引数2のみ指定します。

●シートをコピーする（2番目のシートの前に追加）ときの書き方

Sheets("大宮店").Copy Sheets(2)

引数1

●シートをコピーする（2番目のシートの後に追加）ときの書き方

Sheets("大宮店").Copy ,Sheets(2)

カンマ　　　引数2

　引数2のみ指定する場合は、引数2の前に「,」（カンマ）を記述し、引数1を省略していることを示します。

CHAPTER 04　マクロ&VBA〈基本編〉

323

🗒 シートを削除する

シートを削除するときは、削除したいシートを指定し、その後ろに「**.Delete**」を付けます。

● シートを削除するときの書き方
`Sheets(2).Delete`

> **Memo**
> 「Sheets("赤羽店").Delete」のように、シート名で指定することも可能です。

次のプロシージャを実行し、先ほど追加した「赤羽店」シートを削除してみましょう。

VBA シート「赤羽店」を削除する　　　　　　　　　　　　📥 04-16.xlsm

確認メッセージが表示され、[削除] をクリックすると処理が実行されます。

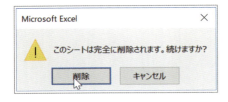

「赤羽店」シートが削除される。

> **Memo**
> 確認メッセージを表示したくない場合は、削除処理の前の行に「Application.DisplayAlerts = False」と書きましょう。
> 「Application.DisplayAlerts」(アプリケーション・ディスプレイアラート) で、確認メッセージを表示するかどうかを設定できます。「False」(フォールス) は表示しない、という意味です。表示する場合は、これを「True」(トゥルー) に変えてください。

CHAPTER 04 17 ブックを操作する

[Name] [Count] [Add] [Copy] [Delete]

シートの操作を学習した前節に続いて、本節ではExcelブックの扱い方を身に付けましょう。前節では支店ごとにシートを作成しましたが、今回はブックで同じようなことをします。ブックを操作する場合、そのブックの住所に当たる「ファイルパス」を意識する必要があります。

> **今回の課題**
> VBAを使ってファイルパスの取得、ブックの指定、新規作成、指定したブックを開く、開いているブックを閉じる、といった操作を行います。
>
> ■ > PC > デスクトップ >
>
> ファイルパス

ブック型オブジェクトの操作

📥 04-17.xlsm

本節で扱うブックの操作は次のとおりです。

●本節で扱うブックの操作

操作	プログラム
作業中ブックのファイルパスを取得	ThisWorkbook.Path
ブックの新規作成	Workbooks.Add
ブックを開く	Workbooks.Open ("ファイルパス")
ブックを閉じる	Workbooks ("ブック名").Close

開いているブックのファイルパスを取得する

「ファイルパス」とは、ブックの住所のようなもので、ファイルがPCの中のどこにあるかを示す文字列です。

「C:¥Users¥Taro¥Desktop¥04-17.xlsm」のような文字列を見たことはありませんか？　これが「ファイルパス」です。例えば、今回のサンプルファイル「04-17.xlsm」を、デスクトップに直接置いていた場合、ファイルパスは次図のようになります。ファイルの拡張子（.xlsm）まで含めて、正確に指定する必要があります。

●ファイルパス

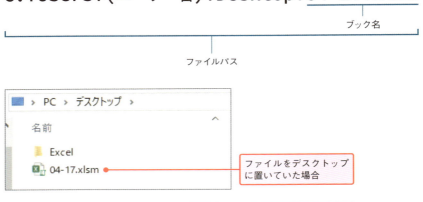

Memo
ファイルパスの先頭の「C:」は、ハードディスクなどのドライブ文字です。それ以降はフォルダーとファイルを「¥」で区切ってつなぎます。

　ファイルパスは、PCによって場所が変わります。そのため、VBAのプログラムの中でうっかり自分のPCのファイルパスを指定してしまうと、他人のPCではそのようなファイルパスが存在せず、エラーになってしまうことがあります。
　そこで、VBAでは「この（プログラムを書いている）ブックと同じ場所」を自動的に取得してくれる「`ThisWorkbook.Path`」というプロパティを使います。
　例えばデスクトップにあるブックを開いて「`ThisWorkbook.Path`」を表示すると、「C:¥Users¥(ユーザー名)¥Desktop」まで取得できます。この後ろにファイル名をつなげるため、プログラムは次のように記述します。

●開いているブックのファイルパスを取得するときの書き方

取得したファイルパスを変数に格納すると、プログラム内で使うときに便利です。ここで試しに、ファイルパスを取得して変数に格納し、メッセージで表示するプロシージャを作成してみましょう。

VBA ファイルパスを取得する　📥 04-17.xlsm

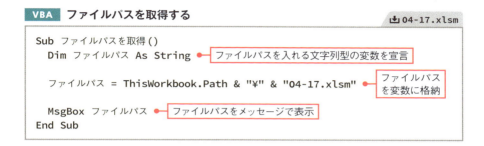

開いているファイルの位置とファイル名が表示されれば成功です。

●実行中のファイルの場所とファイル名が表示される

ブックの作成と終了

はじめにブックの作成・終了の書き方をそれぞれ紹介します。新規ブックの作成は、次のように行います。

●新規ブックを追加するときの書き方

Workbooks.Add

Memo
多くの場合、「新規ブック = Workbooks.Add」のように、作成と同時にWorkbook型の変数に格納します。

開いているブックを閉じるときは「**Close**」(クローズ) メソッドを使います。1つ目の引数で、変更を保存するかどうかを指定します。2つ目の引数で、保存先を指定します。既存のブックであれば保存先を指定する必要はありませんが、新規に作成したブックを保存する場合は、保存先を必ず指定しなければいけません。

●ブックを保存せずに終了する (既存のブック) ときの書き方

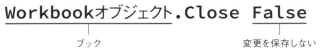

●ブックを保存して終了する (新規に作成したブック) ときの書き方

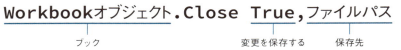

> **Memo**
> 「Workbookオブジェクト」の部分は、実際のプログラムでは「Workbooks(ブック名)」のように指定したり、変数を用いて「ブック.Close True, ファイルパス」のように記述される場合が多いです。

1つ目の引数は、ブックに対する変更を保存するかどうかを**True/False**で指定します。変更を保存する場合は**True**、保存しない場合は**False**を指定します。続いて2番目の引数では、保存先のファイルパスを指定します。

実際にブックを作成して、変更・保存してみましょう。新規に作成したブックは何も変更せずに閉じるとブックが保存されないため、1番目のシートのA1セルに「1」を入力する処理を付け加えています。
では、04-17.xlsmに次のようなプロシージャを追加しましょう。

1. 新規ブックを作成する
2. 新規ブックの1番目のシートのA1セルに「1」と入力
3. 新規ブックを「Sample.xlsx」として、作業中のブックと同じ場所に保存

> **Memo**
> 新規作成するブックの拡張子は「.xlsx」です。「.xlsm」だとエラーになるため要注意です。

04-17 ブックを操作する

| VBA | 新規ブックを作成し、変更して保存する | 📥 04-17.xlsm |

```
Sub 新規ブックの作成と保存()
    Dim 新規ブック As Workbook ●━━[新規ブックを入れるワークブック型の変数を宣言]

    Set 新規ブック = Workbooks.Add ●❶
    新規ブック.Sheets(1).Range("A1") = 1 ●❷

    新規ブック.Close True, ThisWorkbook.Path & "¥" & "Sample.xlsx" ●❸
End Sub
```

「**Workbooks.Add**」で追加したブックをWorkbook型の変数「新規ブック」に格納し❶、1番目のシートのA1セルに「1」と入力します❷。

「新規ブック**.Close**」でブックを閉じますが、その際に1番目の引数で保存の有無を「**True**」(保存する)に、2番目の引数で保存先を「**ThisWorkbook.Path & "¥" & "Sample.xlsx"**」に指定します❸。

> **Memo**
> 「ThisWorkbook.Path」で作業中のブック(04-17.xlsm)と同じ位置を指定し、続くファイル名で「Sample.xlsx」と名付けて保存します。

🔲 ブックを指定して開く

最後に、VBAでブックを開く方法です。ブックを開く際には「**Workbooks.Open**」を使用し、引数にファイルパスを指定します。

● ブックを指定して開くときの書き方

Workbooks.Open(ファイルパス)

> **Memo**
> 開いたブックを変数に格納する場合は、「Set ブック = Workbooks.Open(ファイルパス)」のように記述します。

次のプロシージャを追加し、作業中のブック「04-17.xlsm」から、先ほど作成した「Sample.xlsx」を開いてみましょう。

CHAPTER 04 マクロ&VBA〈基本編〉

VBA ブックを指定して開く

⬇04-17.xlsm

```
Sub ブックを開く()
  Dim ブック As Workbook

  Set ブック = Workbooks.Open(ThisWorkbook.Path & "¥" & "Sample.↩
xlsx")
End Sub
```

　続いて、開いたブックを閉じます。今回は新規作成ではなく既存のブックなので、2つ目の引数を省略できます。

VBA 既存のブックを閉じる

⬇04-17.xlsm

```
Sub ブックを閉じる()
  Workbooks("Sample.xlsx").Close False
End Sub
```

　p.329のプロシージャ「新規ブックの作成と保存」では、追加したブックを変数に格納しているため、**Workbook**オブジェクトの部分を変数「新規ブック」で表しましたが、今回は「**Workbooks("Sample.xlsx")**」と直接ブック名を指定して記述しています。

330

CHAPTER 04 18 オブジェクトを省略してプログラムを簡潔にする

[With]

プログラムを書いていると、同じオブジェクト（ブック、シート、セル）を何度も指定することに気付くと思います。何度も同じ文字を入力するのは面倒ですし、文字量が多くなって読みづらくなります。また、入力ミスで思わぬエラーになりかねません。作業効率と作業品質を上げるために、オブジェクトを省略する書き方を覚えておきましょう。

 今回の課題 プログラム内に繰り返し登場するオブジェクトを省略します。次の例では「Sheets("カレンダー")」の記述を省略しています。

```
Sheets("カレンダー").Range("A2:A6").Interior.Color = vbBlue
Sheets("カレンダー").Range("B1:H1").Interior.Color = vbBlue
```

```
.Range("A2:A6").Interior.Color = vbBlue
.Range("B1:H1").Interior.Color = vbBlue
```

Withでコードをシンプルに

📥 04-18.xlsm

「With～End With」で括られた領域の中では、オブジェクトを省略することができます。省略したいオブジェクトを「With」の右側で指定します。

● With文の書き方

```
With 省略するオブジェクト
    (処理)
End With
```

実際にやってみるのが早いと思いますので、カレンダーの見出し部分の背景色を変更する次のプログラムを、`With`を使って書き替えてみましょう。縦軸（A2:A6、1W～5W）と横軸（B1:H1、月～日）に対して、背景色を青色に変更する処理を行います。

VBA　見出しの背景色を変更（元）　　　　　　　　　　　📥 04-18.xlsm

```
Sub 見出しの色を変える1()
    Sheets("カレンダー").Range("A2:A6").Interior.Color = vbBlue
    Sheets("カレンダー").Range("B1:H1").Interior.Color = vbBlue
End Sub
```

上記のプロシージャを実行すると、カレンダーの見出しが青色になります。

A2:A6も、B1:H1も、同じ「カレンダー」シート上のセル範囲です。`With`を使うと、次のように共通するオブジェクトを省略することができます。

VBA　見出しの背景色を変更（Withでシート名を省略）　　📥 04-18.xlsm

```
Sub 見出しの色を変える2()
    With Sheets("カレンダー")
        .Range("A2:A6").Interior.Color = vbBlue
        .Range("B1:H1").Interior.Color = vbBlue
    End With
End Sub
```

With～End Withで括って共通するオブジェクトを省略

`With`の右側の省略するオブジェクトに「`Sheets("カレンダー")`」を指定すると、「`With～End With`」の間では「`Sheets("カレンダー")`」を省略できます。

ここで注意してほしいのが、「**Range**」の前に付いているピリオド「**.**」は絶対に消してはいけない、という点です。ピリオドを消すと、予期せぬシートで処理が行われてしまうことがあります。

● ピリオドは残すように注意

```
.Range("A2:A6").Interior.Color = vbBlue
```

Memo
シート名を省略したプロシージャを試す際に、カレンダーの見出しがすでに青くなっている場合は、あらかじめ見出しの色を変えておくか、「vbRed」など異なる色を指定すると確認しやすくなります。

　今回の例は、省略する部分が「**Sheets("カレンダー")**」と比較的シンプルですし、着色する処理も2行だけなので、**With～End With**で挟むことでかえってコードが長くなったような印象を受けるかもしれません。
　しかし、オブジェクトの表記がもっと長かったり、同じオブジェクトに対してより多くの処理を行うこともありますので、覚えておくと必ず役に立ちます。

 読みやすいプログラムでミスを減らそう

結果として行われる処理が同じでも、よりシンプルに記述できる方法を探すのは良いことです。シンプルなプログラムは他の人が見てもわかりやすいうえ、コンピューターにとっても実行する際の負荷が少なく、動作が早くできたりします。
処理のまとまりごとにインデントを付けたり、次節で紹介するコメントを記入するのもプログラムを読みやすくするために役立ちます。

● 結果はどちらも10になる

```
1+1+1+1+1+1+1+1+1+1 = 10
1*10 = 10
```

CHAPTER 04 | 19 コメントを書いて プログラムをわかりやすくする

VBAでは、コードの合間に「コメント」というメモ書きを残すことができます。コメントの有無はコンピューターの動作には影響しませんが、処理の内容などを書いておくことで人間にとって大幅に読みやすくなります。

コメントの書き方

⊥ 04-19.xlsm

VBAでは、文の先頭に「'」（シングルクォーテーション）を付けると、以降の記述内容は動作に影響しない「コメント」として扱われます。説明したい行の直前に書くことが多いですが、行末に記述することもあります。

VBA 直前の行にコメントを記述する

```
'セルが0以上の場合    ● コメント
If セル >= 0 Then
```

VBA 行末にコメントを記述する

```
If セル >= 0 Then         'セルが0以上の場合    ● コメント
```

コメントを書くことで、長いプログラムの中から目的の部分をすぐに見つけられたり、処理の内容がひと目でわかったりするため作業効率が上がります。コメントがあれば、他人が作ったプログラムでもスムーズに理解できます。

自分でプログラムを書く場合も、コメントによって処理の全体像が整理しやすくなりますし、他人の作ったプログラムを引き継いで使う際にも、処理の意図が理解できれば運用も修正も大幅にやりやすくなります。作業担当者が変わった途端に誰も内容が理解できず、わからないまま使い続けたり、プログラムを捨てて作り直したりすることを防げるよう、コメントはしっかり残すようにしましょう。

コメントを追加する

次のプロシージャに、コメントを追加してみましょう。

VBA 勤務時間データをチェックする（コメントなし）　📥 04-19.xlsm

```
Sub 勤務時間データのチェック()
  Dim セル As Range
  
  For Each セル in Sheets("勤務時間").Range("B2:L32")
    If セル >= 0 And セル <= 1 Then
      セル.Interior.ColorIndex = 0
    Else
      セル.Interior.Color = vbYellow
    End If
  Next
End Sub
```

VBA 勤務時間データをチェックする（コメントあり）　📥 04-19.xlsm

```
Sub 勤務時間データのチェック()
  Dim セル As Range
  
  '指定範囲のセルを1つずつチェックする
  For Each セル in Sheets("勤務時間").Range("B2:L32")
    'セルの値が0以上1以下の場合（エラーなしと判断）
    If セル >= 0 And セル <= 1 Then
      セル.Interior.ColorIndex = 0         'セルの色をクリアする
    'その他の場合（エラーありと判断）
    Else
      セル.Interior.Color = vbYellow    'セルの背景色を黄色にする
    End If
  Next
End Sub
```

コメントを見ただけで、おおよその処理の内容がわかりますね。

また、一時的に実行したくないプログラムをコメントにすることで、消したり書き直したりすることなく、「'」ひとつで対応できます。

VBA プログラムの一部をコメントにして実行範囲から除外する

```
Range("A1") = 1
Range("A2") = 2
'Range("A3") = 3
```

CHAPTER 04 20 エラーの原因を調べる方法

> コンパイルエラー　実行時エラー　ステップ実行　ブレークポイント　イミディエイトウィンドウ

プログラミングにはエラーが付きものです。エラーが発生したとき、原因を調査・特定して修正する、という一連の流れをスムーズに行えるよう、エラー対処法を身に付けておきましょう。

今回の課題 よくある間違いやエラー時にチェックするべきポイントを押さえて、エラーを恐れずにたくさんVBAでプログラムを書きましょう。

```
'*******************************************
Sub 勤務時間のデータをチェックする()
    Dim セル As Long     ← 変数のデータ型に誤りがある
    '指定範囲のセルを1つずつチェックする
    For Each セル In Sheets("勤務時間").Range("B2:L32")
        'セルの値が0以上1以下の場合（エラーなしと判断）
        If セル >= 0 And セル <= 1 Then
            'セルの色をクリアする
            セル.Interior.ColorIndex = 0
        'その他の場合（エラーありと判断）
        Else
            'セルの色を黄色に塗る
            セル.Interior.Color = vbYellow
        End If
    Next
End Sub
```

エラー箇所を特定するため、1行ずつ実行する

エラーの種類

　エラーの種類は、プログラムを実行する前に検出される**「コンパイルエラー」**と、実行中に発生する**「実行時エラー」**の2つに分けられます。
　コンパイルエラーは、「宣言していない変数が使われている」「型が間違っている」「スペルミス」などの文法的なエラーです。対して、実行時エラーは、文法的には間違っていないものの、「開こうとしたブックが存在しない」といった、プログラムを動かしてはじめて判明するエラーです。

●エラーの種類

名称	説明
コンパイルエラー	プログラムの文法的なエラー
実行時エラー	文法的には正しいが、プログラムを実行してはじめてわかるエラー

コンパイルエラー

コンパイルエラーで多いのは、次のようなエラーです。

- 変数の宣言をし忘れている
「変数が定義されていません」
- ブロックの閉じ忘れ
「**For**に対応する**Next**がありません」
「**If**ブロックに対応する**End If**がありません」
「**Select Case**に対応する**End Select**がありません」
「**End With**が必要です」……など
- スペルミスなどにより存在しないデータ型を使っている
「ユーザ定義型は定義されていません」
- スペルミスなどにより存在しないプロシージャを呼び出している
「**Sub** または **Function**が定義されていません」

●エラーメッセージ例

コンパイルエラーがあると、該当する行全体が赤く表示されます。

実行時エラー

実行時エラーで多いのは、次のようなエラーです。

- 変数のデータ型と、変数に入れようとしている値のデータ型が異なる
「型が一致しません」
- 存在しないブックやシートを参照している
「インデックスが有効範囲にありません」
- スペルミスなどにより存在しないプロパティやメソッドを使っている
「オブジェクトは、このプロパティまたはメソッドをサポートしていません」
- セル範囲の指定が間違っている
「'**Range**'メソッドは失敗しました」
- 計算の結果、数値が無限大になる
「オーバーフローしました」

● エラーメッセージ例

実行時エラーを知らせるメッセージで［デバッグ］をクリックすると、エラーが発生している行が黄色く着色されます。

04-20 エラーの原因を調べる方法

エラー時に見るポイント

エラーが起きたら、まずエラーメッセージをよく読んで、どこでエラーが起きているかを調べましょう。エラーメッセージが、エラーの原因箇所を直接示している場合は多いですし、そうでなくても必ずヒントが隠れています。

メッセージの意味がわからない場合は、エラー番号やメッセージの内容をそのまま Web で検索して調べてみるのもおすすめです。

また、エラーを起こしているコードが赤や黄色で着色されるので、文法やスペルに間違いがないかよく探しましょう。

以下、プログラムでよくある間違いのリストです。エラーの原因がわからず困ったときに確認してみましょう。

- ☑ 変数は宣言したか
- ☑ データ型が合っているか
- ☑ プロパティやメソッドのスペルは正しいか
- ☑ 「"」や「'」を閉じ忘れていたり、余分に付けていないか
- ☑ 「.」を付け忘れていないか
- ☑ 半角 / 全角が交ざっていないか（特にスペースや記号）
- ☑ 「For～Next」「If～End If」など、構文がきちんと閉じられているか
- ☑ 余計なスペースが入っていないか

プログラムを 1 行ずつ実行する　　　　　　　　📥 04-20.xlsm

プログラムが複雑になってくると、どこでエラーが発生しているのか初見では特定できないことがあります。特に繰り返し処理を行っているときなど、プログラムがどこまで正常に実行できていて、どこからエラーが起きているのかを特定するために、プログラムを 1 行ずつ実行することがあります。これを「ステップ実行」と呼びます。

これまで、プロシージャを実行する際は F5 を押すか［▷］をクリックして、1 行目から最後まで一気に実行していました。ステップ実行では、F5 の代わりに F8 を使用します。F8 を押すたびに、コードが 1 行ずつ実行されます。

CHAPTER 04　マクロ＆ＶＢＡ〈基本編〉

339

●ステップ実行ではプログラムが１行ずつ実行される

```
'***********************************************************
Sub 勤務時間のデータをチェックする()
    Dim セル As Range

    '指定範囲のセルを1つずつチェックする
⇨ | For Each セル In Sheets("勤務時間").Range("B2:L32")
        'セルの値が0以上1以下の場合（エラーなしと判断）
        If セル >= 0 And セル <= 1 Then
            'セルの色をクリアする
            セル.Interior.ColorIndex = 0
        'その他の場合（エラーありと判断）
        Else
            'セルの色を黄色に塗る
            セル.Interior.Color = vbYellow
        End If
    Next
End Sub
```

> **Memo**
> [F8] で実行すると、次に実行される行が黄色く表示されます。

　VBEの画面とExcelの画面を並べて表示し、ステップ実行しながら実行結果を確認します。次図は、B2→C2→…G2→B3→C3……と順番に処理が実行されていき、D3セルの処理が行われてセルの色が変わったところです。

●B2セルから順番に処理されていく様子がわかる

	A	B	C	D	E	F	G
1		吉村 歩	吉田 愛莉	久保田 碧	宮崎 彩葉	宮田 凛	橋本 一颯
2	10月1日	8:27	7:50	8:11	7:14	9:51	8:53
3	10月2日	7:27	9:15	8;14	8:31	8:43	9:03
4	10月3日	7:45	9:50	7:51	7:29	8:06	7:05
5	10月4日	8:04	8:02	7:35	9:04	8:27	7:35

ブレークポイント

⬇04-20.xlsm

　エラー箇所の見当がついている場合、その箇所までのプログラムはまとめて実行し、疑わしいところからステップ実行に切り替えることもできます。

　「ブレークポイント」と呼ばれる機能を使えば、指定された行まではこれまでどおり[F5]で一気に実行し、ブレークポイントのある行で処理を止めることができます。

　止めたい行の左端のグレーのバーをクリックするか、行にフォーカスした状態で[F9]を押すと、次のように反転表示されます。

04-20 エラーの原因を調べる方法

●ブレークポイント

ブレークポイント

この状態で F5 で実行すると、ブレークポイントを設定した行で止まるため、そこから F8 で1行ずつ調べていきます。

●プログラムの実行がブレークポイントで止まる

原因の調査と修正が終わったら、設定時と同様に左端のバーをクリックするか、F9 でブレークポイントを解除できます。

イミディエイトウィンドウ

⤓ 04-20.xlsm

プログラムの実行中に、変数に期待した値が入っているかを調べたり、関連する情報を収集したりするときには「イミディエイトウィンドウ」を使用します。

イミディエイトウィンドウは、VBEの［表示］メニューから追加できます（p.254参照）。

表示位置は自由に変更可能です。

イミディエイトウィンドウでは、オブジェクト内の値を取得するなど、簡単なプログラムを実行できます。ただし、変数の中身を確認する場合は、プログラムを実行中でなければいけません。そのため、ブレークポイントを設定して、プログラムを途中で止めて調べます。

341

●プログラム実行中の変数「セル」の値を調べる例

```
For Each セル In Sheets("勤務時間").Range("B2:L32")
        'セルの値が0以上1以下の場合（エラーなしと判断）
        If セル >= 0 And セル <= 1 Then
                'セルの色をクリアする
                セル.Interior.ColorIndex = 0
```

```
イミディエイト                                          ×
?セル.Value
 0.177264653353586 ●─────────────────    変数「セル」の中身

|
```

　例えば、変数「セル」の中身を見る場合、プログラムの実行中にイミディエイトウィンドウに「? セル.Value」と書いて Enter を押すと、その時点で変数に入っている値が表示されます。

イミディエイトウィンドウの主な用法

　以下に主な用法3つをまとめました。他にもさまざまなプログラムを実行できますので、必要があれば調べてみてください。

●イミディエイトウィンドウでの実行例

確認内容	プログラム記入例
プロパティの値	?Activesheet.Name　　（有効なシート名を表示）
変数の値	? セル.Value　　　　　（変数の値を表示）
別の処理の実行	Range("A1").Value = 5（値の設定）

業務改善コラム
FILE④

1日の作業効率を最大化する方法

メールやチャットメッセージが届くと、やりかけの作業を中断し、すかさずメッセージを確認していませんか？ 同僚や先輩に話しかけられると、急ぎの仕事があっても中断して、ついつい長話してしまっていませんか？このような傾向がある人は、作業が断続的になっていてとても効率が悪いです。その結果、作業が終わらなくて残業していたら本末転倒です。その日にやるべきことはすべてやり切って、しかも毎日残業なしの定時で気持ちよく帰れるようになるには、3つのポイントがあります。

1. その日の**作業予定**を立てて、コミットする
2. **集中タイム**を作る
3. **断る勇気**を持つ

▷ 1 その日の作業予定を立てて、コミットする

業務を開始する前に、**その日の作業予定**を立てます。これを疎かにすると、思いつきで作業をすることになるため効率が悪くなりますし、作業の漏れが出ますし、予定と実績にもとづいて作業効率を評価することができなくなります。以下は作業予定の立て方の具体的な例ですが、1コマ90分として、1日を4コマに分けます。**この4つのタスクは、その日に必ず終わらせると心に誓ってください（これを「コミットする」といいます）。**

<1日の作業予定>

1コマ目	A社企画書作成
2コマ目	研修資料の確認・修正
3コマ目	市場調査レポート作成
4コマ目	B社財務分析

1日の勤務時間が8時間あるとした場合、残りの2時間は**バッファ（余裕時間）**として活用します。突発的な作業依頼に対応したり、明日以降の作業に先行して着手したり、日常業務を効率化するための仕組みづくり（手順書やツールの作成）に当てます。とりわけ、仕組みづくりに継続的に時間を使えると、後々の作業効率が劇的に変わります。

343

▷ 2 集中タイムを作る

自分の作業に集中して取り組む「集中タイム」を設けます。集中タイムでは、携帯電話をオフにし、メールも見ない、チャットもしないようにし、作業にのみ集中します。上記の作業予定で計画した４つのコマは、原則として集中タイムに設定しましょう。このルールが徹底できないと、作業効率が悪化し、せっかく立てた作業予定が達成できない可能性が高くなります。

▷ 3 断る勇気を持つ

作業中に電話がかかってきたり、話しかけられたときに、その内容が緊急なのかどうかを判断して、緊急ではないときは、「今作業中なので、○時にしていただいてもよろしいですか？」などと一旦断るようにしましょう。遠慮して断ることができないと、結果的に自分の作業が遅延します。電話の相手や話しかけてきた相手には、自分の作業を遅延させているという事実に気づいていないことが多いので、それを意識してもらうことは重要です。もちろん、作業予定のタスクよりも優先度の高い依頼であれば、作業予定自体を変更してOK です。

毎日達成感に満ちた状態で帰宅するか、毎日作業が終わらずに心残りの状態で帰宅するかは、あなた次第です。周りの人たちに影響されずに、自分の決めたことをしっかりやり遂げられるようになりましょう。

CHAPTER

05

マクロ＆VBA 〈活用編〉

マクロを使って作業を自動化することは、Excel で達成できる業務改善の真髄と言えます。本章では、さまざまな現場で応用できる6つの題材を紹介します。基本編で身に付けた知識をもとに挑戦してみてください。

CHAPTER 05-01 VBAの知識を生かして日常業務を効率化しよう

本章の目的は、これまで身に付けた内容を知識として持っているだけでなく、仕事を効率化する手段として活用できるようになることです。業務改善の現場で頻繁に使うマクロを題材にしているので、日常業務に必ず役立ちます。

本章の読み方と難易度

　第5章の活用編では、新しいことを学ぶよりも、これまでに獲得した知識の使い方を身に付けることが中心となります。
　次図は、縦軸を難易度、横軸を「入力」「演算」「出力」というデータ処理の流れにし、各題材の位置関係をまとめたものです。データ処理の流れを全体的にカバーしつつ、スムーズに学習を進められるよう、易しいところから始めて徐々に難易度が上がっていくようにしています。

●本章で作成するマクロ

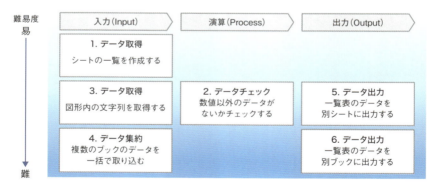

　6つの題材をひととおり理解できれば、業務を自動化するのに欠かせない技術を習得できます。本章の題材をきっかけに、日々の業務の中でもマクロ・VBAを積極的に使ってみましょう。
　これまでの章では順を追って機能や手順を説明しましたが、活用編では各節の「今回の課題」に続けて、プログラムの方針を立てるための「作業の概説」と

「ヒント」を用意しています。

余力がある方は本文や完成形を見ずに、できるところまで自力で作ってみましょう。最初から自力で完成させるのは難しいかもしれませんが、これまでの知識を思い出しながら試行錯誤することで、より理解が深まります。

マクロ・VBAに取り組む際の心構え

次節からの課題に進む前に、マクロ・VBAに取り組む際の心構えをみなさんと共有したいと思います。

まず押さえていただきたいのは、最初から全部を知る必要はない、ということです。

マクロ・VBAで覚えるべきことはたくさんありますが、いきなり全部詰め込もうとすると消化不良になり、拒絶反応が出てしまいます。また、筆者の業務改善経験からしても、現場で必要な知識というのは限られています。

ですから、最初は必要最低限の知識を知れば十分です。そして、最低限知っておくべき知識は前の章ですでに紹介しました。後はマクロ・VBAを実際に書いてみながら、マクロ・VBAの経験を積んでいきましょう。その中で必要になったときに、そのつど新しい知識を増やしていくことをおすすめします。

次に押さえていただきたいのは、マクロ・VBAの使いどころです。

マクロ・VBAの学習には「仕事の生産性を上げる」という明快な目的があります。そして、その目的達成のためには、業務でよく使う多くの実例に触れることが一番の近道です。

そのために本章では、筆者が多くの企業でExcel業務を改善する中で培ったノウハウ、業務で本当によく使う実践的な題材を厳選して紹介しています。みなさんが現場ですぐ使える強力な道具を、筆者から直接手渡ししているものと思ってください。道具を少しカスタマイズすれば、必ずあなたの業務にフィットするはずです。

本章を進めてみて、少し難しいと思ったときは、まず全体をさらっと読み流してみてください。そして、この業務を行うときはこういうプログラムを書けばいいのか、という感覚をつかんでください。その後で、あらためて各題材を自力で考えながら、プログラミングしてみましょう。

本章で紹介する題材はすべて、みなさんが業務自動化を実現するための突破口になります。最後まであきらめずに、気楽に取り組んでみてください。では、始めましょう！

CHAPTER 05 02 シートの一覧を作成する

支店別、部署別、商品分類別、書類別などに分けてシートを作成していくと、いつの間にかシート数が増えていて、シート間の移動が大変になることがあります。そのような場合に、シートの一覧が必要になりますが、手作業で作るのもなかなか面倒なので、これを自動的に作成する方法を学習します。繰り返し処理の実践的な使い方としては最もシンプルで、利用頻度も高いので、覚えておくと便利です。

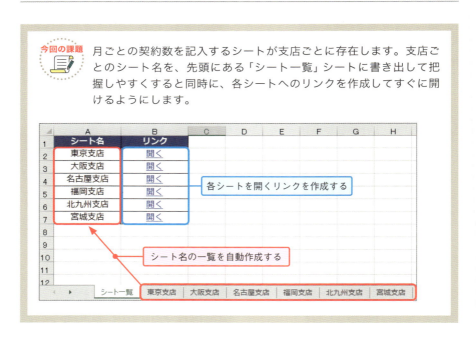

今回の作業の概説

📥 05-02.xlsm

2番目のシートから最後のシートにかけて、シート名を取得する処理を繰り返し（**For**）行います。取得したシート名は「シート一覧」シートに書き込みます。その際、2番目のシートであれば2行目に書き込むといったように、シート番号と一致する行に書き込むようにします。

05-02 シートの一覧を作成する

> **ヒント**
> ・繰り返し処理の範囲は「起点 To 終点」のように指定します（p.305）。
> ・最後のシート番号を取得するには、「Sheets.Count」を使います。
> ・シート名は「Sheets(シート番号).Name」で取得します（p.320）。

支店別シートの一覧を作成する

2番目のシートから最後のシートまで、シート名を繰り返し処理で取得します。以下は今回やることをコメントで表しています。

```
Sub シート名の一覧を取得する()
    'シート数を数えるための変数を宣言する
    '2番目のシートから最後のシートまで繰り返し処理
        'シート名を取得し、シート番号と一致する行に書き込む
End Sub
```

これらの処理をプログラムで書くと次のようになります。

VBA シート名の一覧を取得する　　　　　　　　　　⬇ 05-02.xlsm

```
Sub シート名の一覧を取得する()
    'シート数を数えるための変数を宣言する
    Dim シート番号 As Long

    '2番目のシートから最後のシートまで繰り返し処理
    For シート番号 = 2 To Sheets.Count
        'シート名を取得し、シート番号と一致する行に書き込む
        Sheets("シート一覧").Cells(シート番号, 1) = Sheets(シート番号).Name
    Next
End Sub
```

Memo
繰り返し処理の終点を「Sheets.Count」を使って可変にすると、プロシージャを実行するたびに全体のシート数を数え直すため、シートの増減があっても対応できます。

数値（Long）型の変数「シート番号」を使用し、2番目のシートから最後のシートまで繰り返し処理を行います。「**Sheets.Count**」でブック内のシートの総数を求められるため、「**2 To Sheets.Count**」で「2番目から最後まで」を表現できます。

349

シート名は「Sheets(シート番号).Name」で取得できます。この結果を「シート一覧」シートの1列目の、シート番号と一致する行に書き込みます。例えば、2番目のシート名は、「シート一覧」シートの2行目に入ります。

●「シート一覧」シートにそれぞれのシート名を転記

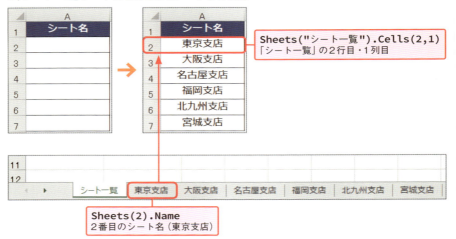

一覧から各シートへのリンクを作成する

シート名の一覧が作成できたら、**「HYPERLINK」(ハイパーリンク) 関数**を使って、シートへのリンクを作成すると便利です。HYPERLINK関数には引数が2つあり、1つ目はリンク先のシート・セルを示す文字列、2つ目は表示用の名称です。リンク先を「東京支店」シートのA1セルにしたいなら、「#東京支店!A1」と書きます。表示用の名称は、「開く」などわかりやすい文字列でよいでしょう。

●シートに対するリンクを作成する

1つ目の引数「"#"&A2&"!A1"」は、「A2セルに記入されている名前のシート(「東京支店」シート)の、A1セルに移動する」という意味です。

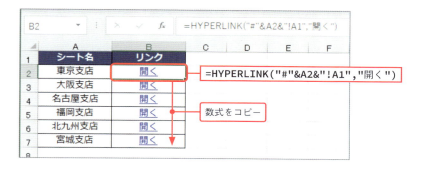

　このように、シート名の一覧と併せてリンクも作成しておくと、目的のシートをすぐに開くことができます。

Memo
リンク先には、セルやシートのほか、ファイルパスやURLを指定することもできます。

CHAPTER 05 03 数値以外のデータがないか チェックする

`For Each` `If` `IsNumeric`

スペルの間違いや余計な文字の混入、転記漏れなどのミスは、人が作業をする以上、必ず発生するものです。ミスを減らすための作業手順を確立することも大切ですが、ミスをゼロにするのは不可能です。そのため、ミスは必ず発生するという前提に立って、間違いをすぐに検出する仕組みも必要です。今回は、社員番号に数値以外のデータが混入していないかを調べ、文字列などが見つかった場合は該当のセルを着色する処理を紹介します。

今回の課題　「社員リスト」シートの1列目に氏名、2列目に社員番号があります。社員番号は数値でないといけませんが、ところどころ文字列が混入している箇所があります。今回は、社員番号に数値以外のデータが含まれていないかをVBAでチェックし、間違いのあるセルを黄色で着色します。

「社員番号」列をチェックして、数値以外のデータが入ったセルの背景色を黄色にする。

今回の作業の概説

📥 05-03.xlsm

データの確認は、人が見る部分と自動化する部分を分けるとよいでしょう。「データの件数がおおむね問題ないか（社員や部署の件数と一致するか）」「金額が許容範囲か」「割合が異常ではないか」といった論理的な妥当性は機械には判断できないため、人の目でチェックしないといけません。いっぽう、「数値以外のデータが混入していないか」「余計な空白がないか」といった細かなチェックは機械のほうが適しています。

本節では、社員番号に数値以外のデータが混入していないかどうかを調べ、間違いがあれば該当するセルの背景色を黄色にして知らせる処理を作成します。

ここで使うのが「IsNumeric」(イズ・ニューメリック) 関数です。引数で指定した値が数値かどうかを判定し、数値であればTrue、それ以外であればFalseを返します。

●指定した値が数値かどうか判定

=IsNumeric(値)

調べたい値

例えば、次のような実行結果が得られます。

- IsNumeric(10)　　→　True
- IsNumeric("ABC")　→　False

繰り返し処理と **IsNumeric** の結果をもとにした分岐処理を組み合わせて、社員番号を1件ずつ確認していきます。問題なく数値が入っていれば (True)、セルの背景色をクリアし、数値以外の値が見つかれば (False)、セルの背景色を黄色に変更します。

ヒント
- 繰り返し処理を使って先頭行から最下行までの社員番号を調べます。
- 最下行の行番号はSpecialCells (p.298) で取得できます。
- セルの値は「セル.Value」で取得します。
- セルの背景色は「セル.Interior.ColorIndex = 0」でクリアされます。
- セルの背景色は「セル.Interior.Color = vbYellow」で黄色になります。

社員番号に数値以外のデータがないかチェックする

それでは、プログラムを作ってみましょう。前節同様、コメントから書いてみるのもおすすめです。

```
Sub 社員番号をチェックする()
    'セルを格納する変数と最下行の行番号を格納する変数を宣言する
    '最下行の位置を取得する
    'B列の2行目から最下行まで繰り返し処理
        'セルの値が数値の場合(True)
            '背景色をクリアする
        'セルの値が数値以外の場合(False)
            '背景色を黄色にする
End Sub
```

プログラムを書くと次のようになります。

VBA 社員番号をチェックする   ⬇ 05-03.xlsm

```
Sub 社員番号をチェックする()
    'セルを格納する変数と最下行の行番号を格納する変数を宣言する
    Dim セル As Range
    Dim 最下行 As Long

    '最下行の位置を取得する
    最下行 = Sheets("社員リスト").Range("A1").SpecialCells(xlCell ⮐
TypeLastCell).Row

    'B列の2行目から最下行まで繰り返し処理
    For Each セル In Sheets("社員リスト").Range("B2:B" & 最下行)
        'セルの値が数値の場合(True)
        If IsNumeric(セル.Value) = True Then
            '背景色をクリアする
            セル.Interior.ColorIndex = 0
        'セルの値が数値以外の場合(False)
        Else
            '背景色を黄色にする
            セル.Interior.Color = vbYellow
        End If
    Next
End Sub
```

354

05-03 数値以外のデータがないかチェックする

　For Eachを使って、変数「セル」に社員番号の入ったセルをB2から最下行まで順番に代入し、「**IsNumeric(セル.Value)**」で中身が数値かどうかを調べます。数値であれば1つ目の処理「**セル.Interior.ColorIndex = 0**」でセルの背景色をクリアし、数値以外の場合は「**セル.Interior.Color = vbYellow**」で黄色に着色します。

Memo
「For Each」に対する「Next」や、「If」に対する「End If」の書き忘れに注意してください。

　プロシージャを実行すると、数値の「0」（ゼロ）ではなく小文字の「o」（オー）や大文字の「O」（オー）が入ったセルの背景色が黄色に変更されます。

●数値以外のデータがあればセルが黄色になる

	A	B	C
1	氏名	社員番号	
2	吉村 歩	1001	
3	吉田 愛莉	1002	
4	久保田 碧	1003	
5	宮崎 彩葉	10o4	
6	宮田 凛	1005	
7	橋本 一颯	1006	
8	金子 結仁	1O07	
9	熊谷 翼	1008	
10	栗原 莉緒	1009	
11	原 航	1010	
12	原田 結衣	1011	
13			

→

	A	B	C
1	氏名	社員番号	
2	吉村 歩	1001	
3	吉田 愛莉	1002	
4	久保田 碧	1003	
5	宮崎 彩葉	10o4	
6	宮田 凛	1005	
7	橋本 一颯	1006	
8	金子 結仁	1O07	
9	熊谷 翼	1008	
10	栗原 莉緒	1009	
11	原 航	1010	
12	原田 結衣	1011	
13			

　「0」（ゼロ）と「o」（オー）、「1」（イチ）と「l」（エル）のように見間違いやすい値や半角スペースの混入を見分けるのは機械のほうが得意です。このような処理を自動化できると、空いた時間で他の仕事を片付けたり、さらなる効率化の手段を考える余裕ができます。

Memo
最下行を「12」のように固定せず、SpecialCellsメソッドで取得しているため、データ件数が変わっても問題なく実行できます。
Endプロパティ（p.299）を使って範囲の最後の位置を調べることもできますが、空欄が交ざっていると正しく動かないため、ここではSpecialCellsメソッドを使用しています。

CHAPTER 05　マクロ&VBA〈活用編〉

355

CHAPTER 05-04 図形内の文字列を取得する

表内に図形を使うことは多々あると思います。大量の図形の中に格納された文字を取り出すのは一苦労ですが、VBAならそれが簡単にできます。例えば、企画書や提案書、マニュアルなどに記載した文章を抽出して利用したり、業務フローからタスクの一覧を作成したりするときに便利です。また、視覚的にわかりやすい図形を通してオブジェクトの扱いに慣れて、変数の活用法や行を1つずつ増やす方法を習得することも本節のねらいです。

今回の課題　「業務フロー」シートにある図形内の文字列を取得し、別シート「業務一覧」に書き出します。

05-04 図形内の文字列を取得する

今回の作業の概説

⬇ 05-04.xlsm

「業務フロー」シートでは、「お客様に提案する」「契約書を作成する」など、業務の順番や担当部署がひと目でわかるよう、図形を使って業務の流れを示しています。これらの図形内に書かれた業務内容を取得し、「業務一覧」シートに転記します。

シート上の図形に対して繰り返し処理を適用して文字情報を取得します。このとき、シート上の図形を「集合」として扱います。

Memo
図形の集合「Shapes」については、p.308 を参照してください。

図形には「テキストボックス」「オートシェイプ」「グラフ」「画像」などのさまざまな種類があり、こうした種類のことを <mark>「図形タイプ」</mark> と呼びます。図形オブジェクトの後に「**Type**」(タイプ) プロパティを付けると、図形タイプを取得できます。

● 図形タイプを取得する

図形**.Type**

図形オブジェクト

今回は図形内の文字列を取得したいので、図形タイプが「テキストボックス」かどうかを調べます。図形タイプがテキストボックスであれば、**Type** プロパティを使って取得した結果は「**msoTextBox**」(エムエスオー・テキストボックス) となります。

また、図形内の文字列を取得するには、図形オブジェクトの後に「**.Text Frame.Characters.Text**」を付けます。

● 図形内の文字列を取得する

図形**.TextFrame.Characters.Text**

図形オブジェクト

CHAPTER 05 マクロ&VBA〈活用編〉

357

あらためて今回の作業をまとめると、「業務フロー」シートにある図形について繰り返し処理を用いて図形タイプを調べ、図形タイプがテキストボックスであれば、図形内のテキストを取得して「業務一覧」シートに転記します。

「業務一覧」シートに書き込む際は、2行目から始まり、書き込む行を1行ずつ下にずらしていきます。

ヒント
・図形は「Shape」型のオブジェクトとして扱います。図形の集合は「Shapes」コレクションです。
・「図形.Type」で図形タイプを取得します。
・図形内のテキストは「図形.TextFrame.Characters.Text」で取得します。

業務フロー図のテキストを別シートに転記する

それでは、プログラムを作ってみましょう。

VBA 業務フローの図形内のテキストを取得する   ⬇ 05-04.xlsm

```
Sub 業務フローの図形内のテキストを取得する()
    '転記先の書込行、図形、図形内のテキストを入れる変数を宣言する
    Dim 書込行 As Long
    Dim 図形 As Shape
    Dim 図形テキスト As String

    '書込行の初期値を設定する
    書込行 = 2

    '「業務フロー」シートの図形の集合に対して繰り返し処理
    For Each 図形 In Sheets("業務フロー").Shapes

        '図形タイプがテキストボックスの場合
        If 図形.Type = msoTextBox Then
            '図形内のテキストを取得する
            図形テキスト = 図形.TextFrame.Characters.Text
            '取得した図形内のテキストを「業務一覧」シートに転記する
            Sheets("業務一覧").Cells(書込行, 1) = 図形テキスト

            '書込行を1行下にずらす
            書込行 = 書込行 + 1
        End If
    Next
End Sub
```

05-04 図形内の文字列を取得する

　このプロシージャを実行すると、「業務一覧」シートの2行目以降に図形内の文字が転記されます。

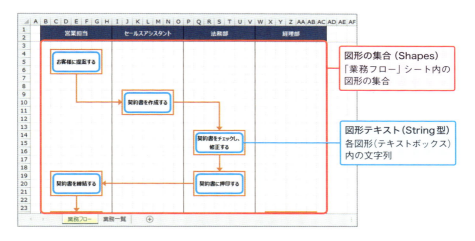

書込行（Long型）
「業務一覧」シートの2行目から始まり、取得したテキストを書き込むと1行下に移動する

Memo
図形は、作成された順に処理されます。順序はExcelの［ホーム］タブ→［検索と選択］→［オブジェクトの選択と表示］で表示される［選択］作業ウィンドウで確認することができます。
［選択］作業ウィンドウでは、図形の順番が下から上に向けて並んでいるので注意してください。図形の順番を手動で入れ替えたい場合は、図形の名称をドラッグ＆ドロップして並べ替えてください。

359

CHAPTER 05
05 複数のブックのデータを一括で取り込む

Workbook Copy

店舗別や部門別に分かれたブックからデータを取得して、1つのブックにまとめるという作業はよく見かけます。かなり面倒ですし、ミスの起きやすい作業です。ブックを一括で処理する作業はVBAの得意分野ですので、プログラムの書き方をしっかり習得して、VBAに任せられるようになりましょう。今回の処理は複数のブックにまたがりますので、セルを指定するときはシートだけでなく、ブックも指定しなければいけません。

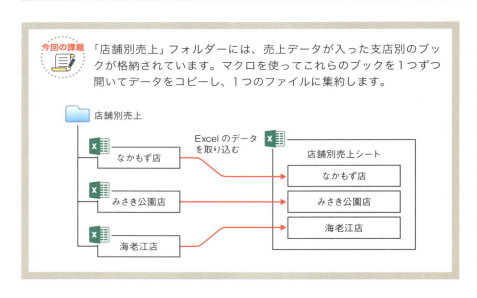

今回の課題：「店舗別売上」フォルダーには、売上データが入った支店別のブックが格納されています。マクロを使ってこれらのブックを1つずつ開いてデータをコピーし、1つのファイルに集約します。

今回の作業の概説

📥 05-05.xlsm

「店舗別売上」というフォルダーには、支店別の4～6月の売上実績データが入っています。これを、「05-05.xlsm」に集約します。

05-05 複数のブックのデータを一括で取り込む

● ファイル構成

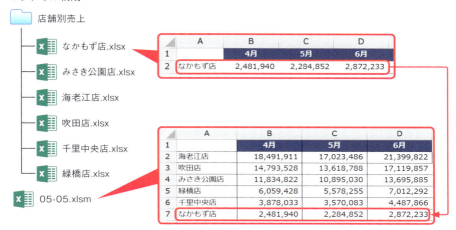

「05-05.xlsm」ブックに、各支店のブックを開いてデータを取得するプログラムを記述します。なお、「05-05.xlsm」ブック内の「店舗別売上」シートには、支店名と4〜6月の売上を記入する欄があらかじめ用意されています。

●「店舗別売上」シート

「店舗別売上」シートの2行目から最終行まで、次のような繰り返し処理を行います。

- A列から支店名を取得する
- 取得した支店名をもとにファイルパスを生成する
- 取得した支店名のブックを開く
- ブックのデータをコピーして「店舗別売上」シートに転記する
- 支店のブックを保存せずに閉じる

361

> **ヒント**
> ・支店名の取得は「セル.Value」で行います。
> ・ファイルパスは次のように指定します。
> 　「ThisWorkbook.Path & "¥" & "店舗別売上" & "¥" & ブック名 & ".xlsx"」
> ・ブックを開くには「Workbooks.Open(ファイルパス)」と記述します。
> ・コピーと転記は次のように記述します。
> 　「ブック名.シート名.セル範囲.Copy 貼り付け先のセル範囲」
> ・ブックを保存せずに閉じる処理は「ブック.Close False」です。

店舗別のブックの売上データを1つのブックに集約する

それでは、プログラムを作ってみましょう。

VBA 店舗別の売上データを一括で取り込む　　　　　　　　⤓05-05.xlsm

```
Sub 店舗別の売上データを一括で取り込む()
  Dim 行 As Long
  Dim ブック名 As String
  Dim ファイルパス As String
  Dim ブック As Workbook

  'このブックの「店舗別売上」シートを参照する
  With ThisWorkbook.Sheets("店舗別売上")  ●①
    '2行目から最終行まで繰り返し処理
    For 行 = 2 To .Range("A2").End(xlDown).Row  ●②

      'A列からブック名を取得
      ブック名 = .Range("A" & 行).Value  ●③

      'ファイルパスを生成する(「店舗別売上」フォルダー)
      ファイルパス = ThisWorkbook.Path & "¥" & "店舗別売上" & "¥" & ⤵
ブック名 & ".xlsx"  ●④

      '指定したファイルパスのブックを開く
      Set ブック = Workbooks.Open(ファイルパス)  ●⑤

      '開いたブックからこのブックにデータを転記する
      ブック.Sheets("売上").Range("B2:D2").Copy .Range("B" & 行)  ●⑥

      '開いたブックを保存せずに閉じる
      ブック.Close False  ●⑦
    Next
  End With
End Sub
```

05-05 複数のブックのデータを一括で取り込む

> **Memo**
> ⑥の「ブック.Sheets("売上").Range("B2:D2").Copy」と「.Range("B"&行)」の間には半角スペースが必要です。「.Range("B"&行)」は、コピー先を表す引数です。

　プログラムの各部分について見ていきましょう。複雑に見えるかもしれませんが、これまでに学習したことの組み合わせです。

❶「店舗別売上」シートを省略する

　今回は複数のブックにまたがる処理なので、「**With Sheets("店舗別売上")**」だけでは不十分です。ブックも指定しなければいけません。今プログラムを書いているこのブック、という意味の**ThisWorkbook**を付けて、「**With ThisWorkbook.Sheets("店舗別売上")**」とします。

❷2行目から最終行まで繰り返し処理を行う

　繰り返し処理には**For**文を使います。最終行は**End**プロパティで取得しましょう。**End**の始点を、2行目のA2セルにしてください（A1セルにしてしまうと、最終行は2行目になってしまいます）。

❸「店舗別売上」シートのA列からブック名を取得します。

	A	B	C	D
1		4月	5月	6月
2	海老江店			
3	吹田店			
4	みさき公園店			
5	緑橋店			
6	千里中央店			
7	なかもず店			

A列の店舗名は「店舗別売上」フォルダー内のブック名と同じなので、これを利用する

❹ファイルパスを生成する

　支店ごとのブックは「05-05.xlsm」と同じ場所にある「店舗別売上」フォルダーに格納されています。❸で取得した店舗名に「**.xlsx**」を付けて、開きたいブックのファイルパスを生成し、変数「ファイルパス」に格納します。

●ファイルパス

```
ThisWorkbook.Path & "¥" & "店舗別売上" &
```
作業中のブックの場所　　　　　　　　　「店舗別売上」フォルダー

```
"¥" & ブック名 & ".xlsx"
```
❸で取得した支店名　　拡張子

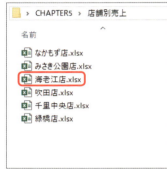

❸のブック名が「海老江店」の場合、ファイルパスは「作業中のブック(05-05.xlsm)の場所¥店舗別売上¥海老江店.xlsx」となる。

❺ 指定したファイルパスのブックを開く

　ブックを開くときは**Open**メソッド（p.329）を使います。**Open**の引数を指定するとき、Excelの関数と同じようにカッコ「()」を付ける点に注意しましょう。引数には、❹の値を格納した変数「ファイルパス」を指定します。また、開いたブックを、「ブック」という名前の変数に格納します。この変数はオブジェクトのWorkbook型ですので、先頭に**Set**を付けます（p.322）。

> **Memo**
> 引数を指定するとき、カッコ「()」を付けるかどうかを迷うと思います。違いは、戻り値を使うかどうかです。戻り値を使う場合はカッコを付ける、使わない場合はカッコを付けない、と覚えましょう。
>
> 下記の例で、❶は戻り値を「ブック」という変数に格納しているのでカッコを付けます。❷はファイルを開くだけで戻り値を使わないのでカッコを付けません。
>
> ❶ Set ブック = Workbooks.Open(ファイルパス)
> ❷ Workbooks.Open ファイルパス

❻ 店舗の売上データを「店舗別売上」シートに転記する

データをコピーするときは、コピーするセル範囲を設定して、**Copy**メソッド（p.323）を使います。複数のブックにまたがる処理なので、「`Sheets("売上").Range("B2:D2")`」だけでは不十分で、どのブックなのかを指定しなければいけない、という点に注意してください。開いたブックのデータをコピーするので、開いたブックが格納された変数「ブック」を先頭に付けます。

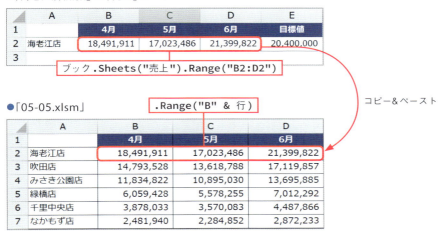

●「海老江店.xlsx」の「売上」シート

●「05-05.xlsm」

コピー先は、プログラムを書いているこのブック（**ThisWorkbook**）の「店舗別売上」シートの、B列の、該当行ですので、「`ThisWorkbook.Sheets("店舗別売上").Range("B" & 行)`」となります。ただし、**With**を使っているので「`ThisWorkbook.Sheets("店舗別売上")`」は省略できます。したがって、コピー先は「`.Range("B" & 行)`」となります。

●各支店の売上データを「店舗別売上」シートにコピー

ブック.Sheets("売上").Range("B2:D2").Copy

❺で開いた支店のブックの「売上」シートのB2:D2をコピー

.Range("B" & 行)

コピー先（05-05.xlsm）

❼開いたブックを保存せずに閉じる

　ブックを閉じるには**Close**メソッド（p.328）を使います。**Close**メソッドの引数のうち、使うのは1つ目の引数です。保存する場合は「**True**」、しない場合は「**False**」を指定します。今回は保存しないので、「**False**」を指定します。

●ブックを保存せずに閉じる

❼でブックを閉じたら、❷に戻って繰り返します。プロシージャを実行すると、次のようになります。

●プロシージャを実行すると、店舗別のブックのデータが取り込まれる

	A	B	C	D
1		4月	5月	6月
2	海老江店			
3	吹田店			
4	みさき公園店			
5	緑橋店			
6	千里中央店			
7	なかもず店			

	A	B	C	D
1		4月	5月	6月
2	海老江店	18,491,911	17,023,486	21,399,822
3	吹田店	14,793,528	13,618,788	17,119,857
4	みさき公園店	11,834,822	10,895,030	13,695,885
5	緑橋店	6,059,428	5,578,255	7,012,292
6	千里中央店	3,878,033	3,570,083	4,487,866
7	なかもず店	2,481,940	2,284,852	2,872,233

　自動化することで、ブックを1つずつ開いて範囲を選択してコピーする面倒な作業から解放されますし、コピー漏れや重複などのミスの予防にもなります。

CHAPTER 05 06 一覧表のデータを別シートに出力する

`End` `Add` `CurrentRegion` `Copy`

前節では支店ごとに異なるブックに分かれているデータを1箇所に集約しましたが、本節では逆に、集約されたデータをシートごとに分割します。ブック単位ではなくシート単位で分けると、シート間の移動や各データの閲覧、印刷がやりやすくなるというメリットがあります。

今回の課題
「賞与」シートにある全従業員の賞与データを部署ごとに異なるシートに分割します。「部署」シートの一覧から部署名を取得し、新規に追加した各部署のシート名に使用します。
追加したシートには、「賞与」シートのデータを部署別にフィルターしてコピーします。

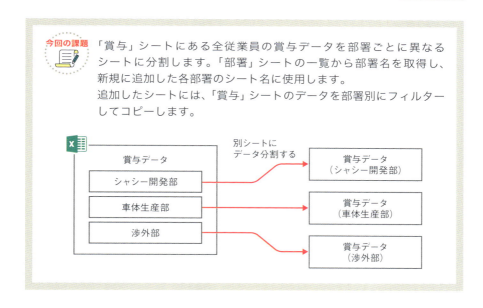

今回の作業の概説

📥 05-06.xlsm

今回のサンプルファイルには、あらかじめ「賞与」シートと「部署」シートが存在します。「部署」シートのリストをもとに、各部署名を冠したシートを新規追加し、「賞与」シートから部署ごとにフィルターしたデータをコピーします。

●サンプルファイルの内容

	A	B	C	D
1	従業員番号	氏名	所属部署	賞与
2	2077	荒井 蓮	技術管理部	1,360,000
3	2184	市川 大雅	技術管理部	1,960,000
4	2302	上田 健太	技術管理部	1,720,000
5	2015	宮崎 彩葉	技術管理部	1,850,000
6	2107	佐々木 葵	技術管理部	1,760,000
7	2088	高田 春翔	組立生産部	1,340,000
8	2201	秋山 悠人	組立生産部	1,370,000

「賞与」シート

	A
1	所属部署
2	技術管理部
3	組立生産部
4	事業企画部
5	シャシー開発部
6	車体生産部
7	渉外部
8	

「部署」シート

部署ごとに、以下の処理を繰り返し行います。

- 「部署」シートから部署名を取得する
- 新規シートを挿入し、取得した部署名を付ける
- 「賞与」シートのデータを、取得した部署名でフィルター
- 部署名で絞り込み表示したデータをコピーし、新規シートに貼り付ける
- 「賞与」シートのフィルターを解除する

ヒント

- 「部署」シートの繰り返しの起点は2行目、終点はEndで取得します。
- シートの挿入は「Sheets.Add」です。
- シート名は「Sheets.Name = シート名」で設定します。
- フィルターは「.AutoFilter 絞り込む列, 絞り込む値」のように指定します。
- 絞り込んだデータは「CurrentRegion」で取得します。
- フィルターの解除は「AutoFilter」で行います。

05-06 一覧表のデータを別シートに出力する

1つのシートの賞与データを別シートに分割する

それでは、プログラムを作ってみましょう。

VBA 賞与データを部署ごとに分割する　　　　　　　　⬇ 05-06.xlsm

```
Sub 賞与データを部署ごとに分割する()
    Dim 行 As Long
    Dim 部署名 As String
    Dim シート As Worksheet

    '「部署」シートにある部署を1つずつ繰り返し処理する
    For 行 = 2 To Sheets("部署").Range("A2").End(xlDown).Row  ●❶

        '部署名を取得(シート名と絞り込みに使用)
        部署名 = Sheets("部署").Range("A" & 行)  ●❷

        'シートを挿入する
        Set シート = Sheets.Add
        'シート名を部署名に変更する  ●❸
        シート.Name = 部署名

        '「賞与」シートのA1セルに対する処理
        With Sheets("賞与").Range("A1")  ●❹

            '部署名でフィルターをかける
            .AutoFilter 3, 部署名  ●❺

            'データをコピーして、追加したシートのA1セルに貼り付ける
            .CurrentRegion.Copy シート.Range("A1")  ●❻

            'フィルターを解除する
            .AutoFilter  ●❼
        End With
    Next
End Sub
```

❶「部署」シートにある部署を1つずつ繰り返し処理する

　繰り返しの開始行は、「部署」シートの2行目です。最終行は、**End**プロパティ
(p.299)で取得します。「**Range("A2").End(xlDown)**」は、A2セルを選択
して Ctrl + ↓ を押してヒットするセルを示します。

CHAPTER 05 マクロ&VBA〈活用編〉

369

変数「行」は2行目から最下行まで変化する。

❷部署名を取得する

「部署」シートから部署名を取得し、変数「部署名」に格納します。部署名は新規追加したシートの名前に設定したり、「賞与」シートのデータを絞り込む際に使います。

❸新規シートを挿入し、シート名を付ける

「**Sheets.Add**」で新規シートを追加します。追加したシートはWorksheet型の変数「シート」に格納します。

また、**Name**プロパティを使って、❷で取得した部署名をシート名として設定します。

❹部署名を省略する

操作対象が「賞与」シートに移ります。「**With～End With**」間では、「**Sheets("賞与").Range("A1")**」を省略します。

> **Memo**
> 省略形Withは使わなくても構いませんが、以降の処理でも「Sheets("賞与").Range("A1")」を使うので（❺❻❼）、Withを使って省略しておくほうが、プログラムを書くのが楽になります。

❺部署名でフィルターをかける

フィルターする表の起点を指定し**AutoFilter**メソッド（p.315）を使います。対象となる表は**With**で省略されていますが、「賞与」シートのA1セルを起点とする表です。

1つ目の引数に絞り込みの対象となる列番号（3列目＝所属部署）、2つ目の引数には絞り込み値（❷で取得）を指定します。

❻データをコピーして、追加した新規シートのA1セルに貼り付ける

AutoFilterで絞り込んだ後の「賞与」シートのデータを取得するには**CurrentRegion**プロパティを使います。直後に**Copy**メソッドで選択範囲をコピーし、新規シートのA1セル「シート**.Range("A1")**」に貼り付けます。この「シート**.Range("A1")**」が引数です。

> **Memo**
> ❺のAutoFilterメソッド、❻のCopyメソッドと引数の間に半角スペースを忘れないようにしましょう。

❼フィルターを解除する

AutoFilterを引数なしで記述するとフィルターを解除できます。❶に戻り、「部署」シートの行数分だけ❶～❼の処理を繰り返します。

プロシージャを実行すると、部署名ごとの賞与データが入ったシートが作成されます。

●プロシージャ実行後

プロシージャを実行するとき、F8 を押してステップ実行（p.339）を行うと、「❸を実行→新規シートが挿入され、シート名が変更される」「❺を実行→賞与データが所属部署で絞り込み表示される」など、Excelで起こっていることが確認できるため、プログラムの動きが理解しやすくなります。

再実行時のエラーを回避する方法

先のプロシージャを一度実行すると、各部署名のシートが挿入されます。この状態でプロシージャを再実行すると、同名のシートを挿入することになり、次のようなエラーが発生します。

何度か実行して動きを見たいとき、毎回追加された部署ごとのシートを手作業で削除するのは面倒です。そこで、先のプロシージャの❷と❸の間に部署別のシートを削除する処理を加えると、何度実行してもエラーが出なくなります。

VBA 再実行時のエラーを回避（抜粋）　　　　　　　　　　　05-06-さらに上達.xlsm

```
'シート番号を格納する変数を宣言する
Dim シート番号 As Long

'すべてのシート名を1つずつ確認する
For シート番号 = 1 To Sheets.Count    ●シートの数だけ繰り返し
    'シート名が部署名と一致する場合
    If Sheets(シート番号).Name = 部署名 then    ●分岐処理
        'シート削除時の確認メッセージを非表示にする
        Application.DisplayAlerts = False
        'シートを削除する
        Sheets(シート番号).Delete
        '繰り返し処理を抜ける
        Exit For    ●シートを削除したら繰り返し処理を終了
    End If
Next
```

部署名を取得する繰り返し処理（❶）の中に、部署名と一致するシートがないかを調べて削除する繰り返し処理が入っています。例えば、❶の部署名が「技術管理部」のときは「技術管理部」シートがあれば削除し、「渉外部」であれば「渉外部」シートを削除します。

CHAPTER 05 | 07

一覧表のデータを別ブックに出力する

Workbook | For | If | Select Case

請求書や領収書の発行、人事部の異動情報や考課情報、案内書や通知書の作成など、同じようなファイルを1つずつ手作業で作成していて、もっとどうにかならないかと悩んでいる方は多いと思います。本節では、マクロ・VBA学習の集大成として、基礎編で学習したことをフル活用して、ファイルの一括出力プログラムを作成します。Withの中にForがあり、その中にIfがあり、その中にSelect Caseがあるというやや複雑なプログラムになります。少し難しいプログラムに慣れるのが狙いですので、最初はわからなくてもまったく問題ありません。ただ、これくらいの難易度・ボリュームのプログラムが自由自在に書けるようになると、業務自動化できる作業が大幅に増えますので、頑張って学習していきましょう。

今回の課題 採用可否一覧と通知書のテンプレートが入ったブックをもとに、個別の通知書を新規ブックに出力します。新規ブックには、個人ごとにシートを分けて通知書が作成されます。手動で通知書をコピーして名前を変える作業はとても面倒ですが、VBAでプログラムを作ってしまえば、リストが数十件、数百件あっても、実行ボタンを押せば一瞬で全員分の通知書が完成します。

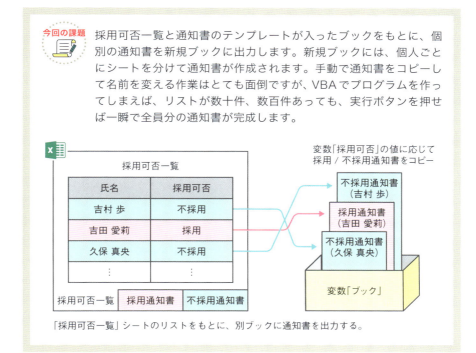

「採用可否一覧」シートのリストをもとに、別ブックに通知書を出力する。

今回の作業の概説

📥 05-07.xlsm

サンプルファイルには選考リストが入った「採用可否一覧」、通知書のテンプレートとなる「採用通知書」「不採用通知書」の3つのシートがあります。

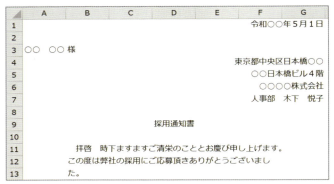

「採用可否一覧」シート

「採用通知書」シート

Memo
各通知書のA3セルは、氏名の入力欄です。

「不採用通知書」シート

05-07 一覧表のデータを別ブックに出力する

　はじめに通知書出力用の新規ブック「通知書.xlsx」を作成し、「採用可否一覧」シートから氏名、採用可否を取得します。採用の場合は「採用通知書」シート、不採用の場合は「不採用通知書」シートを新規ブックにコピーし、A3セルとシートに名前を記入します。この処理を「採用可否一覧」シートの2行目から最終行まで繰り返します。

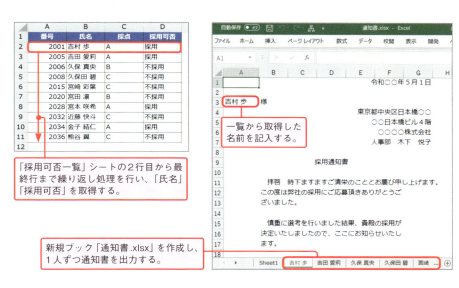

> **ヒント**
> - 新規ブックの作成は「Set ブック = Workbooks.Add」です。オブジェクト型の変数に格納して使用します。
> - 「採用可否一覧」シートの繰り返し範囲は「2 To .Sheets("採用可否一覧").Range("A1").End(xlDown).Row」です。
> - 採用可否に応じて「Select Case」で処理を分けます。
> - テンプレートのコピー先は「ブック.Sheets(Sheets.Count)」のように書いて、ブックとシート番号を指定します。
> - ブックを保存して閉じるには、「ブック.Close True, ファイルパス」のように書いて、Closeメソッドの引数にTrueとファイルパスを指定します。

一覧表とテンプレートをもとに新規ブックを作成する

　それでは、プログラムを作ってみましょう。

VBA 採用通知書を一括で出力する

⬇05-07.xlsm

```
Sub 採用通知書を一括で出力する ()
    Dim ファイルパス As String
    Dim ブック As Workbook
    Dim 行 As Long
    Dim 氏名 As String
    Dim 採用可否 As String

    'ファイルパスを指定し、通知書出力用のブック「通知書.xlsx」を新規作成する
    ファイルパス = ThisWorkbook.Path & "¥" & "通知書.xlsx"          ❶
    Set ブック = Workbooks.Add

    'コピー元のブックを省略する
    With ThisWorkbook    ❷
        '「採用可否一覧」シートの2行目から最終行まで繰り返し処理を行う
        For 行 = 2 To .Sheets("採用可否一覧").Range("A1").End(xlDown).Row
            '「採用可否一覧」シートを省略する                              ❸
            With .Sheets("採用可否一覧")
                '氏名と採用可否を取得する
                氏名 = .Range("B" & 行).Value             ❹
                採用可否 = .Range("D" & 行).Value
            End With

            '氏名が取得できた(空白ではない)場合
            If 氏名 <> "" Then    ❺
                '採用可否によって処理を分岐する
                Select Case 採用可否
                    '採用通知書をコピーする
                    Case "採用"
                        .Sheets("採用通知書").Copy , ブック.⤴
                                        Sheets(ブック.Sheets.Count)
                    '不採用通知書をコピーする                              ❻
                    Case "不採用"
                        .Sheets("不採用通知書").Copy , ブック.⤴
                                        Sheets(ブック.Sheets.Count)
                End Select

                '取得した氏名を、コピーしたシートのA3セルとシート名に設定する
                ブック.Sheets(ブック.Sheets.Count).Range("A3").Value = 氏名
                ブック.Sheets(ブック.Sheets.Count).Name = 氏名
            End If                                                    ❼
        Next
    End With

    'ブック「通知書.xlsx」を保存して閉じる
```

05-07 一覧表のデータを別ブックに出力する

```
ブック.Close True, ファイルパス  ●8
End Sub
```

❶ ファイルパスを指定し、新規ブック「通知書.xlsx」を作成する

新規に作成するブックのファイル名は「通知書.xlsx」とし、サンプルファイルと同じ場所（**ThisWorkbook.Path**）に出力するものとします。

ファイルパスを設定した後、ブックを作成しましょう。新規ブックを作成するときは、「**Workbooks.Add**」を使います。作成したブックは、「ブック」という名前の変数に格納しておきます。先頭に「**Set**」を付けることを忘れないよう注意してください。

❷ 作業中のブックを省略する

With〜End With間には、マクロを書いているブック（05-07.xlsm）を表す「**ThisWorkbook**」が頻繁に登場します。これを省略すると、プログラムがかなりシンプルになります。

❸「採用可否一覧」シートの2行目から最終行まで繰り返し処理を行う

変数「行」を使って表の2行目から繰り返し処理を行います。最終行は「**.Sheets("採用可否一覧").Range("A1").End(xlDown).Row**」で取得します。

❹ 氏名と採用可否を取得する

❸の繰り返し範囲で、B列の「氏名」とD列の「採用可否」を取得して変数に格納します。なお、ここではシート名「**.Sheets("採用可否一覧")**」を省略しています。

	A	B	C	D
1	番号	氏名	採点	採用可否
2	2001	吉村 歩	A	採用
3	2005	吉田 愛莉	A	採用
4	2006	久保 真央	B	不採用
5	2008	久保田 碧	C	不採用
6	2015	宮崎 彩葉	C	不採用
7	2020	宮田 凛	B	不採用
8	2028	宮本 咲希	A	採用
9	2032	近藤 快斗	C	不採用
10	2034	金子 結仁	A	採用
11	2036	熊谷 翼	C	不採用
12				

開始行：2

最終行：.Sheets("採用可否一覧").Range("A1").End(xlDown).Row

2行目から最終行まで、氏名と採用可否を取得する。

❺氏名が取得できた場合

❹で氏名が取得できた場合（その行のデータが空欄でない場合）は以降の処理（❻❼）に進みます。氏名が入っていなかった場合は、**End If**→**Next**で次の繰り返し処理に移ります。

❻採用可否によって処理を分岐する

❹で取得した変数「採用可否」の値を**Select Case**で判定します。変数の値が「採用」の場合は作業中のブックから新規ブックへ「採用通知書」シートを、変数の値が「不採用」の場合は「不採用通知書」シートをコピーします。

●「採用」の場合

```
.Sheets("採用通知書").Copy , ブック.Sheets(ブック.Sheets.Count)
```
　　コピー元のシートを指定　　　　コピー先のブックと、ブック内の位置を指定

●「不採用」の場合

```
.Sheets("不採用通知書").Copy , ブック.Sheets(ブック.Sheets.Count)
```
　　コピー元のシートを指定　　　　コピー先のブックと、ブック内の位置を指定

Copyメソッドと引数の間のカンマについて

今回のコードでは、Copyメソッドと引数の間に、半角スペースに加えて半角カンマが入っています。実は、シートコピー時に使われるCopyメソッドの引数は「指定した場所の前に追加する」「指定した場所の後に追加する」の2種類があります。引数はどちらか1つしか指定できず、「前に追加」の場合はこれまでどおりCopyメソッドと引数の間は半角スペースのみでよいのですが、「後に追加」の場合は1番目の引数（「前に追加」）を省略して2番目の引数を使っていることをコンピュータに伝えるために半角カンマを追加する必要があります。

●採用通知書を新規ブックの3枚目のシートの前に追加する場合

```
.Sheets("採用通知書").Copy ブック.Sheets(3)
```

●採用通知書を新規ブックの3枚目のシートの後に追加する場合

```
.Sheets("採用通知書").Copy ,ブック.Sheets(3)
```

「ブック.Sheets(ブック.Sheets.Count)」は、新規ブックの最後のシートを表します。つまり、最後のシートの後ろに、採用通知書または不採用通知書が追加されます。

なお、コピー元のブック名は❷の**With**で省略されている「**ThisWorkbook**」です。

❼ 取得した氏名を、コピーしたシートのA3セルとシート名に設定する

追加したシートのA3セルとシート名に、❹で取得した氏名を設定します。

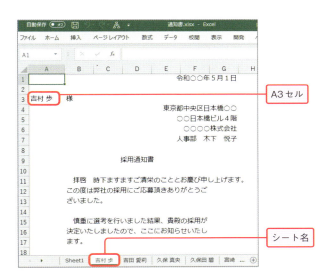

シート名を変更したら❸に戻り、最終行まで❸～❼を繰り返します。最終行が❼まで実行されたら繰り返し処理を抜けて❽に進みます。

❽ ブック「通知書.xlsx」を保存して閉じる

個人ごとの通知書を追加した新規ブックを保存して終了します。**Close**メソッドの1つ目の引数には保存するという意味の「**True**」を、2つ目の引数には保存場所を表す変数「ファイルパス」を指定します。

このプロシージャを実行すると、「通知書.xlsx」に、応募者ごとに名前の入った通知書が作成されます。1つのブックにまとまっているため、印刷する場合も簡単です。

業務改善コラム FILE ⑤ 作業でミスをしない方法

私はおっちょこちょいで、よく入力間違いなどのミスをします。私は生来、注意力の散漫な性格なのでこればかりはどうしようもないのですが、ミスをすると、私や私の所属する会社の信用を損なうことになりますし、そのミスをリカバリーするのに時間がかかります。特に、工程が進めば進むほど、手戻りの影響は大きくなり、場合によっては取り返しのつかないことになりかねません。ミスを極力減らすための方法は4つあります。

1. 作業を**単純化**する
2. 作業手順を**定型化**する
3. 作業**手順書**を作る
4. 作業をした後に**チェック**をする

▷ 1 作業を単一化する

データを入力する、コピペする、レイアウトを修正する、といった異なる作業を何度も繰り返すとき、左記の順番で作業をしていると、ミスが発生しやすくなります。データを入力するのなら、入力する作業だけをひたすらやってください。コピペするのなら、コピペだけを最後までやってください。異なる作業を繰り返すのではなく、**同じ作業を1つずつ終わらせていく**ようになると、ミスも減りますし、時間の短縮にもつながります。

▷ 2 作業手順を定型化する

レイアウトを修正するときに、あるときは列幅を変えてから色を塗り、別のときは色を塗ってから列幅を変える、というように、毎回作業の手順が異なると、ミスが発生しやすくなります。**作業の順番は常に全く同じ**にしてください。同じ作業にすることで、ミスをしたときの違和感に気づきやすくなります。

▷ 3 作業手順書を作る

作業のやり方が決まったら、それを**手順書としてドキュメント化する**ことも重要です。手順を考えながら作業をすると、考えるということと、作業をするということの、2つの異なる作業をやっていることになってしまい、効率が悪いからです。手順書を作ったら、手順書のとおりに作業をします。作業をしている間は余計なことを考えず、ただ無心に、手順書に従って作業するのです。

▷ 4 作業をした後にチェックをする

チェックをするときは、まず作業全体の総量のチェックを行います。作業したデータの件数は合っているか、合計金額は合っているか、などを先にチェックしましょう。次に、サンプリングチェックを行います。例えば、最初と真ん中と最後の行にあるデータをチェックします。すべて全く同じやり方で作業をやっているのであれば、基本的にはサンプリングチェックだけで済みます。もしミスをしているなら、作業のやり方が同じデータはすべてミスをしていることになります。全データを完全にチェックするなら、作業したときとは別のやり方で作業をして得られたデータと照合するか、または、別の作業者に同じ作業をやってもらって、作業結果が完全に一致するかを確認するという方法があります。

ただ、人間が手作業でやる限り、ミスをゼロにすることは不可能であると考えたほうがよいです。ミスをしないためには、機械に作業をやってもらうしかありません。手作業で計算するのをやめて、必要な関数を作成してExcelに計算してもらう、あるいはマクロ・VBAを使ってプログラミングし、作業をすべて機械で行う、ということができるようになると、作業の品質とスピードが圧倒的に向上します。

381

✦ おわりに

本書をここまでお読みいただき、ありがとうございます。

Excelを使いこなして業務効率化を実現するには、実務担当者の努力と、上司や経営者の理解・支援の両方が必要です。

実務担当者のみなさまは、本書で身に付けたことを、日々の業務に生かす方法を考えてみてください。1日15分でも、効率化を考えることが習慣として定着すれば、おのずと働き方が変わってくるはずです。

また、上司の方は、部下のこうした取り組みを理解し、積極的に推奨していただければと思います。部下の工夫も人事評価に組み込んだり、生産性向上研修を定期的に開催するのも良いでしょう。

実務担当者、上司、企業が一体となって改善活動を進めることの効果は計り知れません。ルーティンワークにとられている時間が大幅に削減されることで、本来やるべき業務や、より付加価値の高い業務に時間を割くことができるようになります。実務担当者は仕事に追われて苦しむ日々から解放され、モチベーション高く仕事に取り組めるようになります。継続的な改善活動は、実務担当者と企業を救う源泉なのです。

2020年4月　永井雅明

INDEX

A

ABC分析 222
AddCommentメソッド 290
Addressプロパティ 289
Addメソッド 322
AND関数 106, 109
ASC関数 91, 93
AutoFilterメソッド 316
AVERAGEIFS関数 120, 123

B

Backstage 17

C

Call 281
Cells 294
Closeメソッド 328
Columnプロパティ 289
Comment.Textプロパティ 289
Copyメソッド 291, 323
COUNTA関数 113, 117
COUNTIFS関数 115, 117
Countプロパティ 321
CSVファイル 213
CurrentRegion 294

D

Date（データ型） 303
DATEDIF関数 110, 112
DAY関数 100, 103

D

Deleteメソッド 291, 324

E

Endプロパティ 299
Excelのオプション 16
Excelマクロ有効ブック 261

F

FIND関数 94, 99
For Each 307
For Next 306
Formulaプロパティ 289
For文 306

H

HLOOKUP関数 129, 131
HYPERLINK関数 350

I

IFERROR関数 95, 99
IFS関数 111, 112
IF関数 105, 109
If文 310
INDEX関数 133, 136
INDIRECT関数 148, 150
INT関数 141
Interior.ColorIndexプロパティ 289
Interior.Colorプロパティ 289
IsNumeric関数 353

383

L

LEFT関数 ························· 82, 85

LEN関数 ························· 98, 99

Long（データ型）····················303

M

Margeメソッド ·······················291

MATCH関数 ················· 134, 136

MAXIFS関数 ················122, 123

MID関数··················· 83, 85

MINIFS関数 ···············121, 123

MONTH関数 ················ 100, 103

MsgBox ·······················282

msoTextBox ·······················356

N

Nameプロパティ ·····················320

NETWORKDAYS.INTL関数 ····· 142, 146

NOT関数 ······················ 108, 109

O

Openメソッド·······················329

OR関数 ······················ 106, 109

P

Pathプロパティ ·····················326

PHONETIC関数 ·················87, 88

Power Queryエディター ···············218

R

Range ·······················293

Range（データ型）·················303

RIGHT関数 ················· 84, 85

ROUNDDOWN関数 ···········139, 141

ROUNDUP関数 ···········139, 141

ROUND関数 ···········139, 141

Rowプロパティ ·····················289

S

Select Case文 ·····················313

Set ·······················322

Shape（データ型）·················303

Sheetsプロパティ ·····················320

Single（データ型）·················303

SpecialCellsメソッド ··············298

String（データ型）·················303

SUBSTITUTE関数 ···············92, 93

Subプロシージャ ·····················277

SUMIFS関数 ···············118, 123

SUM関数 ·······················207

SWITCH関数 ···············137, 138

T

TEXT関数 ···············101, 103

Textプロパティ ·····················357

ThisWorkbookプロパティ ··············326

TIME関数 ·······················165

TRIM関数 ················· 90, 93

Typeプロパティ ·····················357

U

UsedRange ·······················295

V

Variant（データ型）	303
VBA	248, 250
VBE	252
Visual Basic	252
VLOOKUP関数	125, 128, 175

W

With	331
Workbook（データ型）	303
WORKDAY.INTL関数	144, 146
Worksheet（データ型）	303

Y

YEAR関数	100, 103

い

イミディエイトウィンドウ	341
印刷	26, 48
印刷タイトル	50
印刷範囲の設定	49
印刷プレビュー	48
インデント	271

う

ウォーターフォール図	169
上書き保存	24

お

オートフィル	28
オートフィルオプション	29

オートフィルターオプション	41
オブジェクト	284
オブジェクトの拡大/縮小	52
オブジェクトのグループ化	53
オブジェクトの省略	331
オブジェクトの整列	53
オブジェクトの操作	319, 325

き

キャンセル	24
行の選択	22
近似曲線	203

く

クイックレイアウト	43
グラフ	42
繰り返し処理	305
グループ化	62
グループ化の解除	64

け

計算方法の設定	69
桁区切りスタイル	30
検索	22

こ

コードウィンドウ	254
ゴールシーク	235
コピー	20
コメント（VBA）	334
コメントの移動	68

INDEX

385

コメントの削除 ・・・・・・・・・・・・・・・・・68	ソルバー ・・・・・・・・・・・・・・・・・・・・・・・240
コメントの追加 ・・・・・・・・・・・・・・・・・67	

た

縦棒/横棒グラフの挿入 ・・・・・・・・・・・42

コレクション ・・・・・・・・・・・・・・・285, 308

コンパイルエラー ・・・・・・・・・・・・・・337

し

シートの操作 ・・・・・・・・・・・・・・・・・319

シートの保護 ・・・・・・・・・・・・・・・・・32

シートモジュール ・・・・・・・・・・・・・・275

実行時エラー ・・・・・・・・・・・・・・・・・338

自動保存 ・・・・・・・・・・・・・・・・・17, 70

ジャンプ ・・・・・・・・・・・・・・・・・・・・20

集計の設定 ・・・・・・・・・・・・・・・・・183

上位/下位ルール ・・・・・・・・・・・・・・60

条件付き書式 ・・・・・・・・・・・・・・・・・58

小数点以下の表示桁数 ・・・・・・・・・・・30

す

数式オートコンプリート ・・・・・・・・・・77

ズーム ・・・・・・・・・・・・・・・・・・・・・27

ステップ実行 ・・・・・・・・・・・・・・・・・339

スパークライン ・・・・・・・・・・・・・・・・44

せ

絶対参照 ・・・・・・・・・・・・・・・・・・・78

セルの強調表示ルール ・・・・・・・・・・・59

セルのロック ・・・・・・・・・・・・・・・・・33

そ

相関 ・・・・・・・・・・・・・・・・・・・・・・231

相対参照 ・・・・・・・・・・・・・・・・・・・78

ち

置換 ・・・・・・・・・・・・・・・・・・・・・・22

重複の削除 ・・・・・・・・・・・・・・・・・65

直前の操作を繰り返す ・・・・・・・・・・・162

て

データ ソースの選択 ・・・・・・・・・・・・202

データ型 ・・・・・・・・・・・・・・・・・・・302

データの入力規則 ・・・・・・・・・・・・・35

データの比較 ・・・・・・・・・・・・・・・・185

データバー ・・・・・・・・・・・・・・・・・・61

データ分析 ・・・・・・・・・・・・・・・・・231

テキストファイルウィザード ・・・・・・・・214

デバッグ ・・・・・・・・・・・・・・・・・・・338

と

トリミング ・・・・・・・・・・・・・・・・・・52

な

名前の管理 ・・・・・・・・・・・・・・・・・159

名前ボックス ・・・・・・・・・・・・・・・・158

名前を付けて保存 ・・・・・・・・・・・・・24

並べて比較 ・・・・・・・・・・・・・・・・・71

は

配列数式 ・・・・・・・・・・・・・・・・・・160

貼り付け（ペースト） · · · · · · · · · · · · · · · 20
パレート図 · 222
範囲選択 · · · · · · · · · · · · · · · · · · 21, 292

ひ

引数 · 76
ピボットグラフ · · · · · · · · · · · · · · · · · · 56
ピボットテーブル · · · · · · · · · · · · · · · · · 55
標準モジュール · · · · · · · · · · · · · · · · · 275

ふ

ファイルパス · · · · · · · · · · · · · · · · · · 325
ファイルを開く · · · · · · · · · · · · · · · · · · 25
フィルター · 38
フィルハンドル · · · · · · · · · · · · · · · · · · 28
フォームコントロール · · · · · · · · · · · · · 280
複合参照 · 80
ブックの操作 · · · · · · · · · · · · · · · · · 325
ブックモジュール · · · · · · · · · · · · · · · 275
フラッシュフィル · · · · · · · · · · · · · · · · 85
ふりがなの編集 · · · · · · · · · · · · · · · · · 89
ブレークポイント · · · · · · · · · · · · · · · 340
プロシージャ · · · · · · · · · · · · · 270, 277
プロジェクトエクスプローラー · · · · · · · · 253
プロパティ · · · · · · · · · · · · · · · · · · · 286
分岐処理 · 310

へ

ペースト（貼り付け） · · · · · · · · · · · · · · 20
変数 · 301
変数の宣言 · · · · · · · · · · · · · · · · · · · 302

ま

マクロ · · · · · · · · · · · · · · · · · 248, 250
マクロダイアログ · · · · · · · · · · · · · · · 260
マクロの記録 · · · · · · · · · · · · · · · · · 256
マクロの登録 · · · · · · · · · · · · · 267, 280

め

メソッド · 289

も

モジュール · · · · · · · · · · · · · · · · · · · 274
文字列の結合 · · · · · · · · · · · · · · · · · · 86
元に戻す · 20
戻り値 · 76

り

リボン · 27

る

累積比率 · 223

れ

列の選択 · 22
レベル · 63

わ

ワイルドカード · · · · · · · · · · · · · · · · · 116

INDEX

387

永井 雅明（ながい まさあき）

日本頭脳株式会社 代表取締役。ITストラテジスト、応用情報技術者。早稲田大学理工学部卒。世界最大級のコンサルティングファームであるプライスウォーターハウスクーパース出身。IT戦略策定および業務システムの企画・要件定義・設計に精通しており、数多くの業務改革プロジェクトをリードしてきた。

日本頭脳株式会社のミッションは、オフィスワークの生産性革命。主力事業として、会議・打合せSaaS、データ処理アウトソーシング、業務効率化ツール開発、Excel生産性向上研修などを展開している。

ホームページ：https://nihonzuno.co.jp/

注意事項

○本書内の内容の実行については、すべて自己責任のもとで行ってください。内容の実行により発生したいかなる直接、間接的被害について、著者およびSBクリエイティブ株式会社、製品メーカー、購入した書店、ショップはその責を負いません。

○本書の内容に関するお問い合わせに際して、編集部への電話によるお問い合わせはご遠慮ください。

■ 本書のサポートページ

https://isbn2.sbcr.jp/02840/

本書をお読みになりました感想、ご意見を上記URLからお寄せください。

装丁	小口 翔平＋喜來 詩織 (tobufune)
制作	クニメディア株式会社
編集	國友 野原
	友保 健太

業務改善コンサルタントの現場経験を一冊に凝縮した
Excel 実践の授業

2020年 4月20日 初版第1刷発行
2021年 1月30日 初版第5刷発行

著 者	永井 雅明
発行者	小川 淳
発行所	SBクリエイティブ株式会社
	〒106-0032 東京都港区六本木2-4-5
	https://www.sbcr.jp/
印 刷	株式会社シナノ
組 版	クニメディア株式会社

落丁本、乱丁本は小社営業部（03-5549-1201）にてお取り替えいたします。定価はカバーに記載されております。

Printed in Japan ISBN 978-4-8156-0284-0